코딩세계 초보여행자를 위한 안내서

with 앱인벤터+AI

본 저서는 과학기술정보통신부 및 정보통신기획평가원의
SW중심대학지원사업의 연구결과로 수행되었음(2019-0-01817)

코딩세계 초보여행자를 위한 안내서 with 앱인벤터+AI

문미경
장문수
공저

INFINITYBOOKS
인피니티북스

머리말

2000년대 중반, 스마트폰이 등장했습니다. 이후 약 10년이 넘는 기간 동안 스마트폰은 엄청난 발전을 이루었습니다. 그리고 스마트폰의 대중화로 이와 함께 관련 기술들도 빠르게 발전하였고, 이제 4차 산업혁명 시대를 맞이하였습니다. 자동화와 연결성이 극대화되는 이 시대에서 주목받는 신기술이 바로 인공지능(AI)입니다. 인공지능은 수많은 분야에 접목되어 새로운 가치를 창출해낼 수 있습니다. 따라서 선진국을 비롯한 우리나라에서도 융합 인재 양성을 위해 큰 노력을 하고 있습니다.

그 노력 중 하나에 코딩 교육이 있습니다. 현재 우리나라는 2018년도부터 코딩 교육을 의무화하여 기초교육과정의 정규 과목으로 배우도록 하고 있습니다. 모두를 프로그래머로 만드는 것이 아니라, 코딩을 통해 문제해결 능력 및 컴퓨팅 사고를 키울 수 있기 때문입니다. 과거엔 코딩을 배우는 것이 C, Java 등 텍스트 언어로 해야 했기 때문에 어려웠지만, 이제는 스크래치나 앱인벤터와 같은 블록 코딩 언어로 코딩을 재밌고 쉽게 배울 수 있습니다. 특히, 앱인벤터는 스마트폰 애플리케이션을 개발하고 직접 사용해볼 수 있어 다양한 아이디어를 창의적인 사고를 통해 개발해내고, 이를 위한 알고리즘을 자연스럽게 만들어 나갈 수 있기 때문에 컴퓨팅 사고력을 향상시키는데 도움이 됩니다. 어느 누군가는 코딩은 생각하는 법을 가르쳐 주기 때문에 누구나 배워야 한다고 말했습니다. 이 책을 통해 코딩을 쉽고 재밌게 배울 수 있길 바라며 집필하였습니다.

"Everybody in this country should learn how to program a computer.
Because it teaches you how to think."

_Steve Jobs

"이 나라에 살고 있는 모든 사람들은 코딩을 배워야 한다. 코딩은 생각하는 법을 가르쳐 주기 때문이다."

_스티브 잡스

코딩세계 초보여행자를 위한 안내서
with 앱인벤터+AI

목차

CHAPTER **03**

물고기 키우기 게임 만들기

073

CHAPTER **04**

랜덤 이미지 보여주는 앱 만들기

091

CHAPTER **05**

간단한 메모장 앱 만들기

110

CHAPTER **06**

만보기 앱 만들기

132

앱인벤터!

앱인벤터는

앱인벤터는 한마디로 "안드로이드 어플을 만들 수 있는 블록 코딩 언어"입니다. 구글이 시작 한 프로젝트였으나 현재는 MIT에서 운영하는 안드로이드 앱 개발 도구입니다. 앱인벤터는 스마트폰이나 태블릿에 사용할 수 있는 애플리케이션을 시각적인 도구로써 쉽게 개발할 수 있게 합니다.

"시각적으로 쉽게"라 함은 본래 안드로이드 앱 개발은 자바(Java), 코틀린(Kotlin) 등 텍스트 언어로 개발합니다. 이와 같은 언어는 텍스트 언어로 코드의 문법을 배우는 것부터 시작이기 때문에 입문하기가 어렵습니다. 때문에 코딩을 배우고 싶은 사람들에게 많은 좌절을 맛보게 합니다.

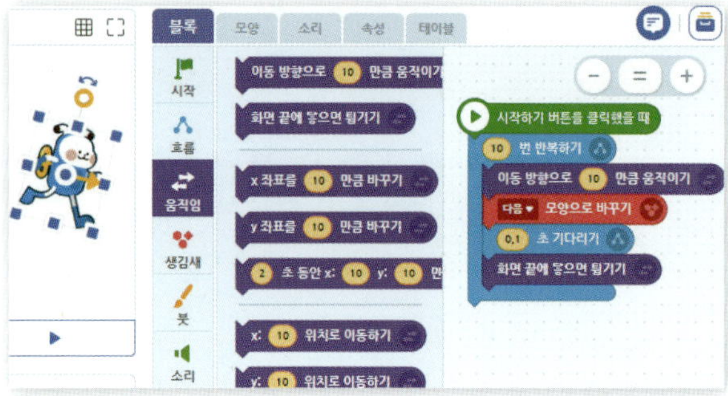

앱인벤터는 위의 스크래치, 엔트리처럼 블록 코딩 언어입니다. 따라서 복잡한 텍스트 언어를 배울 필요 없이 비교적 쉽게 안드로이드 앱 개발을 할 수 있습니다. 개발을 비교적 쉽게 할수 있다는 장점이 있지만 단점도 있습니다. 단점은 세세한 부분의 코딩을 할 수 없다는 것입니다. 앱인벤터에서 제공되는 블록을 사용해서만 코딩할 수 있기 때문에 세부적인 코딩이 필요한 경우엔 할 수 없습니다. 그리고 화면 디자인도 배치하는데 정해진 틀 안에서만 가능하므로 부드러운 화면 디자인도 힘듭니다.

이런 단점들이 있지만, 앱 개발이 쉽고 배포도 자유롭게 할 수 있습니다. 원한다면 앱에 광고도 넣을 수 있고 인앱 결제도 추가할 수 있으므로 이 책을 통해 앱인벤터를 잘 배워보도록 합시다!

코딩세계 초보여행자를 위한 안내서

with 앱인벤터+AI

PART 01

앱인벤터를 시작하기 전에

앱인벤터를 사용할 수 있도록 환경설정을 해봅시다.

01 브라우저 설치하기

가장 먼저 해야 하는 것은 앱인벤터가 사용 가능한 브라우저 설치입니다.

System requirements

Note: Internet Explorer is not supported. We recommend Chrome or Firefox.

http://appinventor.mit.edu/explore/ai2/setup의 시스템 요구사항을 보면 "크롬" 또는 "파이어폭스"를 추천한다고 되어 있고, 인터넷 익스플로러는 지원하지 않는다고 안내하고 있습니다.

Your browser might not be compatible.

To use App Inventor for Android, you must use a compatible browser.
Currently the supported browsers are:

Google Chrome 29+
Safari 6.1+
Firefox 23+

만약, 익스플로러로 앱인벤터에 접속하여 프로젝트를 시작하려 하면 위와 같은 문구가 출력됩니다. 현재 익스플로러 브라우저는 앱인벤터를 지원하지 않으며, 크롬, 사파리, 파이어폭스 브라우저로 가능하다고 친절히 알려줍니다(익스플로러 구버전 이외의 브라우저는 웬만하면 거의 다 앱인벤터를 할 수 있습니다).

이 책은 크롬을 사용하여 진행해보도록 하겠습니다. 먼저 크롬을 설치하도록 합니다. 네이버 또는 구글과 같은 검색 엔진에서 "크롬"을 검색하고 첫 번째 또는 두 번째 링크를 클릭합니다.

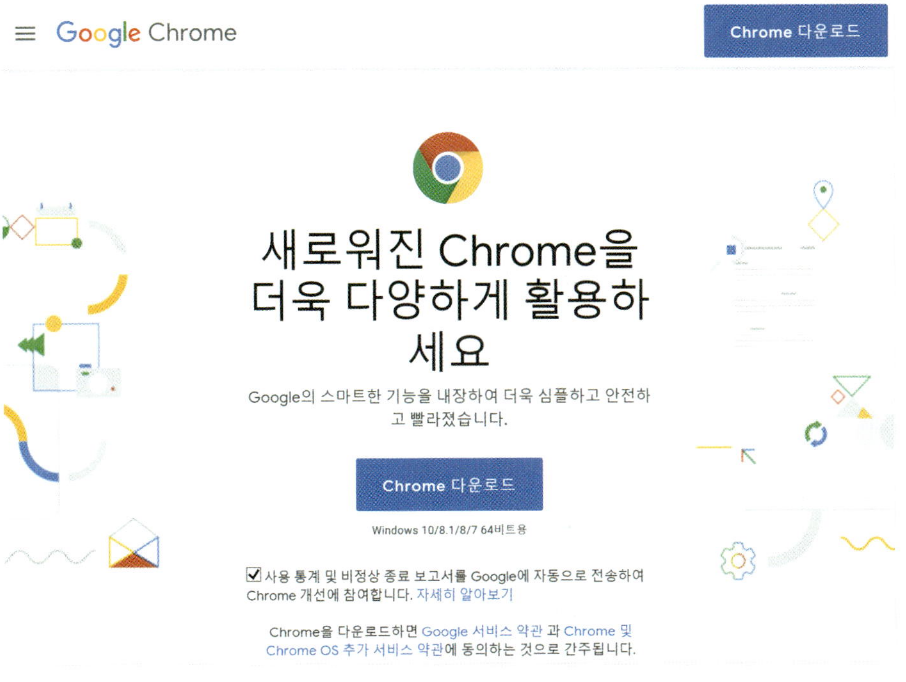

Chrome 다운로드 를 클릭하고 ChromeSetup.exe 파일을 다운로드하여 실행합니다. 익스플로러에서는 바로 실행하여 설치를 진행할 수 있습니다.

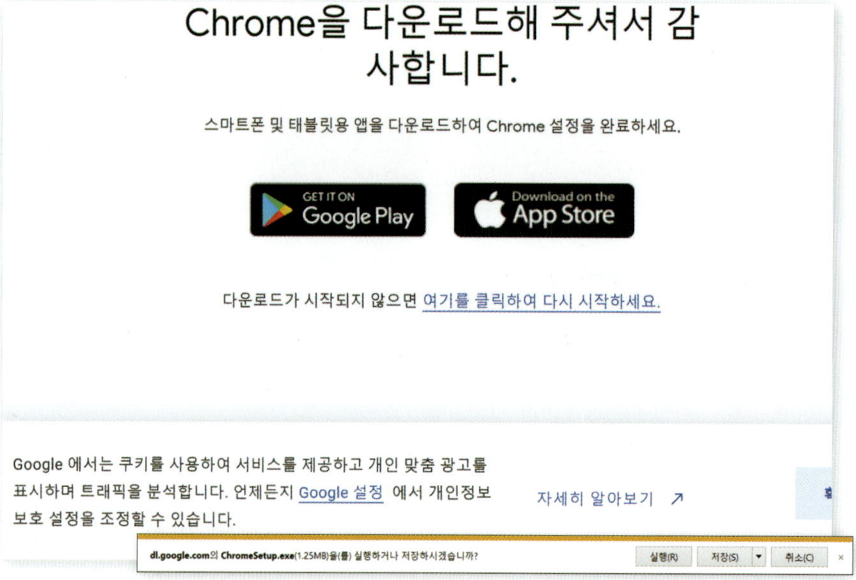

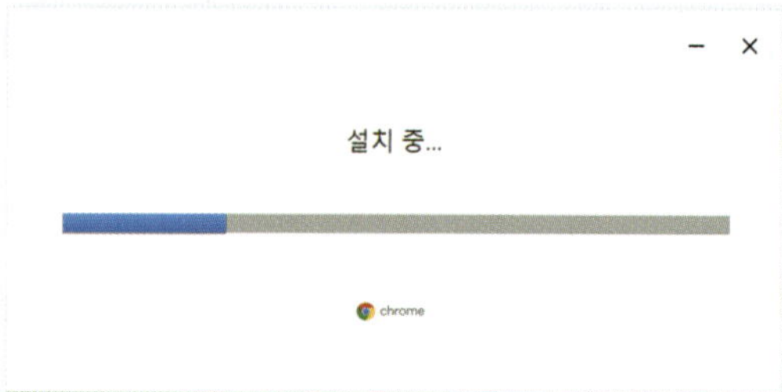

진행 상태를 보여주는 프로그레스 바가 올라가면서 설치가 진행됩니다. 조금만 기다리면 설치가 완료되고 자동으로 크롬을 실행합니다. 앱인벤터 프로젝트를 만들 수 있는 첫 단계가 완료되었습니다.

02 앱인벤터 접속

브라우저 실행 후 앱인벤터 사이트에 접속합니다.

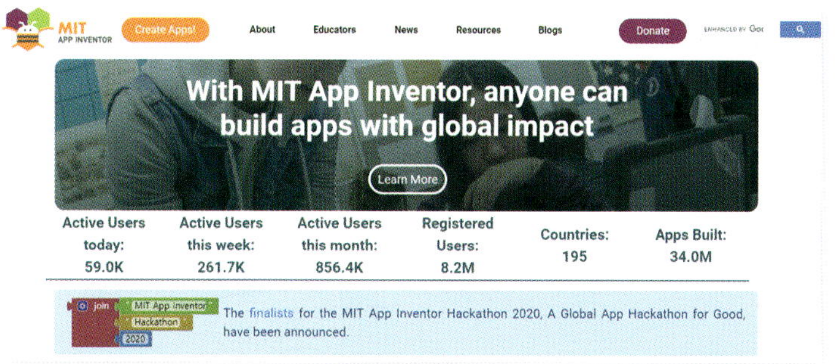

https://appinventor.mit.edu/

설치된 크롬을 실행하고 주소창에 위 주소를 입력하고 이동합니다. 시작하기, 튜토리얼, 교육, 지원 등 여러 항목이 있습니다. 왼쪽 위의 Create Apps! 버튼을 클릭하여 앱인벤터 화면으로 이동해봅시다.

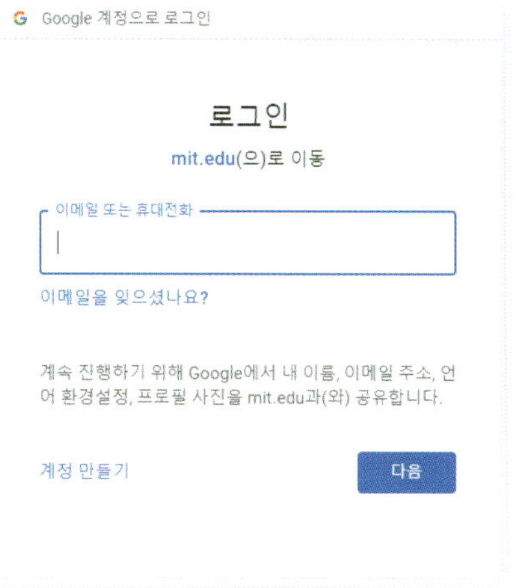

앱인벤터는 본래 구글에서 관리하였기 때문에 앱인벤터를 사용하려면 구글 아이디로 로그

인해야 합니다. 아이디가 없다면 계정 만들기로 먼저 계정을 만들어 줍니다.

(계정 만들기는 구글 가입 절차를 따라 천천히 진행하면 됩니다.)

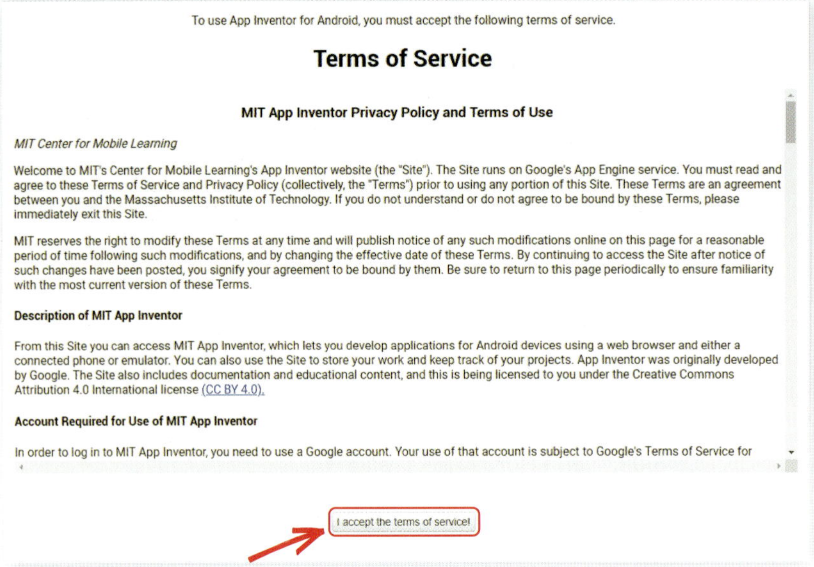

처음 로그인을 할 때 만나는 화면은 약관 동의 화면입니다. 앱인벤터 사용에 관한 약관을 안내하고 있습니다. 구글 아이디를 사용함과 커뮤니티 가이드라인 등 간단한 안내사항입니다. 수락 버튼을 클릭합니다.

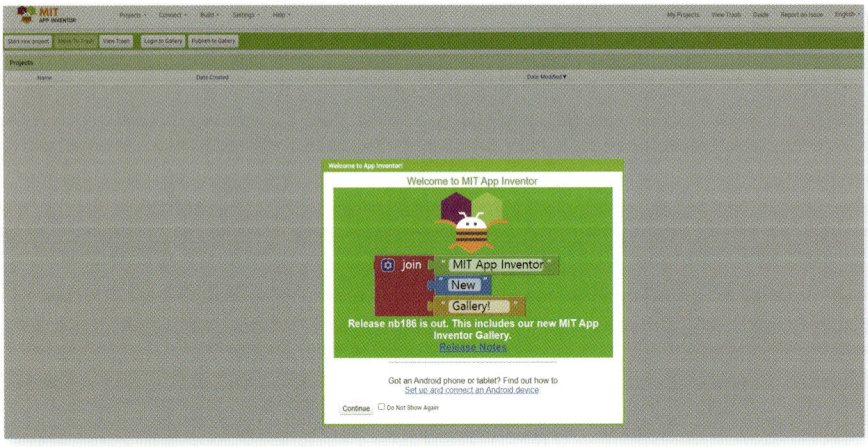

맨 처음은 공지사항이 출력됩니다. Do No Show Again을 체크하고 Continue 버튼을 클릭합니다.

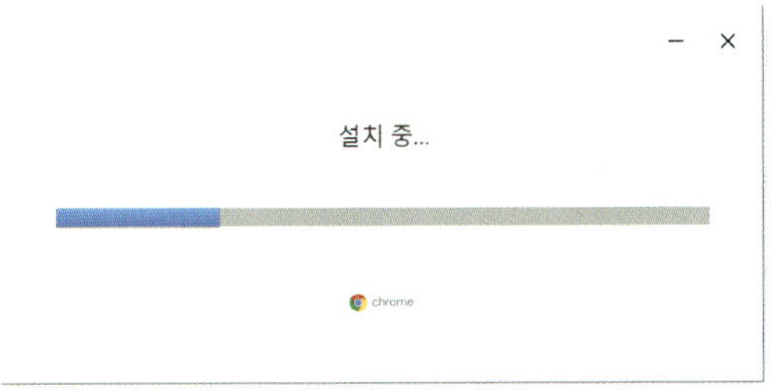

튜토리얼을 할 수 있는 팝업창이 출력됩니다. 영어가 능숙하다면 해보는 것도 좋습니다만, 이 책의 내용만으로도 충분합니다. CLOSE 또는 화면의 빈 영역을 클릭하여 팝업창을 닫아 줍니다.

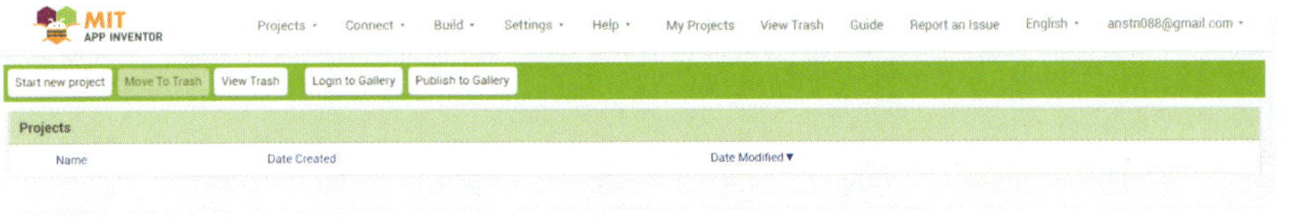

앱인벤터의 메인화면입니다. 프로젝트를 새로 만들고, 갤러리로 이동하는 등 기본 메뉴를 사용할 수 있는 화면입니다.

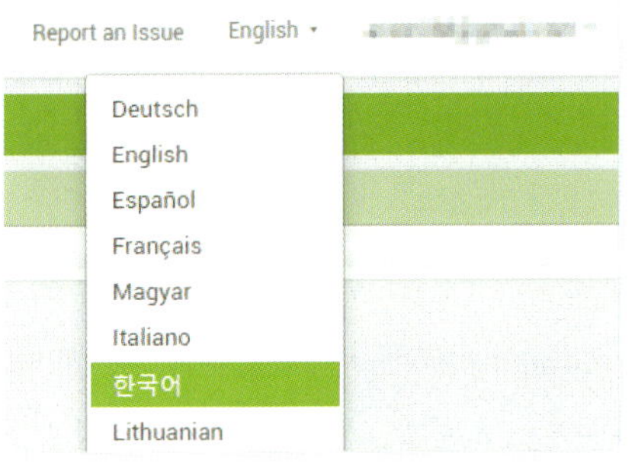

화면의 우측 상단에서 English를 클릭하면 각종 언어가 리스트로 나옵니다. 여기서 한국어를 선택하여 기본 언어로 설정합니다.

03 앱인벤터 화면 구성

새 프로젝트를 하나 만들고 앱인벤터의 구성과 사용법을 간단히 알아봅니다.

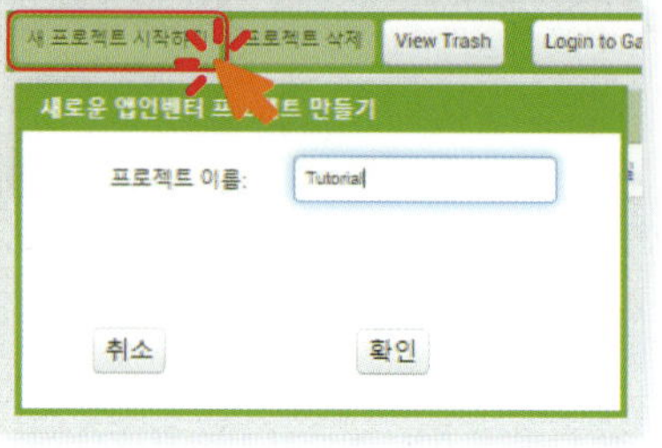

새 프로젝트 시작하기 버튼을 클릭하고 프로젝트 이름을 "Tutorial"로 작성한 다음 확인 버튼을 클릭합니다(한글은 사용할 수 없습니다. 컴퓨터에서 표현하는 한글체계와 영어체계는 다릅니다. 앱인벤터는 프로젝트 이름에 한글을 지원하지 않습니다).

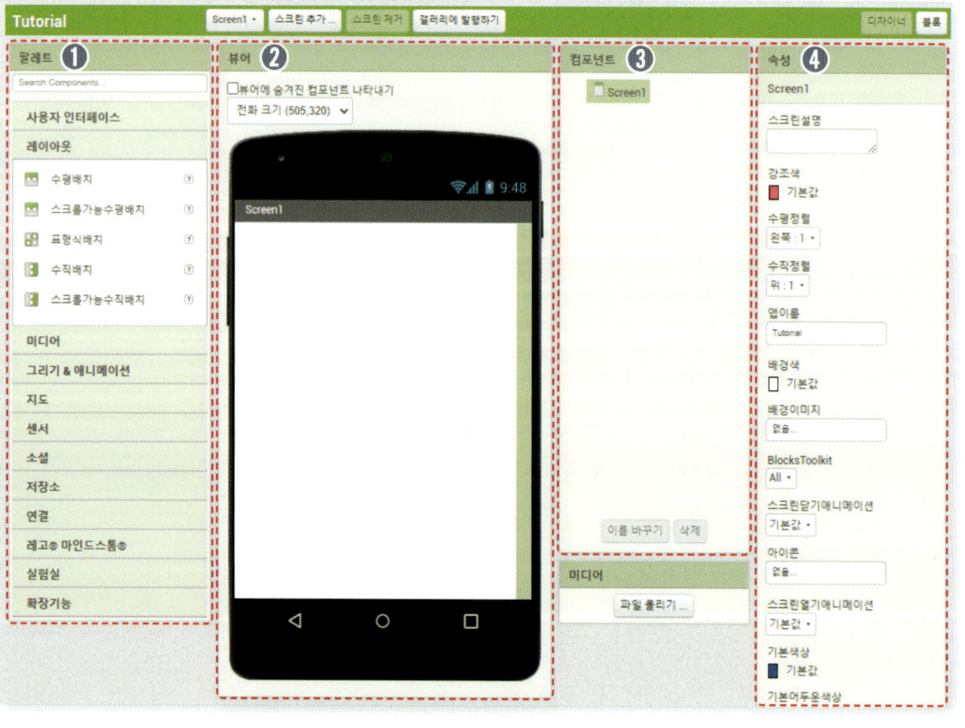

제일 먼저 마주하는 화면은 디자이너 화면입니다. 여기서 앱을 만들 때 필요한 컴포넌트들을 추가하여 앱 디자인을 할 수 있습니다.

❶ **팔레트**: 앱인벤터에서 제공하는 모든 컴포넌트가 있습니다. 사용자 인터페이스, 레이아웃, 미디어, 그리기&애니메이션 등 유형별로 분류되어 있습니다. 만들고자 하는 앱에 필요한 요소를 마우스로 잡고 끌어(드래그) 뷰어 영역으로 넣으면 컴포넌트가 추가됩니다.

❷ **뷰어**: 추가한 컴포넌트들을 입맛에 맞게 배치할 수 있는 영역입니다. 버튼과 같은 컴포넌트를 원하는 위치로 이동하며 앱을 디자인할 수 있습니다. 물론 정렬 규칙이 있어 디자인하기 조금 까다롭지만, 책의 예제들을 천천히 따라 해보면 충분히 쉽게 이해할 수 있습니다. "전화 크기", "태블릿 크기", "모니터 크기"의 3가지 크기 형태로 볼 수 있습니다.

❸ **컴포넌트**: 프로젝트에 추가한 컴포넌트들이 이 영역에 표시됩니다.

❹ **속성**: 선택한 컴포넌트별로 속성을 볼 수 있으며, 원하는 값으로 수정할 수 있습니다.

04 앱인벤터 라이브 테스팅

라이브 테스팅이란 실시간으로 앱을 테스트 하면서 개발하는 것을 말합니다. 앱인벤터는 여러 가지 방법으로 라이브 테스팅을 할 수 있습니다.

와이파이(WiFi) 연결

가장 쉽게 연결할 수 있는 방법입니다. 준비물은 **WiFi를 지원하는 컴퓨터**와 **WiFi 기능이 있는 안드로이드 스마트폰**입니다. 앱인벤터로 만들어 보는 예제들은 스마트폰의 내장된 센서들을 주로 사용하기 때문에 가능하면 실제 안드로이드 스마트폰을 준비해 주시기 바랍니다.

https://play.google.com/store/apps/details?id=edu.mit.appinventor.aicompanion3
(AI2 Companion 구글 플레이 스토어 주소)

컴퓨터와 스마트폰이 준비되어 있다면 첫 번째로 스마트폰에 AI2 Companion 앱을 설치해야 합니다. 위 QR 코드를 스마트폰의 QR 코드 스캔 기능 또는 카메라 앱을 실행시키고 화면에 비추면 해당 링크로 이동할 수 있습니다. 또는 구글 플레이 스토어를 실행하고 AI2 Companion을 검색하거나 앞의 링크를 스마트폰의 인터넷으로 접속하여 앱을 설치합니다.

APK File

Manual updates required

http://appinv.us/companion
(AI2 Companion 설치파일 직접 다운로드 주소)

플레이 스토어를 이용하지 않고 직접 AI2 Companion 앱의 설치파일을 다운로드 받아 설치할 수 있습니다. 스마트폰으로 위 QR 코드를 스캔하거나, 인터넷을 통해 링크로 접속하면 설치파일 다운로드가 시작됩니다. 실행하여 AI2 Companion을 설치하면 됩니다.

플레이 스토어에서 다운로드 받아 설치할 경우 앱의 업데이트가 있을 때 자동으로 업데이트 하지만, 직접 설치파일을 다운로드 받아 설치한 경우는 자동 업데이트가 되지 않아 새 버전이 나오면 새로 설치해야 하는 단점이 있습니다.

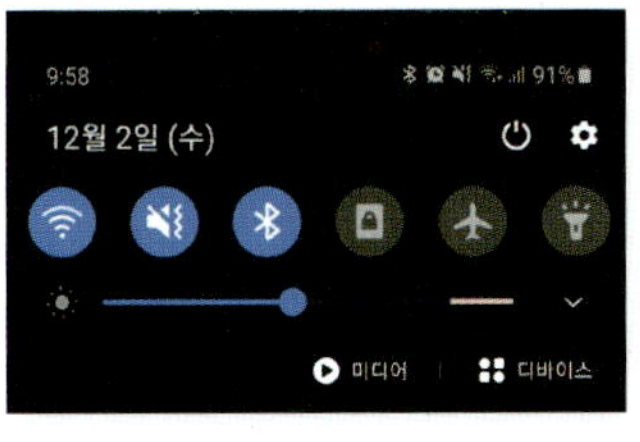

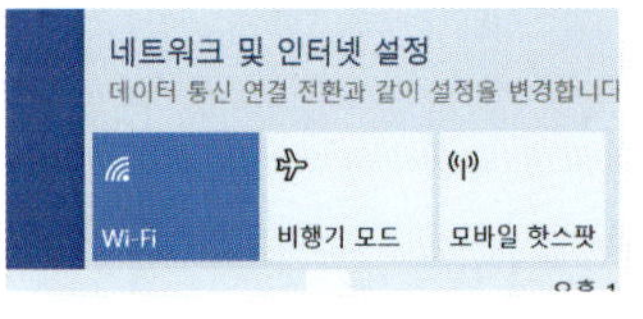

스마트폰과 컴퓨터의 네트워크를 같은 와이파이로 연결해 줍니다.

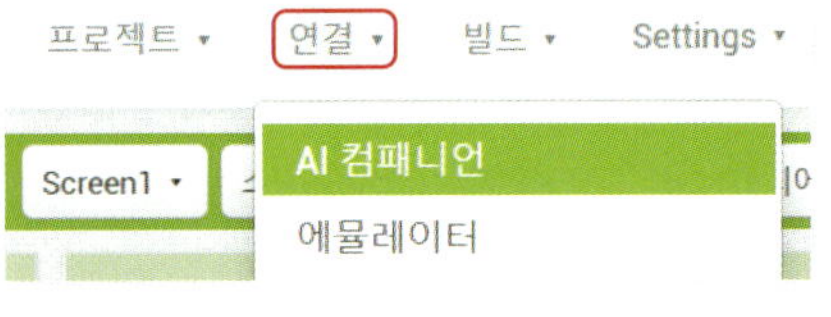

연결의 "AI 컴패니언"을 클릭합니다.

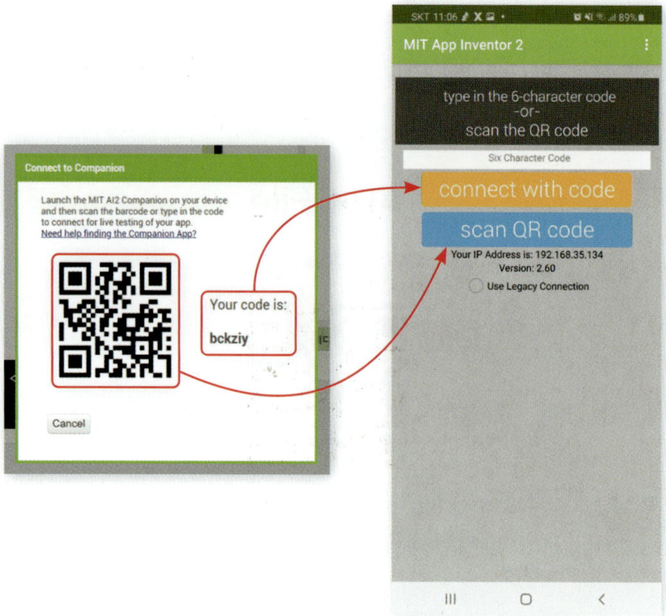

QR 코드와 영어로 된 코드가 출력됩니다. 스마트폰에서 AI2 Companion 앱을 실행합니다. "connect with code"는 6자리 영어 코드를 입력하여 연결합니다. "scan QR code"는 실행하면 카메라가 실행되고 QR 코드에 초점을 맞추면 QR 코드를 인식하여 연결합니다. 둘 중 원하는 방법으로 연결하면 됩니다.

앱인벤터 화면에 진행 바가 나타나고 100%가 되면 사라집니다. 다음으로 오른쪽 그림과 같이 Screen1 빈 화면이 스마트폰에 출력되면 성공적으로 연결된 것입니다.

팔레트에 있는 아무 컴포넌트를 뷰어에 드래그하여 추가해보면 그 즉시 스마트폰 화면에 반영되는 것을 확인할 수 있습니다. 이러한 방법이 와이파이를 통해 실시간으로 내용을 확인하며 코딩하는 라이브 테스팅입니다. 제일 쉬우니 웬만하면 이 방법을 사용하는 것이 좋습니다.

USB 연결

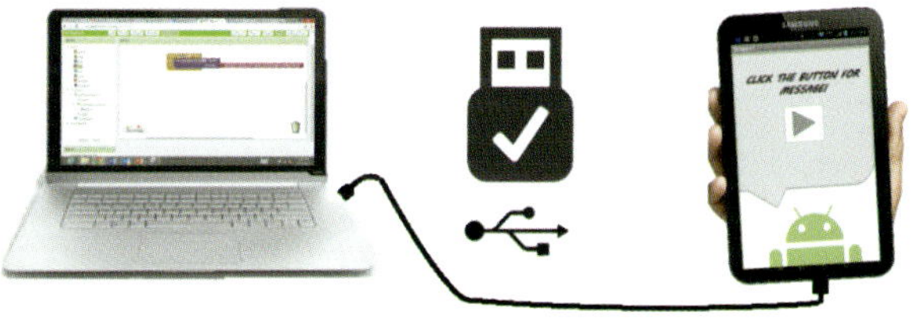

WiFi를 사용할 수 없을 때 연결하는 방법입니다. 컴퓨터와 스마트폰을 USB로 연결합니다. 연결을 위해 USB 케이블이 필요합니다.

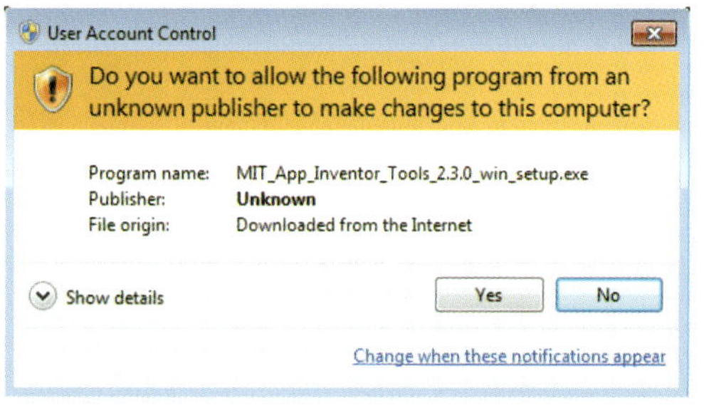

USB 연결에서 첫 번째로 필요한 것은 연결을 가능하게 하는 앱인벤터 소프트웨어를 설치하는 것입니다. http://appinv.us/aisetup_windows에 접속하여 설치파일을 다운로드 합니다. 파일명은 MIT_Appinventor_Tools_2.3.0이고 약 80MB 크기의 설치파일입니다. 설치파일을 실행하면 앞의 그림과 비슷한 경고창이 출력됩니다. 확인 또는 예를 클릭하여 프로그램 설치를 완료합니다(자세한 내용은 http://appinventor.mit.edu/explore/ai2/windows에서 확인할 수 있습니다).

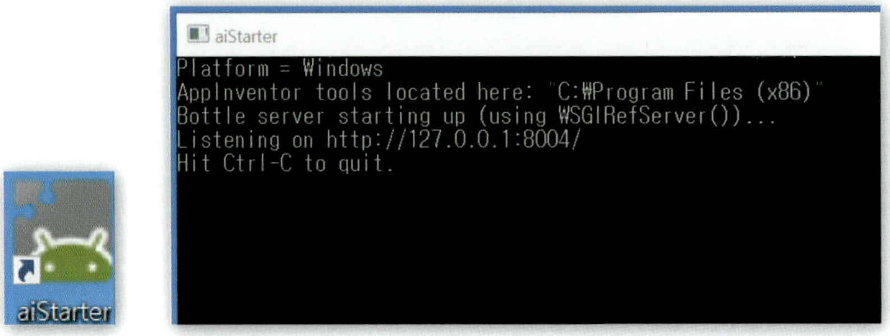

aiStarter라는 프로그램이 바탕화면 및 시작 메뉴에 추가됩니다. USB 연결 전에는 꼭 이 프로그램을 실행시켜 놓아야 합니다. 오른쪽 그림이 실행화면입니다.

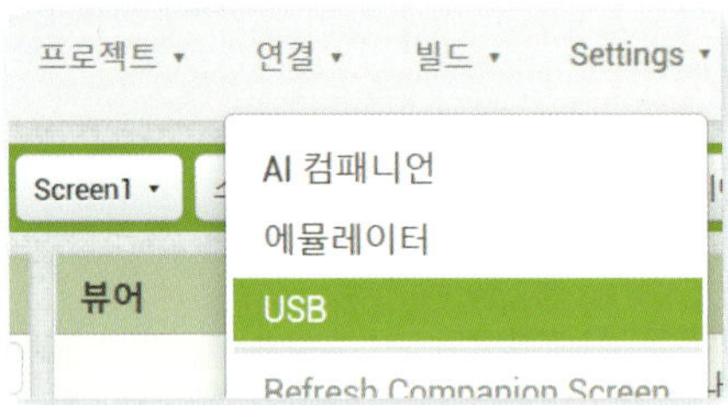

컴퓨터에 스마트폰을 USB로 연결하고 앱인벤터에서 연결의 "USB"를 클릭합니다.

USB 연결 중이라는 메시지가 출력됩니다.

```
127.0.0.1 - - [03/Dec/2020 00:07:47] "GET /ucheck/ HTTP/1.1" 200 65
127.0.0.1 - - [03/Dec/2020 00:07:47] "GET /ucheck/ HTTP/1.1" 200 65
127.0.0.1 - - [03/Dec/2020 00:07:48] "GET /ucheck/ HTTP/1.1" 200 65
127.0.0.1 - - [03/Dec/2020 00:07:48] "GET /ucheck/ HTTP/1.1" 200 65
127.0.0.1 - - [03/Dec/2020 00:07:48] "GET /ucheck/ HTTP/1.1" 200 65
127.0.0.1 - - [03/Dec/2020 00:07:49] "GET /ucheck/ HTTP/1.1" 200 65
Device = R3CN30EEMFW
127.0.0.1 - - [03/Dec/2020 00:07:54] "GET /replstart/R3CN30EEMFW HTTP/1.1" 200 0
```

aiStarter 프로그램에 위의 그림과 같은 내용이 출력됩니다. 연결이 정상적으로 진행되고 있음을 나타냅니다.

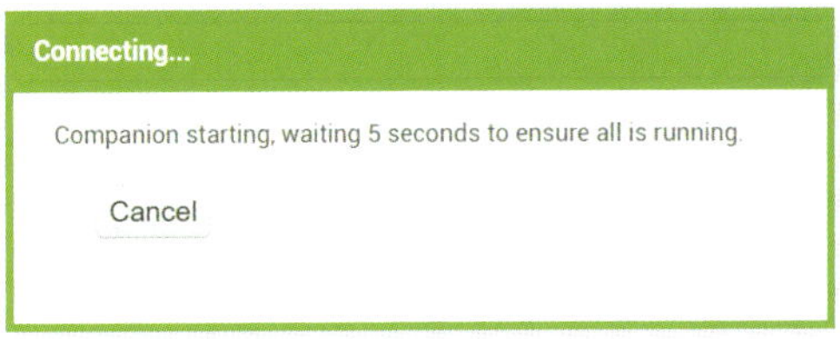

성공적으로 연결되면 10초 뒤 AI2 Companion을 시작합니다.

WiFi 연결 결과처럼 라이브 테스팅이 잘 되는 것을 확인할 수 있습니다.

에뮬레이터 연결

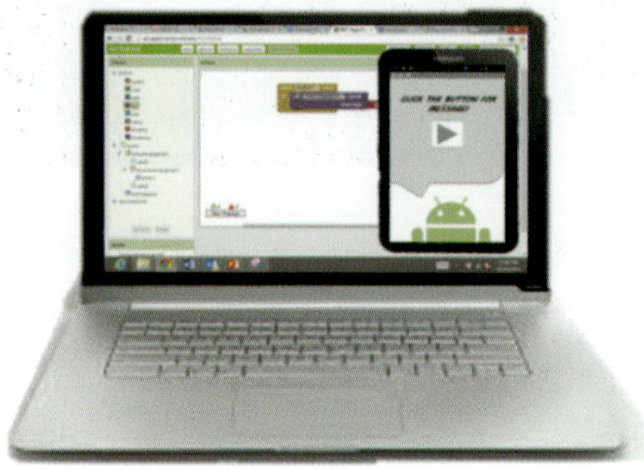

스마트폰이 없을 때 마지막 수단으로 사용할 수 있는 에뮬레이터입니다. 사실 앱인벤터의 에뮬레이터는 상당히 구버전입니다. 라이브 테스팅이 가능하지만 사용하기엔 썩 좋은 편은 아닙니다. 그래도 스마트폰이 없는 경우에는 유일한 방법입니다(스마트폰이 없다면 라이브 테스팅은 포기하고 개발한 앱을 Nox와 같은 앱플레이어에 apk를 설치해서 실행해보는 게 더 빠르고 유용합니다).

에뮬레이터 연결도 꼭 aiStarter를 실행시켜 놓고 해야 합니다.

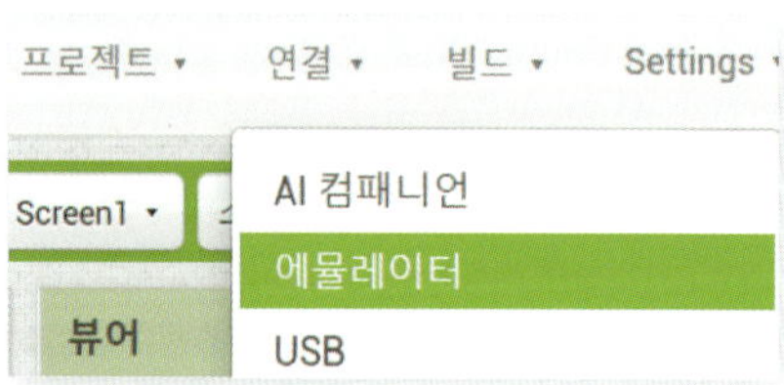

연결에서 "에뮬레이터"를 클릭합니다.

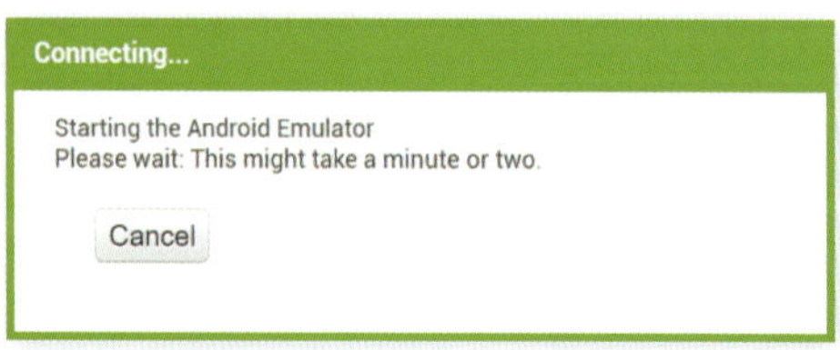

WiFi 연결과 USB 케이블 연결보다 시간이 좀 더 걸립니다.

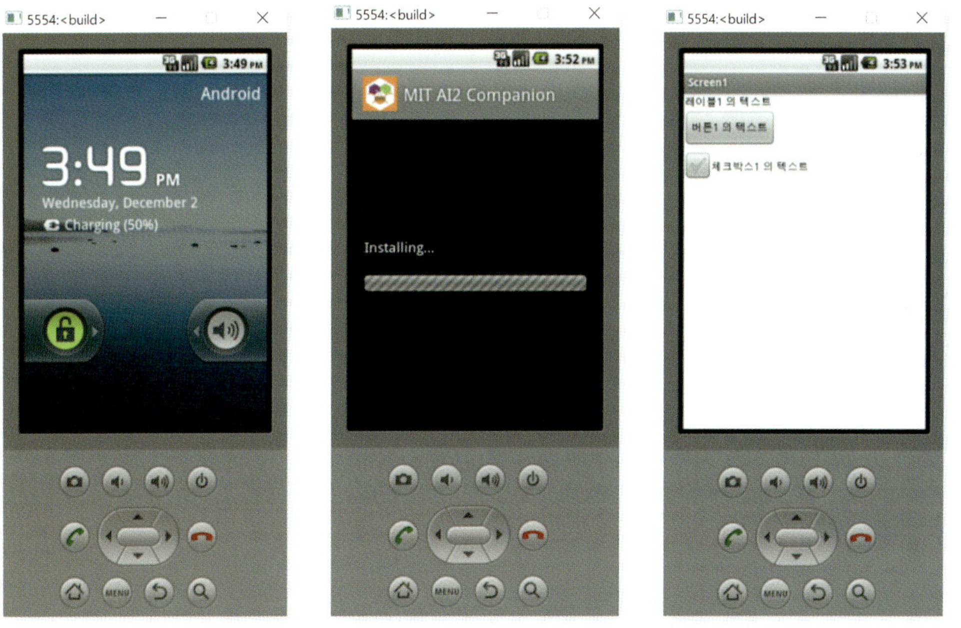

왼쪽 그림처럼 에뮬레이터가 실행됩니다. 아주 오래된 안드로이드 버전이 탑재된 에뮬레이터입니다. 자물쇠를 오른쪽으로 밀어 화면 잠금 해제를 합니다. 가운데 그림과 같이 최초 에뮬레이터 실행엔 AI2 Companion 앱을 자동으로 설치합니다. 설치가 완료되면 현재 프로젝트가 라이브 테스팅으로 잘 연동됩니다. 에뮬레이터가 구버전인 만큼 성능이 좋지 않습니다. 각종 센서를 에뮬레이터에선 사용할 수 없으므로 가능하면 꼭 안드로이드 스마트폰을 준비하도록 합니다.

05 앱인벤터 코딩 전에 알고 가야 할 것!

본격적으로 개발을 시작하기 전에 알고 가야 할 내용을 살펴보겠습니다.

코딩의 핵심 순차 개념

코딩한 내용은 컴퓨터가 **순서대로 하나씩 실행**합니다. 이를 **순차**라고 합니다.

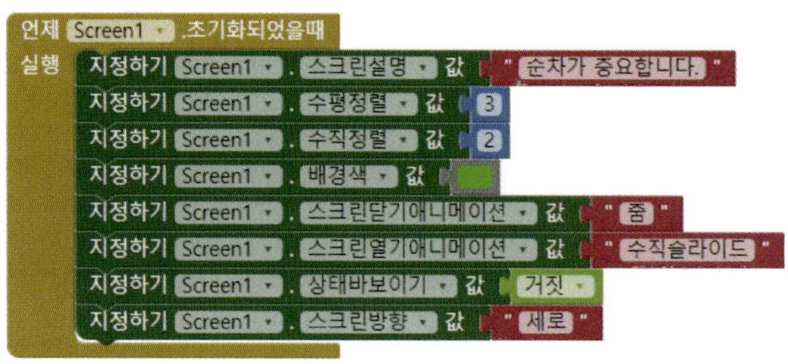

앱인벤터에서 하는 코딩은 위와 같이 블록들을 위에서 아래로 결합해 나가는 방식으로 코딩합니다. 컴퓨터는 이 코드를 맨 위에서부터 순서대로 하나씩 실행합니다. 코드 실행속도가 워낙 빨라서 하나씩 실행한다고 느낄 수 없을 뿐입니다. **순서대로 하나씩 단계별로 실행됨을 항상 생각하면서 코딩해야 합니다.**

앱인벤터 블록 모양의 의미

앱인벤터의 블록은 다양한 형태로 생겼습니다. 각각이 어떤 의미인지 먼저 살펴보도록 합니다.

이벤트 블록

위와 같은 모양인 블록이 "이벤트 블록"입니다. 특정 순간에 실행되는 블록입니다. 실행되었을 때 안쪽에 결합된 블록들을 순서대로 실행합니다.

결합 블록

대부분 어떤 속성값을 지정할 때 쓰는 결합 블록입니다. 왼쪽 부분 모양이 위쪽은 구멍이 나 있고, 아래는 뾰족한 모양입니다. 이는 위아래로 결합할 수 있다는 의미입니다. 오른쪽 그림과 같이 이벤트 블록 안의 뾰족한 부분이 위쪽에 결합됩니다. 결합 가능할 때 노란색으로 표시됩니다.

데이터 블록

블록의 왼쪽 부분이 튀어나온 퍼즐 조각과 같이 생긴 데이터 블록입니다. 결합 블록과 아래의 입력값이 필요한 데이터 블록 등에 결합 가능합니다.

입력값이 필요한 데이터 블록

데이터 블록과 같은 모양이지만 오른쪽이 또 결합 가능한 블록입니다. 이와 같은 모양의 블록은 오른쪽에 결합된 데이터를 바탕으로 연산을 통해 새로운 결과 데이터를 만드는 블록입니다.

함수 블록

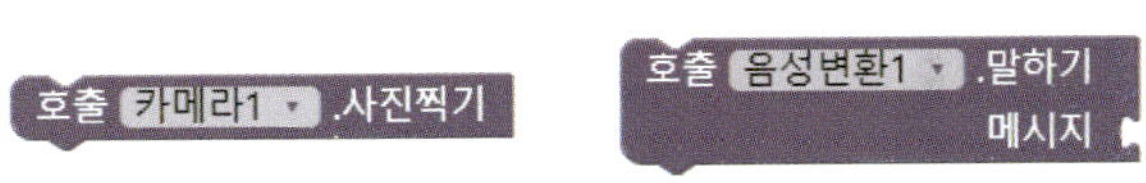

보라색으로 된 블록들입니다. 입력값이 있거나 없는 블록들인데 이 함수 블록들은 컴포넌트의 특정 기능을 호출하는 데 사용되는 블록입니다.

앱인벤터 한글이 어색한 이유

앱인벤터에서 한국어를 지원하기 때문에 변경하면 친숙한 한글로 코딩할 수 있습니다. 그러나 단어들이 조금 어색한 감이 많은데 그 이유엔 번역이 직역인 부분도 있고, 영어와 다른 문법적 차이 때문이라 할 수 있습니다.

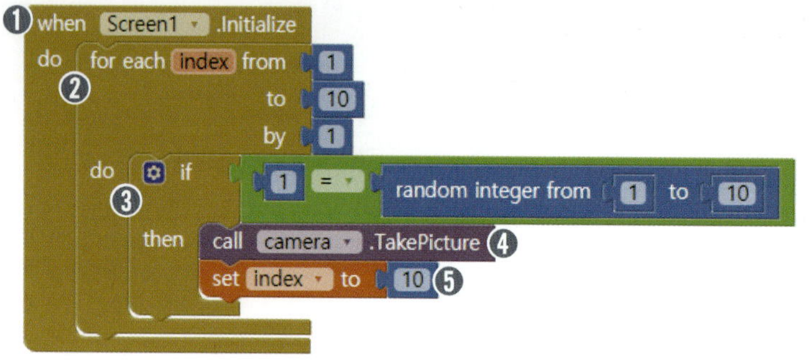

영어를 조금 할 줄 안다면 영어로 보는 게 더 부드럽게 코드 해석이 됩니다.

❶ 스크린1이 초기화되었을 때 하는 것 →

❷ 인덱스가 1에서 10이 될 때까지 1씩 증가할 때마다 하는 것 →

❸ 만약 1부터 10까지 무작위 정수가 1이라면 →

❹ 카메라의 사진찍기를 호출

❺ 인덱스를 10으로 지정

한글로 봤을 땐 영어보다는 조금 어색한 느낌이 있습니다. 하지만 하나씩 본다면 충분히 이해가 가능하니 영어가 어렵고 불편하다면 어색함을 뒤로하고 한글로 하는 게 좋습니다.

코딩세계 초보여행자를 위한 안내서
with 앱인벤터+AI

PART 02

앱인벤터 응용

01 고양이와 강아지

앱인벤터를 배워보는 첫 번째 프로젝트입니다. 앱인벤터로 하는 코딩은 어떤 방식으로 진행하는지 간단한 컴포넌트들을 사용해보며 배워봅니다.

프로젝트 주제

첫 프로젝트는 많이 쓰이는 컴포넌트인 이미지와 버튼 컴포넌트를 기본으로 사용하는 앱을 만들어 봅니다. 그리고 컴포넌트 방식으로 개발하는 방법이 어떤 것인지를 가속도 센서, 음성인식 기능을 사용해 추가로 개발해보도록 합니다.

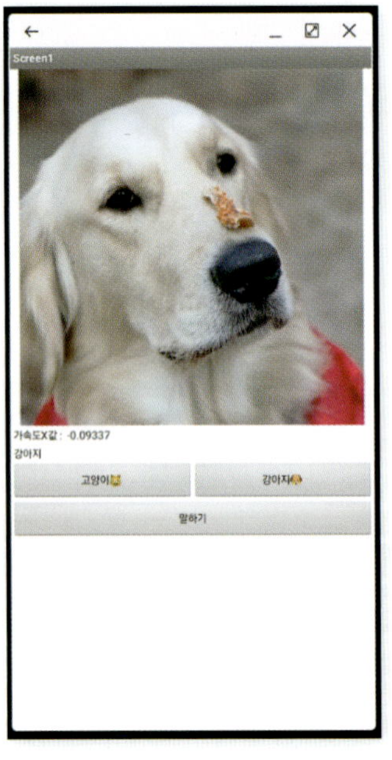

프로젝트 둘러보기

1. 첫 번째로 버튼 컴포넌트를 사용해서 고양이 버튼을 누르면 이미지 컴포넌트의 사진을 고양이 사진으로, 강아지 버튼을 누르면 강아지로 변경되도록 합니다.

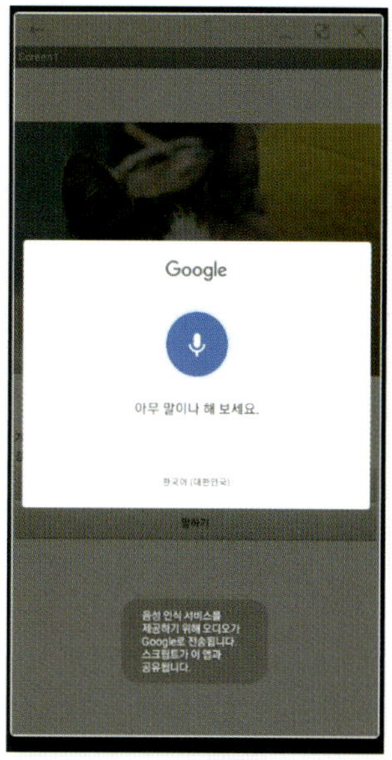

2. 다음으로 가속도 센서를 추가하고, 가속도 센서 값이 바뀌었을 때 고양이, 강아지 사진으로 변경되도록 합니다.
3. 마지막으로 음성인식 컴포넌트를 사용해서 고양이라고 말하면 고양이 사진으로, 강아지라고 말하면 강아지 사진으로 변경되도록 합니다.

사용되는 컴포넌트

컴포넌트	기능
버튼	각 버튼을 클릭하면 고양이, 강아지 사진으로 변경하도록 합니다.
이미지	고양이, 강아지 사진을 보여주도록 합니다.
레이블	현재 가속도 값을 나타내고 음성인식으로 인식된 단어를 나타내도록 합니다.
수평배치	컴포넌트 배치를 수평으로 하도록 합니다.
음성인식	음성인식으로 고양이, 강아지 단어를 인식하도록 합니다.
가속도센서	스마트폰을 흔들었을 때 고양이 또는 강아지 사진으로 변경합니다.

프로젝트 만들기

이제 프로젝트를 만들어 봅시다. 하나하나 차근차근 따라 해보도록 합시다. 먼저, 크롬 브라우저로 http://ai2.appinventor.mit.edu/에 접속합니다. 위와 같이 크롬 주소창에 링크 주소를 입력하고 엔터키를 누릅니다.

구글 계정으로 로그인하고 나면 내 프로젝트들을 볼 수 있는 화면이 출력됩니다. [새 프로젝트 시작하기]를 클릭하여 새로운 프로젝트를 만들어 봅시다.

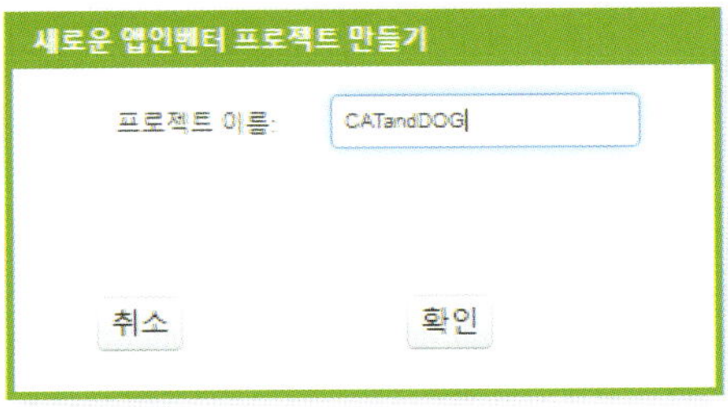

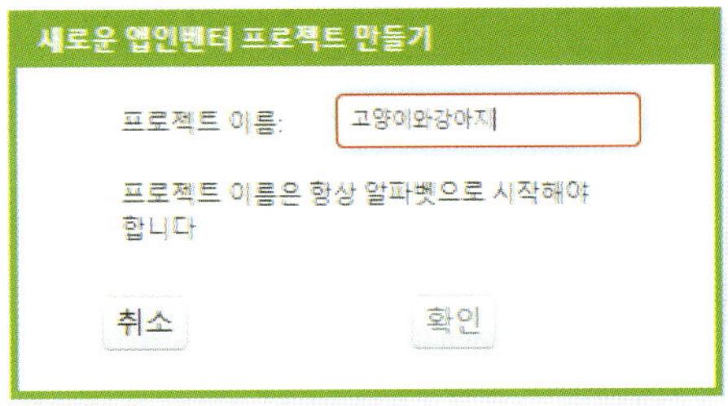

프로젝트 이름을 입력하는 작은 창이 출력됩니다. 왼쪽 그림처럼 프로젝트 이름을 영어로 "CATandDOG"로 작성해줍니다. 오른쪽 그림처럼 한글로 작성하면 프로젝트 이름을 알파벳으로 해야 한다고 친절히 알려줍니다(앱인벤터는 영어를 기반으로 만들어졌기에 프로젝트명은 영어로 작성해야 합니다. 영어와 한글의 표현법은 컴퓨터에 다르며 앱인벤터에서 프로젝트 저장 시 한글을 지원하지 않기 때문입니다).

컴포넌트 설계

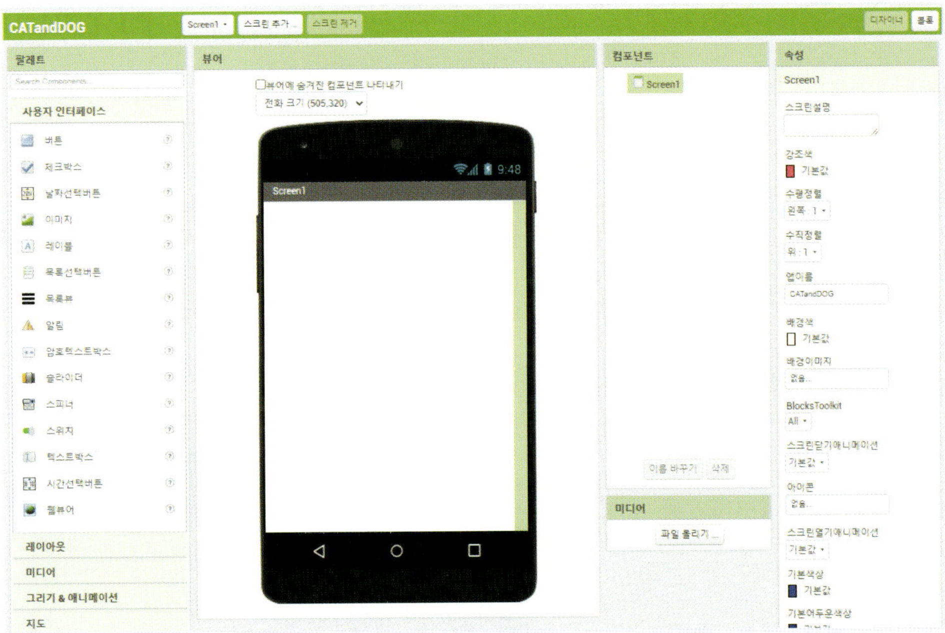

프로젝트를 처음 생성하면 위 그림과 같이 Screen1이라는 이름의 빈 스크린이 만들어져 있습니다. 이 화면에서 필요한 컴포넌트들을 추가하고 속성을 바꾸며 화면을 먼저 구성하면 됩니다.

스크린 속성 변경

스크린도 컴포넌트입니다. 따라서 여러 속성값을 바꿀 수 있습니다. 앱이름과 같이 앱의 기본 설정들을 바꿀 수 있습니다. 변경할 수 있는 속성값들이 많은데 아래쪽에 **"스크롤가능여부"**라는 속성이 있습니다. **이를 체크해 줍니다.**

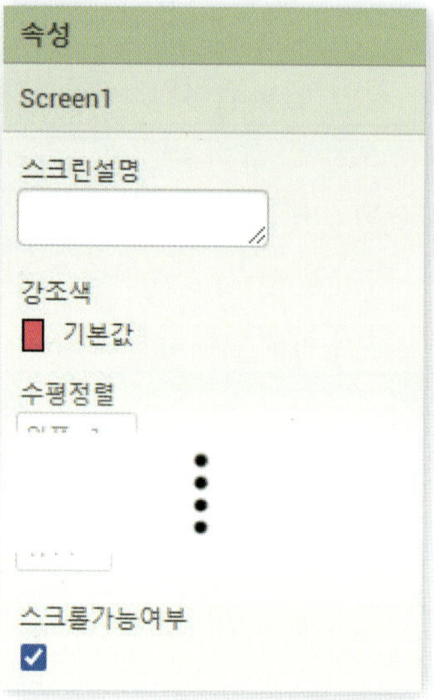

컴포넌트 추가 – 이미지 컴포넌트

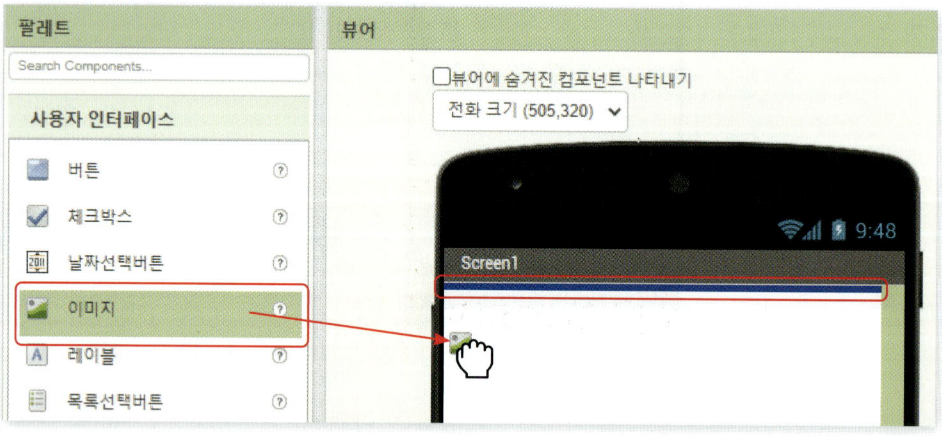

먼저 이미지 컴포넌트를 추가합니다. 팔레트에서 이미지 컴포넌트를 드래그하여 뷰어에 끌어다 놓습니다. 끌어다 놓을 때 **파란색 표시는 해당 영역에 추가된다는 의미**입니다.

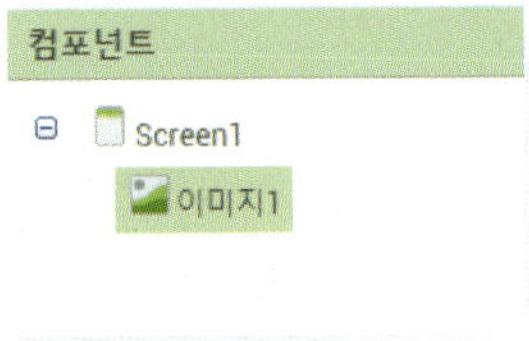

Screen1의 **하위**로 **"이미지1"** 컴포넌트가 추가됩니다. 앱인벤터에서는 모든 컴포넌트들을 **상위-하위** 관계로 추가할 수 있습니다. 상위 컴포넌트를 **부모 컴포넌트**, 하위 컴포넌트는 **자식 컴포넌트**라 부릅니다. 자식 컴포넌트는 부모 컴포넌트의 속성을 따라 사용되기도 합니다. 이를 상속이라 표현합니다.

속성값 변경 - 높이

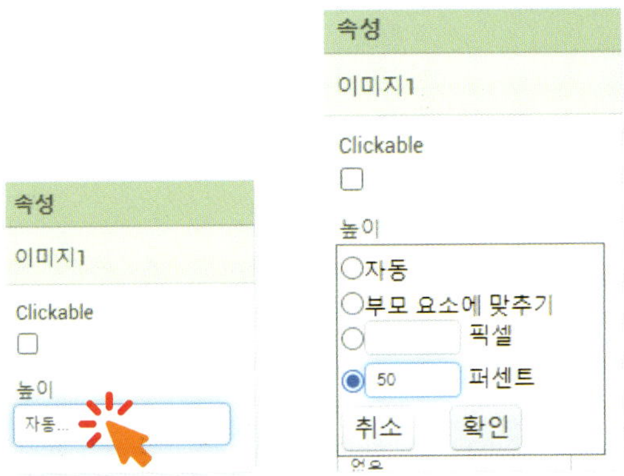

높이 속성을 클릭하면 오른쪽 그림처럼 세부 속성값이 나옵니다. **퍼센트를 클릭하고 값을 50으로 설정**해줍니다.

앱인벤터의 컴포넌트들 중 높이, 너비 속성은 다음과 같은 항목으로 값을 설정할 수 있습니다.

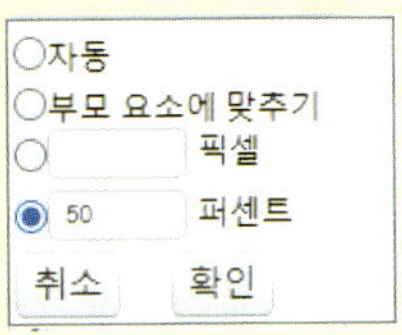

자동: 이미지 또는 글자 수에 맞는 크기로 자동 조절

부모 요소에 맞추기: 부모의 높이값에 따라 설정
(상위 컴포넌트를 부모라 함)

픽셀: 입력된 픽셀값으로 고정

퍼센트: 화면에서 차지하는 비율로 설정

속성값 변경 - 너비

너비는 **부모 요소에 맞추기**로 설정해줍니다. 오른쪽 그림처럼 컴포넌트의 크기를 나타내는 초록색 상자가 화면에 맞게 맞춰집니다. 이미지의 부모 요소는 Screen1입니다. 따라서 Screen1의 너비에 맞춰집니다(부모라고 부르는 이유는 Parents 단어를 직역했기 때문입니다. Parents에는 부모라는 뜻 외에도 모체, 조상이란 뜻도 있습니다). 이미지 컴포넌트의 사진은 설정된 높이와 너비에 맞춰 표현됩니다.

컴포넌트 추가 – 수평배치 컴포넌트(레이블 배치를 위한 레이아웃)

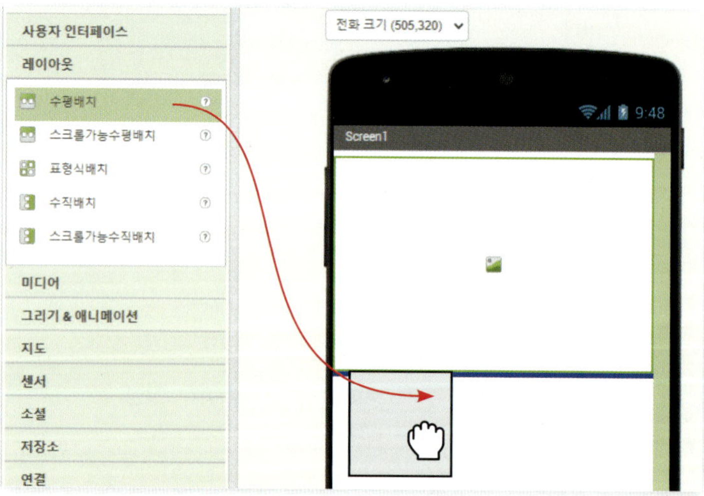

팔레트의 레이아웃에서 **수평배치 컴포넌트**를 드래그해 이미지 컴포넌트 아래에 배치합니다. 컴포넌트는 기본적으로 하나씩 순서대로 수직으로 배치합니다. 하지만 레이아웃 컴포넌트를 사용하면 원하는 모양으로 배치 하는 게 가능해집니다.

컴포넌트 추가 - 레이블 컴포넌트

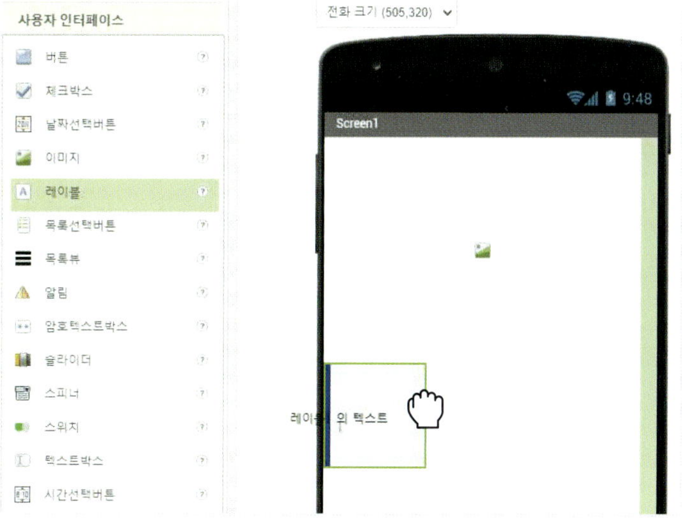

사용자 인터페이스의 **레이블 컴포넌트**를 수평배치 컴포넌트 안으로 끌어다 놓습니다. 그림처럼 파란색으로 표현되는 삽입 위치를 잘 보며 추가하도록 합니다. 레이블 컴포넌트는 글자(텍스트)를 표현합니다.

속성의 **텍스트**를 **"가속도 X 데이터:"**라고 입력해줍니다.

레이블을 하나 더 수평배치 안으로 추가해줍니다. 그림처럼 "가속도 X 데이터:" 옆에 배치합니다. 레이블2가 **가속도 값을 실시간으로 표현할 컴포넌트**입니다.

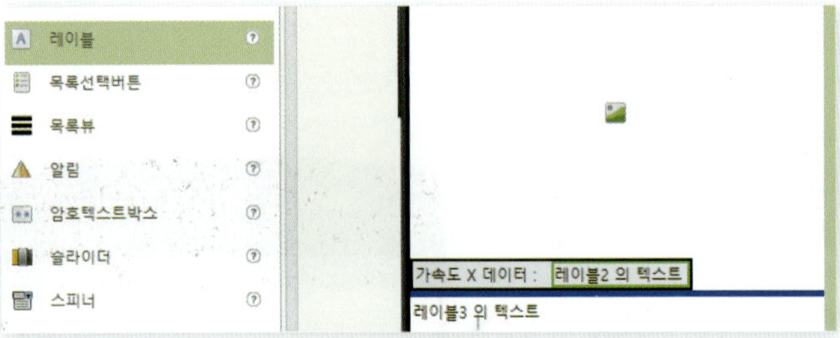

마지막으로 레이블을 하나 더 추가합니다. 그림과 같이 수평배치 아래에 추가합니다. 레이블3은 **음성인식으로 인식된 단어를 보여줄 컴포넌트**입니다.

컴포넌트 추가 – 수평배치 컴포넌트(버튼 배치를 위한 레이아웃)

수평배치를 레이블3 아래에 하나 더 추가해주고 너비 속성값을 **"부모요소에맞추기"**로 변경합니다. 고양이, 강아지 **버튼을 수평으로 보기 좋게 배치할 컴포넌트**입니다.

컴포넌트 추가 – 버튼 컴포넌트(고양이, 강아지)

버튼 두 개를 수평배치 안으로 추가해줍니다. 각 버튼의 너비를 부모 요소에 맞추기로 변경합니다. 그리고 텍스트를 각각 고양이, 강아지로 수정합니다.

컴포넌트 추가 - 버튼 컴포넌트(말하기)

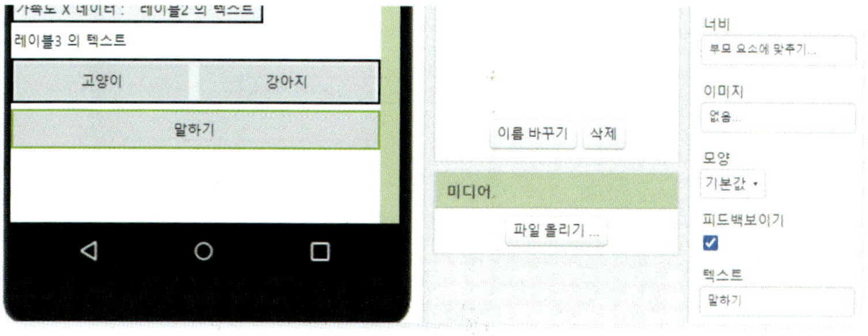

버튼을 하나 더 추가하고, 너비는 부모 요소에 맞추기, 텍스트는 말하기로 수정해줍니다.

컴포넌트 추가 - 음성인식

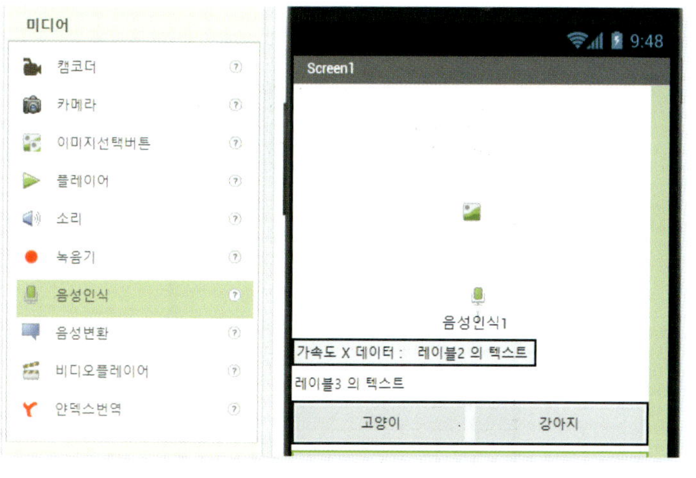

미디어 카테고리의 음성인식 컴포넌트를 드래그하여 뷰어 아무 곳에서 놓습니다.

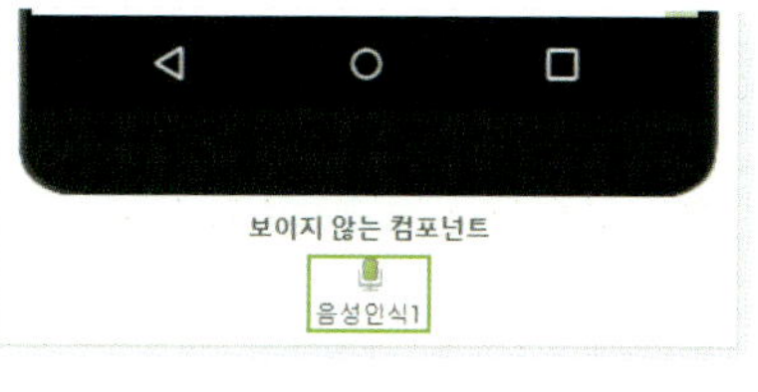

음성인식 컴포넌트는 뷰어 하단에 보이지 않는 컴포넌트로 삽입됩니다. 이와 같은 컴포넌트는 스마트폰의 기능을 사용하는 컴포넌트입니다.

컴포넌트 추가 – 가속도센서

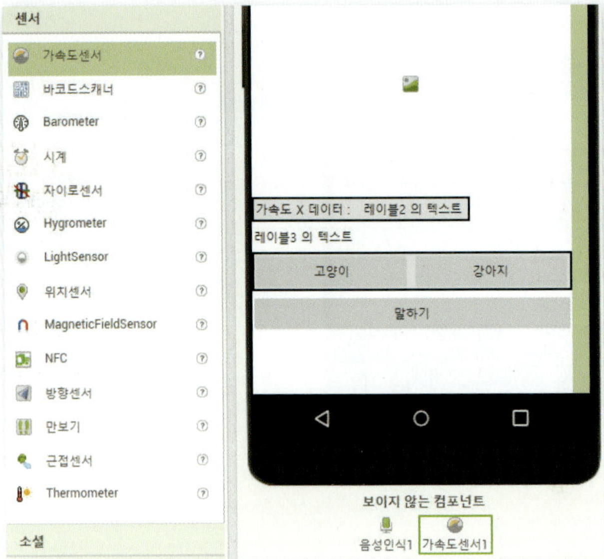

마지막으로 센서 카테고리의 가속도센서도 음성인식처럼 추가해줍니다.

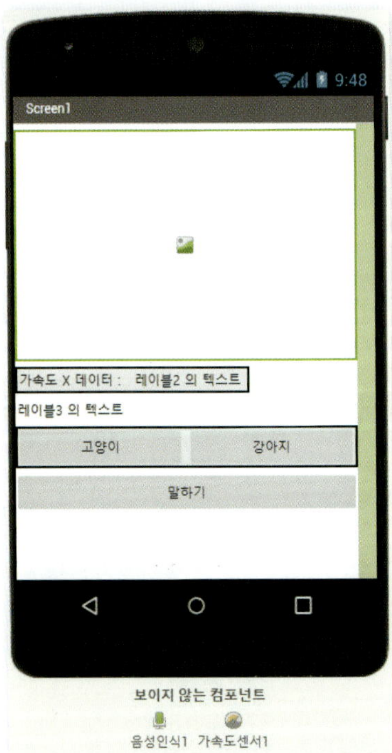

순서대로 잘 따라 하였다면 위의 그림처럼 컴포넌트 설계가 완료됩니다. 다음으로 고양이, 강아지 사진을 준비해봅시다.

자료(데이터) 준비

 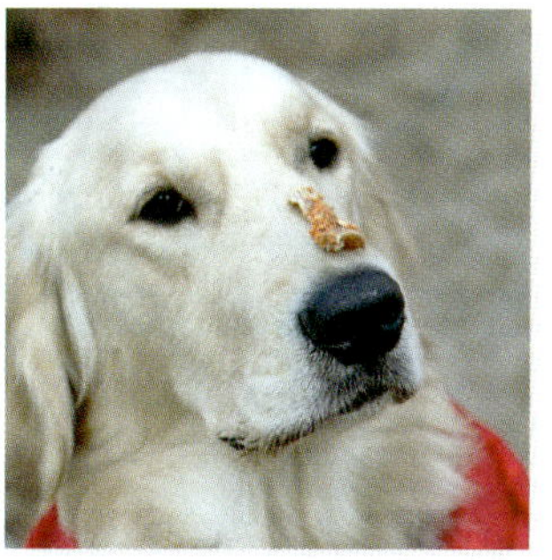

고양이와 강아지 사진을 준비해봅시다. http://infinitybooks.co.kr/b/appinventor.zip에 접속해서 위의 사진을 다운로드 받을 수 있습니다. 인터넷에서 검색해 다른 사진을 내려받아서 사용하면 더 좋습니다. 만약 검색을 통해 사진을 다운로드 받았다면 고양이는 "cat" 강아지는 "dog"로 파일명을 변경하고 사용합시다.

사진 파일 추가

앱인벤터 구성화면에서 컴포넌트 영역 아래에 미디어 영역이 있습니다. 여기에 파일을 올려야 앱에서 해당 사진 등의 미디어 자료를 사용할 수 있습니다. "파일 올리기" 버튼을 클릭합니다.

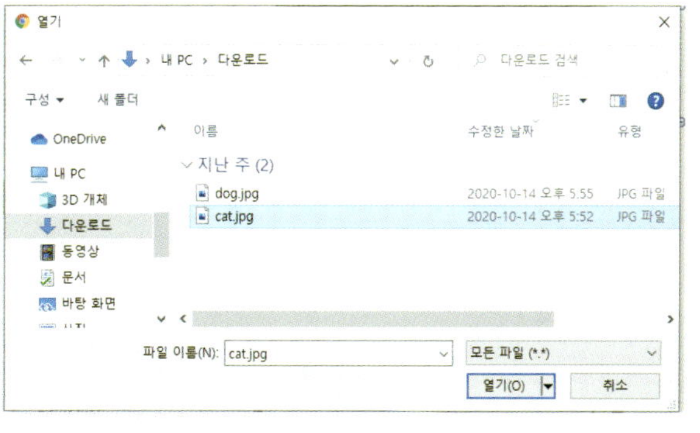

왼쪽 그림과 같은 창이 출력됩니다. "파일 선택"을 클릭하면 오른쪽과 같은 윈도우 창이 출력되고, 파일을 하나씩 선택해 열기로 추가해줍니다.

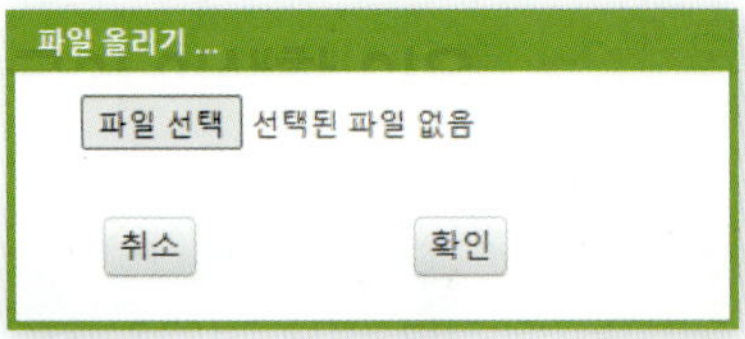

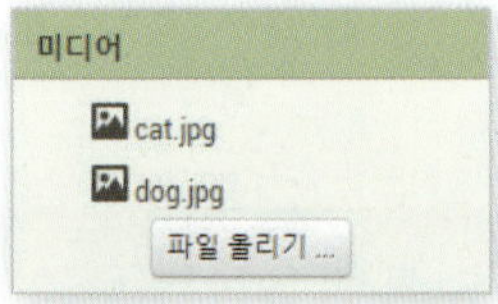

확인을 누르면 미디어 영역에 추가되는 것을 볼 수 있습니다. 사진 파일 추가까지 완료하면 코딩을 하기 위한 모든 준비가 끝나게 됩니다.

프로젝트 개발

고양이와 강아지 프로젝트를 통해서 앱인벤터 개발의 기본을 알아봅시다. 앞서 우리는 컴포넌트 설계를 완료하였습니다. 앱인벤터는 컴포넌트 기반의 프로그래밍 언어입니다. 우리가 추가한 버튼, 레이블, 음성인식 등 정해져 있는 컴포넌트들이 있으며, 각각의 컴포넌트에 정의된 규칙에 따라 코딩을 하게 됩니다. 예를 들어, 버튼의 경우 "버튼을 클릭했을 때"라는 블록을 사용할 수 있습니다. 그러면 우리는 "버튼을 클릭했을 때", "이미지를 고양이로 바꿔라."라는 코딩을 할 수 있는 것입니다.

자세히 설명하면서 책을 진행해볼 테니 차근차근 따라 해봅시다.

버튼 클릭 시이미지 변경 코딩

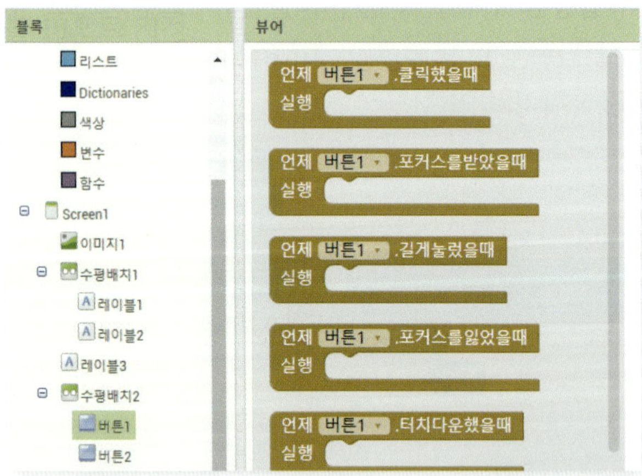

고양이, 강아지 버튼을 클릭하면 각각의 이미지로 바뀌도록 코딩해봅시다. 고양이 버튼인 버튼1을 클릭하면 뷰어 왼쪽에 버튼의 블록들이 보입니다.

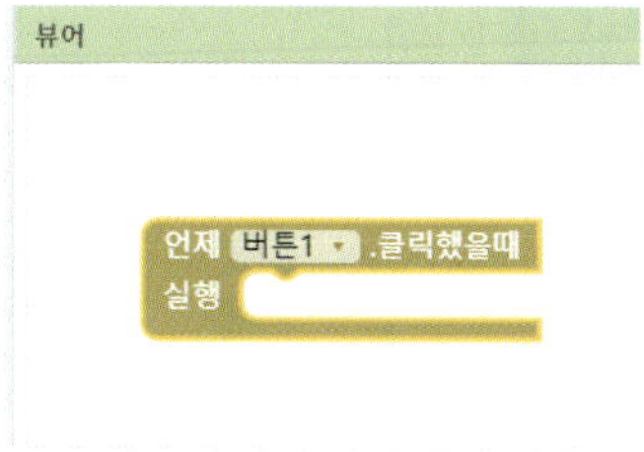

맨 위의 이벤트 블록인  을 드래그하여 뷰어의 빈 영역에 놓습니다.

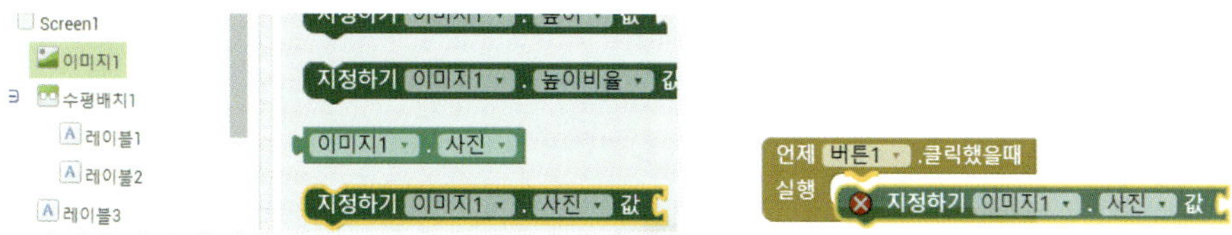

이미지1 컴포넌트를 클릭하고 이미지 블록 중  블록을 끌어와 에 결합해 줍니다.

다음으로 공통 블록의 텍스트에서 맨 위의 블록을 가져와 오른쪽 그림과 같이 결합해줍니다.

텍스트 블록에 고양이 사진 파일명을 작성해줍니다. 만약, 다운로드 파일이라면 확장자(jpg, png …. 등)가 다를 수도 있습니다. 잘 확인하여 똑같이 작성하도록 합니다. 같은 방법으로 버튼2도 똑같이 코딩한 후 파일명을 강아지 사진 파일명으로 작성하여 버튼으로 이미지 변경을 완료합니다.

스마트폰으로 확인해보기(라이브 테스팅)

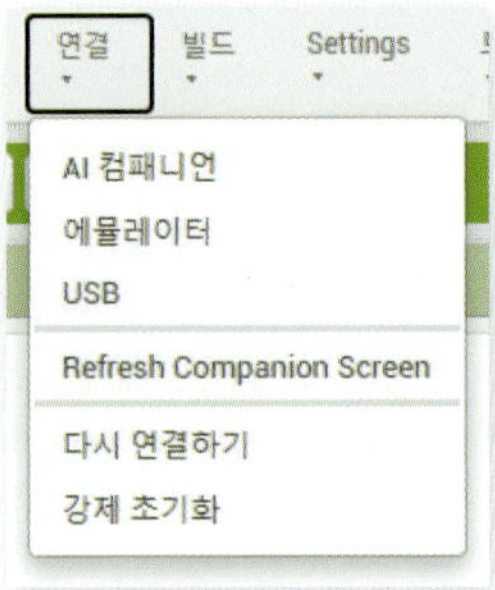

스마트폰으로 지금까지 만든 앱이 잘 실행되는지 확인을 해봅시다. 앱인벤터 상단의 연결 메뉴에서 **AI 컴패니언으로 WiFi 연결** 또는 USB 연결을 합니다.

USB 연결 및 에뮬레이터는 aiStarter를 꼭 먼저 실행해야 합니다. 잘 안 된다면 앞 장의 연결 파트를 다시 한번 읽어 보도록 합시다!

고양이 버튼을 클릭하면 고양이 사진이, 강아지 버튼을 클릭하면 강아지 사진이 잘 나오는 것을 확인할 수 있습니다.

가속도센서를 사용한 이미지 변경 코딩

앞 장에서 앱인벤터에 대해 설명했을 때, 특정 이벤트에 따라 동작하도록 하는 방식인 이벤트 드리븐(Event-driven) 방식이라 하였습니다. 가속도센서를 사용한 이미지 변경은 **"가속**

도가 변하면, 이미지를 변경해라."라는 단순한 논리적인 흐름을 코딩으로 작성하기만 하면 됩니다.

먼저 가속도센서가 흔들렸을 때 이벤트 블록을 뷰어의 빈 곳으로 끌어다 놓습니다.

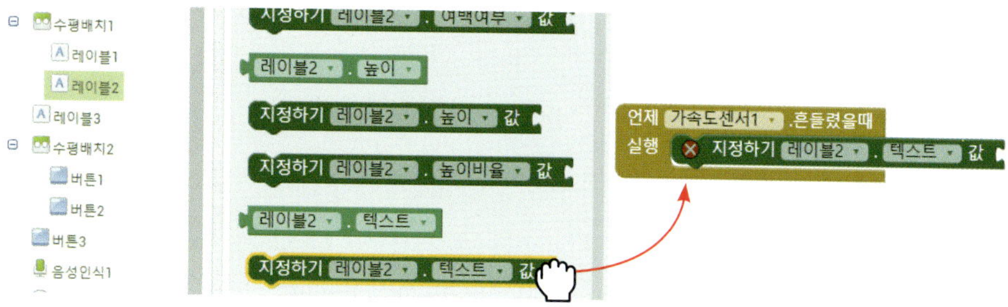

레이블2의  블록을 가져와 에 결합합니다.

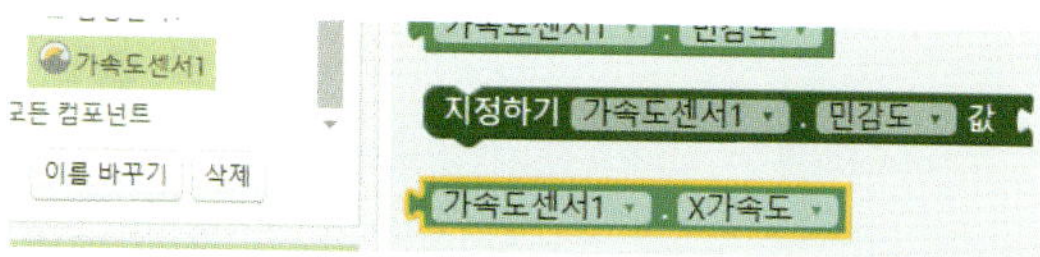

가속도센서의  블록을  뒤에 결합합니다.

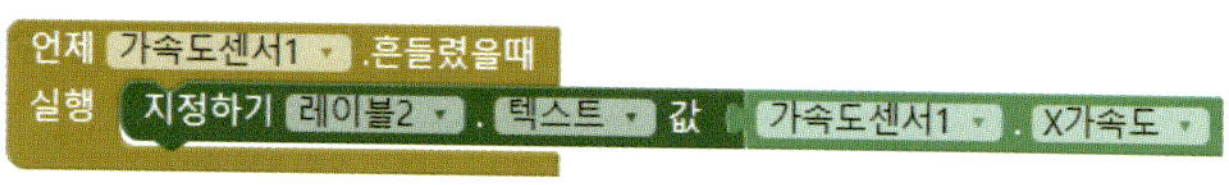

스마트폰을 좌우로 흔들어 봅시다. 레이블2가 숫자로 표시되는 걸 볼 수 있습니다.

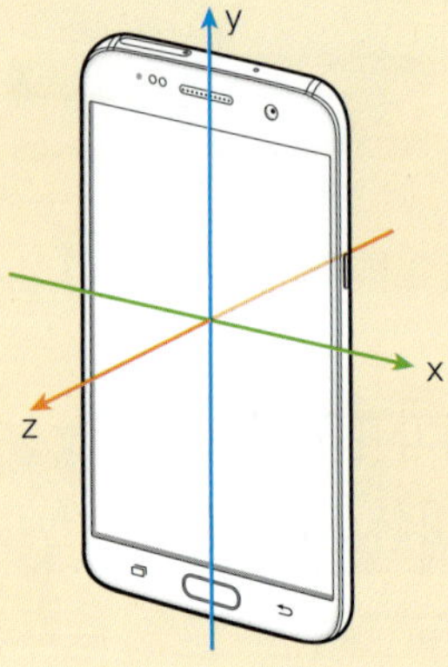

스마트폰에는 가속도센서가 들어 있습니다. 이 가속도센서는 스마트폰을 위 그림과 같이 똑바로 세웠을 때 좌우 흔들림을 X가속도, 상하 흔들림을 Y가속도, 앞뒤 흔들림을 Z가속도 값으로 감지합니다.

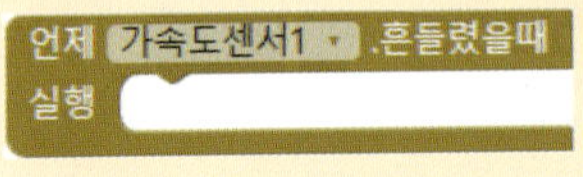

블록은 어떤 값이든 변화가 있다면 실행됩니다.

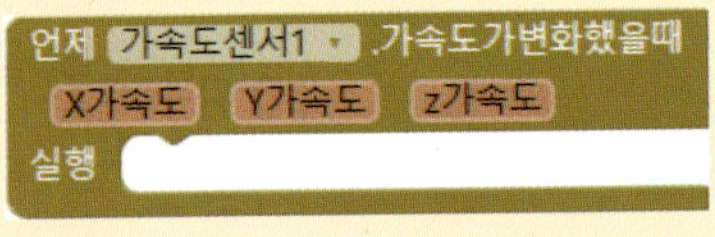

블록도 마찬가지로 가속도가 어떤 값이든 변화가 있을 때마다 계속해서 실행됩니다. 이 실행 속도는 가속도센서의 속성인 "최소간격"에 따라 실행됩니다.

가속도센서가 흔들릴 때마다 강아지, 고양이 사진으로 계속 변하도록 만들어 봅시다. 간단히 논리적 흐름을 생각해보면 **"가속도가 흔들렸을 때, 만약 현재 이미지가 고양이 사진이라면 강아지 사진으로 바꾸고, 현재 이미지가 강아지 사진이라면 고양이 사진으로 바꿔라."**라고 생각할 수 있습니다.

제어블록의 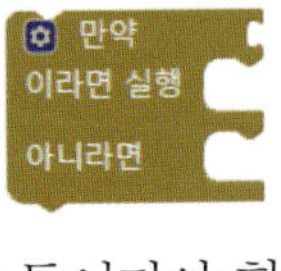

블록을 가져와 레이블 지정하기 **아래에 결합**해줍니다. **만약 자리에는 조건**이 들어가야 합니다.

논리 블록에 "왼쪽과 오른쪽이 같다."라고 되어 있는 블록이 있습니다. 해당 블록으로 컴퓨터는 주어진 값을 논리적으로 비교 연산할 수 있습니다.

먼저 논리 블록을 만약 블록에 결합하고 이미지의 사진과 텍스트 블록을 결합해 오른쪽 그림과 같이 코딩해줍니다.

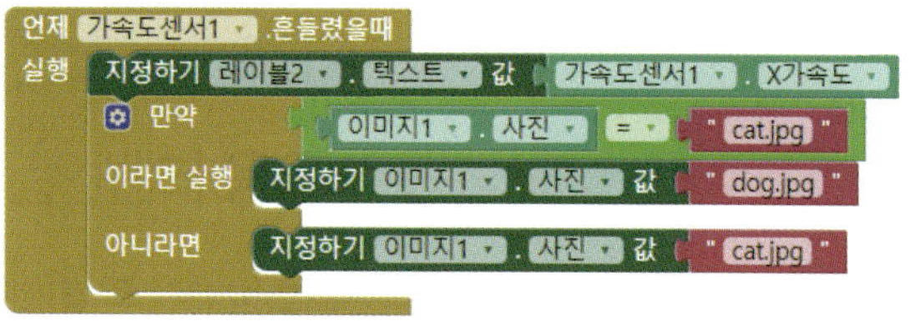

만약 이미지가 **고양이라면, 이미지를 강아지 사진으로 지정**하도록 하고 **아니라면 이미지를 고양이 사진으로 변경**되도록 위와 같이 코딩하여 가속도 코딩을 완성합니다.

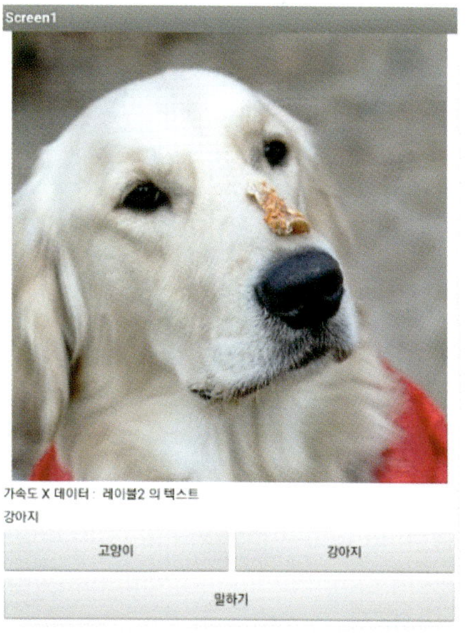

현재 라이브 테스팅이 연결된 상태이므로 스마트폰을 들고 흔들어보면 고양이와 강아지 사진으로 바뀌는 것을 볼 수 있습니다. 가속도를 이용한 이미지 변경을 완료하였습니다.

음성인식으로 이미지 변경 코딩

아이폰의 [음성 명령]

구글의 음성 검색 서비스

이제 마지막으로 음성인식 기능을 이용해 이미지를 변경해봅시다. 음성인식은 스마트폰에서 흔히 쓰이는 기능으로 사람이 말한 단어나 문장을 텍스트로 나타내 주는 기능입니다. 해당 기능을 이용해 "강아지"라고 말하면 강아지, "고양이"라고 말하면 고양이 사진으로 변경되도록 해봅시다.

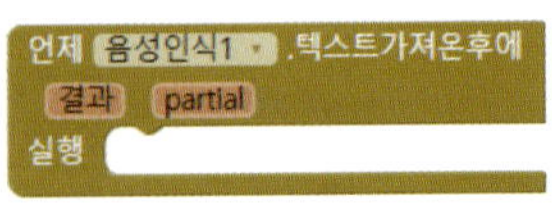

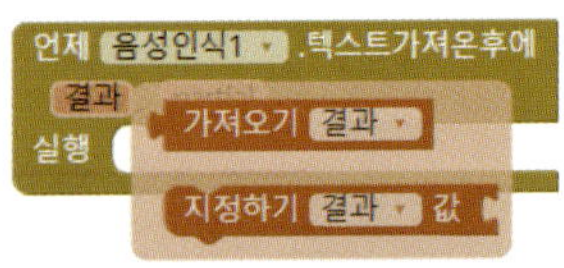

먼저 음성인식의 왼쪽 그림과 같은 블록을 가져옵니다. 해당 블록은 결과값을 사용할 수 있는 블록으로, 블록이 동작한 뒤에는 항상 결과값을 사용할 수 있는 유형의 블록입니다. 우리가 말한 음성이 "결과"에 텍스트 형태로 저장됩니다.

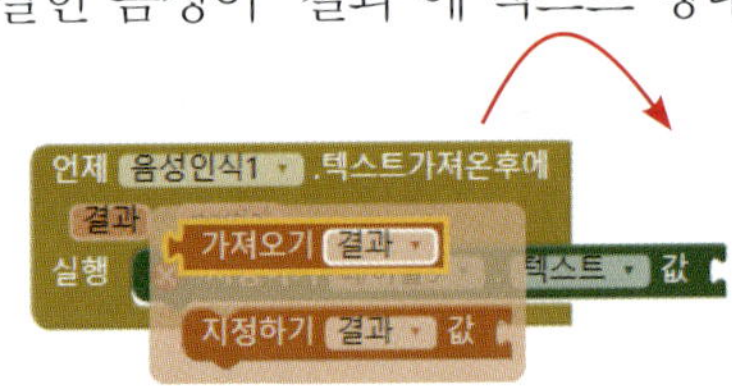

결과에 마우스를 살짝 올리면 앞의 왼쪽 그림처럼 블록을 사용할 수 있습니다. 드래그하여 오른쪽과 같이 결합해줍니다. 이 블록은 음성인식이 텍스트를 성공적으로 가져온 뒤 실행됩니다. 음성인식 기능을 실행시키도록 코딩해봅시다.

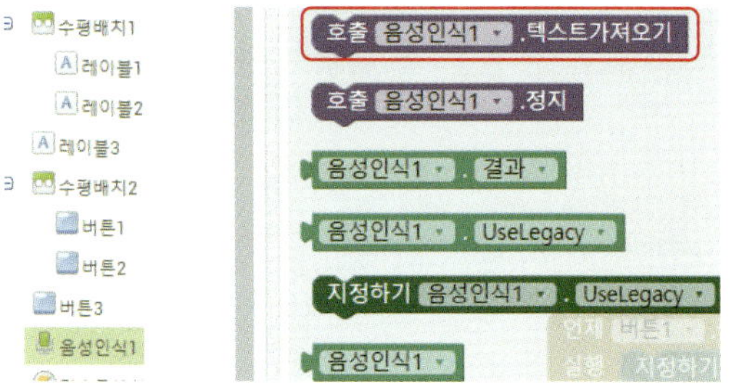

음성인식의 블록 중  블록이 있습니다. 이 블록을 실행하면 음성을 인식하는 기능이 실행되고 사용자의 음성을 텍스트로 저장합니다.

말하기 버튼을 클릭하면 해당 블록을 실행하도록 위와 같이 코딩합니다. 한번 테스트를 해봅시다.

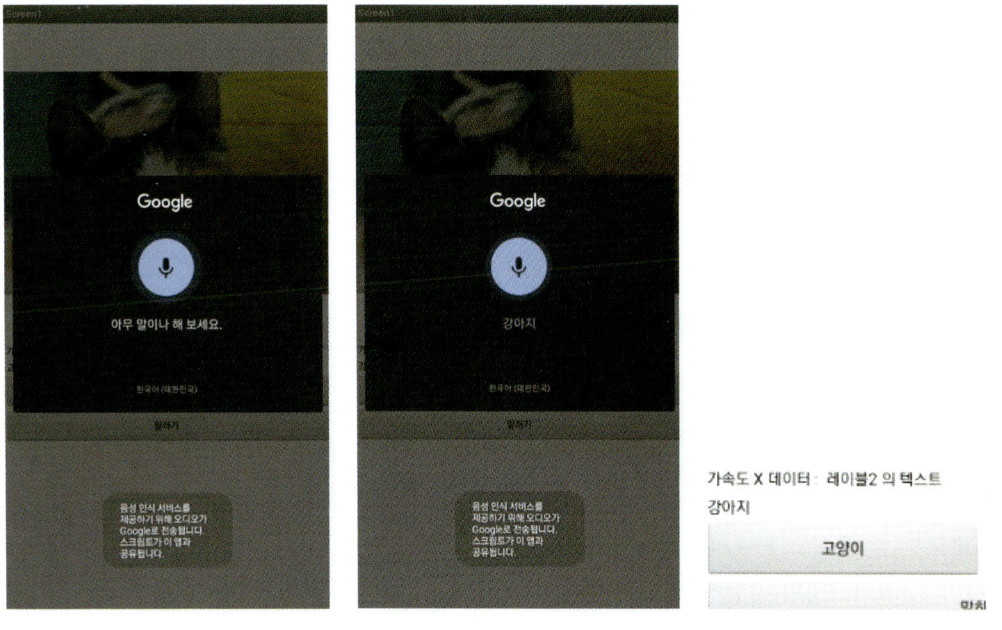

말하기 버튼을 클릭하면 앞의 맨 왼쪽 그림과 같은 창이 출력됩니다. 이때 말하는 단어나 문장을 인식하고 저장합니다. "강아지"라고 말하면 잘 저장되어 레이블3에도 정상 출력됨을 확인할 수 있습니다.

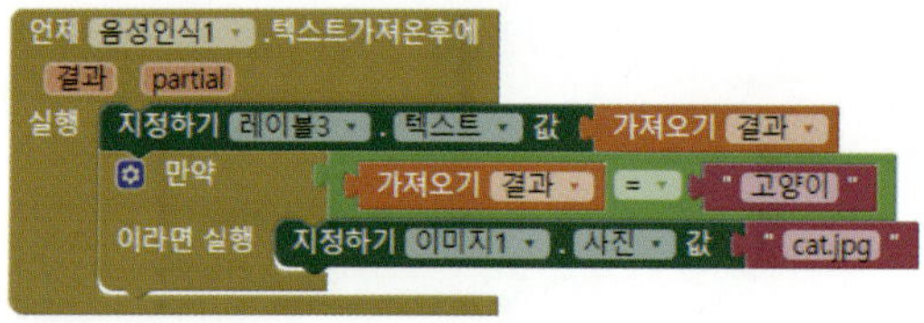

레이블3에 음성인식 결과를 지정하던 코드에 이어서 작성합니다. 가속도에서 했던 것과 마찬가지로 만약 블록, 논리 블록을 사용해 위와 같이 코딩합니다. 아니라면이 없는  블록입니다.

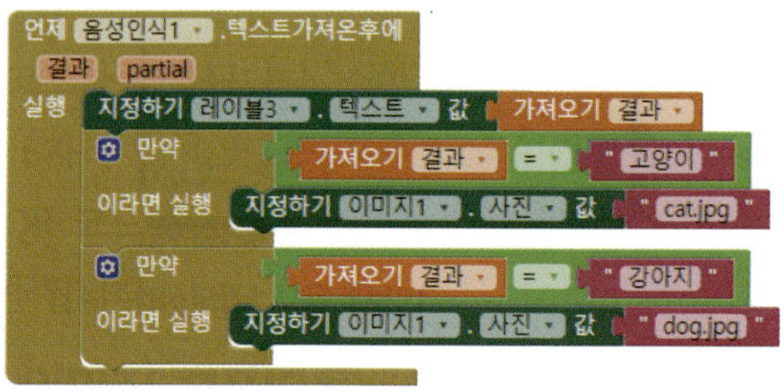

이어서 강아지도 고양이와 똑같은 형태로 코딩해줍니다.

고양이라고 말하면 고양이 사진을, 강아지라고 말하면 강아지 사진을 보여주는 음성인식 기능이 완료되었습니다.

스마트폰에 앱 설치 해보기

직접 설치파일을 만들어 스마트폰에 설치해봅시다. 설치파일은 ~.apk로 만들어집니다. apk는 Android Application Package의 약자입니다. 안드로이드의 모든 앱은 apk를 통해 설치됩니다.

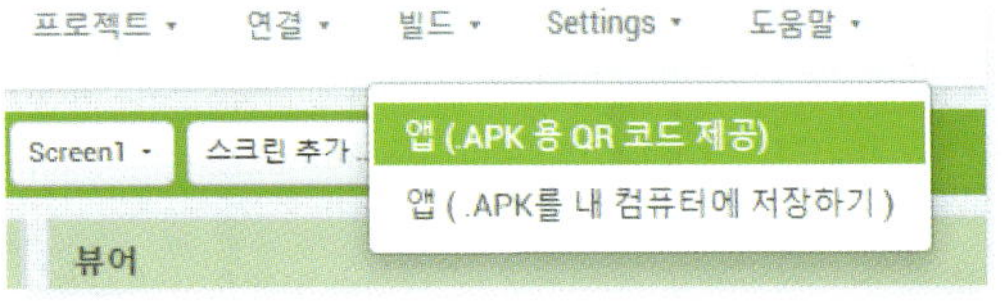

빌드를 클릭하면 선택지가 두 개 있습니다. 앱(APK 용 QR 코드 제공), 앱(APK를 내 컴퓨터에 저장하기)입니다.

앱(APK 용 QR 코드 제공)

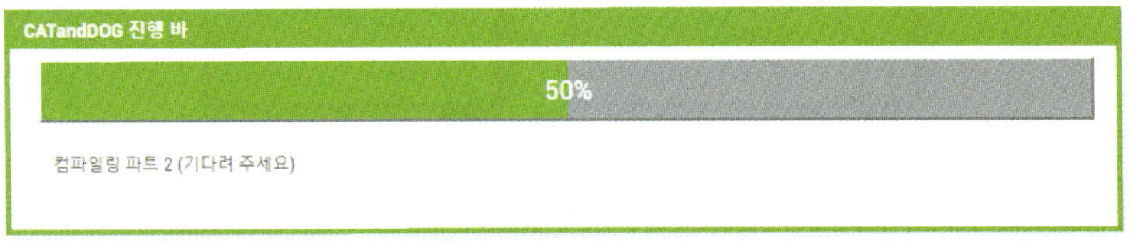

앱(APK 용 QR 코드 제공)을 클릭하면 위와 같은 진행 바가 나옵니다. 컴파일이 진행되는 것인데 컴파일이란 작성한 코드를 실행 가능한 파일로 만드는 작업입니다. 시간이 좀 걸리니 인내심을 가지고 기다려봅니다.

조금 오래 기다린 끝에 앞의 그림과 같은 창이 출력됩니다(너무 오래 기다리는 것 같으면 취소하고 빌드를 다시 해보세요! 서버의 처리가 간혹 느릴 때가 있습니다). QR 코드를 스마트폰의 QR 코드 스캔 기능 또는 카메라로 스캔하거나 링크 주소를 인터넷으로 접속합니다.

(필자의 스마트폰은 제조사가 삼성으로 UI가 위 그림과 같지만 스마트폰 기종마다 UI는 조금씩 다르므로 참고하기 바랍니다.)

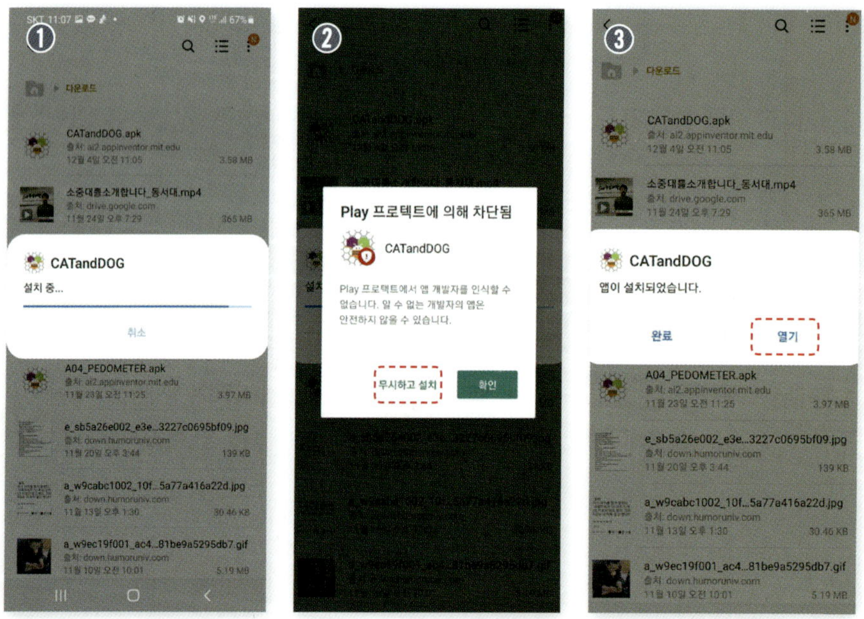

설치가 진행되고 완료되면 구글 플레이 스토어의 프로텍트 경고 창이 나옵니다. "출처를 알 수 없기 때문에 안전하지 않다."라는 내용이고 꼭 **"무시하고 설치"**를 클릭해야 CATand-DOG 앱이 설치됩니다!

설치 완료 후 검사를 위해 전송 하겠는지를 묻는 창이 나옵니다. **"전송하지 않음"**을 클릭합니다.

앱(APK를 내 컴퓨터에 저장하기)

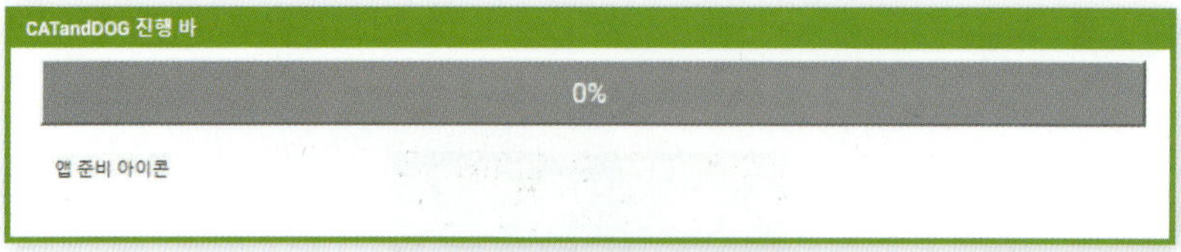

앱(APK를 내 컴퓨터에 저장하기)도 먼저 컴파일합니다. 마찬가지로 시간이 조금 오래 걸리니 인내심을 가지고 기다려봅니다.

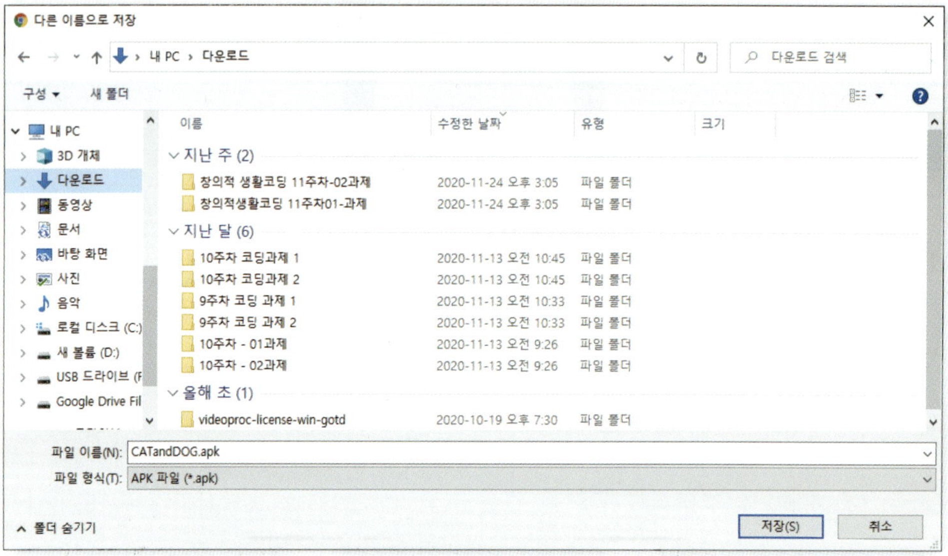

앱 다운로드 창이 출력되고 직접 저장할 위치를 선택하면 됩니다. "다운로드" 폴더에 저장하겠습니다.

다운로드가 완료되면 왼쪽 그림과 같이 크롬 하단에 표시됩니다. 지정했던 경로로 가보면 설치파일이 잘 저장된 것을 확인할 수 있습니다. 이 설치파일을 스마트폰으로 옮겨 실행하여 앱을 설치할 수 있습니다.

CATandDOG 코딩을 완료하였습니다.

완성코드

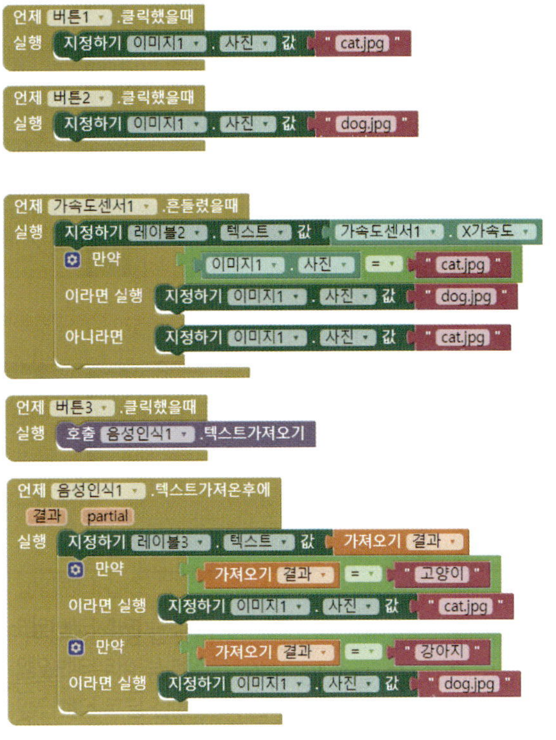

언제 버튼1 .클릭했을때
실행 지정하기 이미지1 . 사진 값 " cat.jpg "
언제 버튼2 .클릭했을때
실행 지정하기 이미지1 . 사진 값 " dog.jpg "
언제 가속도센서1 .흔들렸을때
실행 지정하기 레이블2 . 텍스트 값 가속도센서1 . X가속도
만약 이미지1 . 사진 = " cat.jpg "
이라면 실행 지정하기 이미지1 . 사진 값 " dog.jpg "
아니라면 지정하기 이미지1 . 사진 값 " cat.jpg "
언제 버튼3 .클릭했을때
실행 호출 음성인식1 .텍스트가져오기
언제 음성인식1 .텍스트가져온후에
결과 partial
실행 지정하기 레이블3 . 텍스트 값 가져오기 결과
만약 가져오기 결과 = " 고양이 "
이라면 실행 지정하기 이미지1 . 사진 값 " cat.jpg "
만약 가져오기 결과 = " 강아지 "
이라면 실행 지정하기 이미지1 . 사진 값 " dog.jpg "

더 해보기

고양이와 강아지 프로젝트를 만들면서 앱인벤터 개발의 기초를 알아보았습니다.

1. 컴포넌트 설계 기초를 알아보았고, 만들고자 하는 주제에 맞춰 컴포넌트를 구성하고 배치하는 방법을 배웠습니다.
2. 이벤트 기반(Event-driven)으로 특정 동작이 이루어질 때 알고리즘이 동작하도록 코딩하는 것이 앱인벤터의 코딩임을 배웠습니다.

다른 컴포넌트 사용해보기

이미지 두 개를 버튼, 가속도, 음성인식을 이용해서 바뀌지도록 코딩해보았습니다. 팔레트의 블록을 잘 살펴보고 다른 컴포넌트를 사용해서 고양이, 강아지 사진으로 변경하도록 코딩을 추가로 해보도록 합시다.

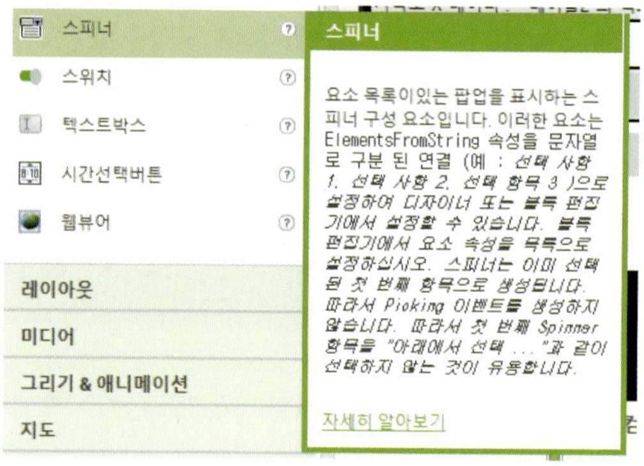

컴포넌트 옆의 ?를 클릭하면 해당 컴포넌트가 어떤 일을 할 수 있는지 간단한 설명을 확인할 수 있습니다. 다른 컴포넌트를 사용해 직접 코딩을 해보도록 합시다.

이런 컴포넌트들을 사용해보세요!

02 사진찍고 그리기

프로젝트 주제

스마트폰으로 가장 많이 쓰는 기능인 카메라와, 캔버스 컴포넌트에 대해 배워봅시다. 그리고 수직 레이아웃과 수평 레이아웃을 적절히 사용해 컴포넌트를 설계하는 법을 배워봅니다

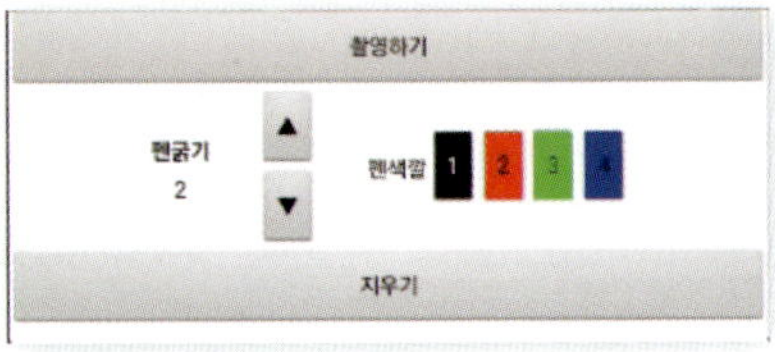

프로젝트 둘러보기

1. 촬영하기로 스마트폰의 카메라 기능을 사용합니다. 촬영된 사진을 캔버스 컴포넌트의 배경으로 설정합니다.
2. 화면을 손가락으로 드래그하면 그림판처럼 그림을 그릴 수 있습니다. 펜 굵기와 펜 색깔을 지정할 수 있습니다.
3. 지우기로 그린 그림들을 지울 수 있습니다.

사용되는 컴포넌트

이번 프로젝트부터는 컴포넌트 디자인 설계를 먼저 보며 컴포넌트의 구성을 미리 보고 진행해봅시다. 그리고 첫 프로젝트와 달리 이제부터는 컴포넌트 이름도 직접 수정을 해보도록 합시다.

아래 표와 같이 컴포넌트들의 이름을 설정할 것입니다. 각 컴포넌트별로 어떤 기능을 할 것인지를 미리 잘 숙지하면서 하나씩 따라 해보며 만들어 봅시다.

이름	컴포넌트	기능
캔버스1	캔버스1	카메라를 통해 찍은 사진을 캔버스에 출력
촬영버튼	촬영버튼	버튼을 클릭하면 사진 촬영
수평배치1	수평배치1	펜굵기 조절 버튼과, 색선택 버튼을 예쁘게 구성할 수평배치 레이아웃
수직배치1	수직배치1	아래 두 컴포넌트를 보기 좋게 구성할 수직배치 레이아웃
펜굵기레이블	펜굵기레이블	"펜 굵기" 텍스트를 출력
펜굵기	펜굵기	현재 펜 굵기를 숫자로 출력
수직배치2	수직배치2	아래 두 컴포넌트를 보기 좋게 구성할 수직배치 레이아웃
굵기증가	굵기증가	클릭할 때마다 굵기를 1씩 증가
굵기감소	굵기감소	클릭할 때마다 굵기를 1씩 감소
펜색깔레이블	펜색레이블	"펜색깔" 텍스트를 출력
검정색버튼	검은색버튼	버튼을 클릭하면 펜색을 검정색으로 변경
빨간색버튼	빨간색버튼	버튼을 클릭하면 펜색을 빨간색으로 변경
초록색버튼	초록색버튼	버튼을 클릭하면 펜색을 초록색으로 변경
파란색버튼	파란색버튼	버튼을 클릭하면 펜색을 파란색으로 변경
지우기버튼	파란색버튼	캔버스에 그려진 모든 그림을 삭제
카메라1	카메라	카메라 기능 사용

컴포넌트 설계

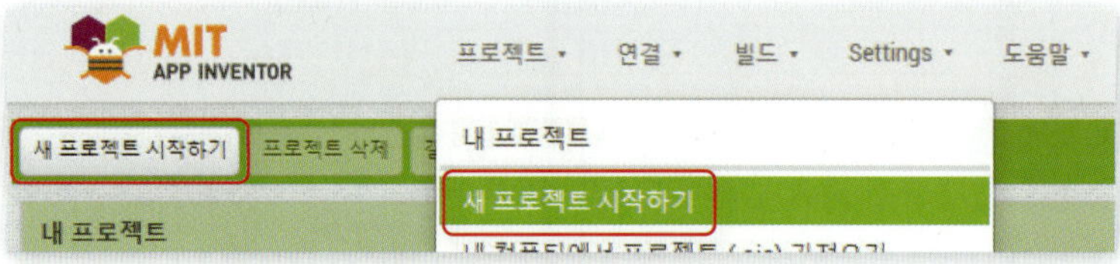

새 프로젝트를 만들어 컴포넌트 설계부터 시작합니다. 맨 위의 프로젝트를 클릭하고 새 프로젝트 시작하기 또는 왼쪽 상단의 "새 프로젝트 시작하기"를 클릭하여 새로운 프로젝트를 생성합니다.

프로젝트 이름을 "TakePictureAndDrawing"이라고 지어줍니다. 알기 쉽도록 프로젝트 이름을 간단하게 만드는 것이 제일 좋습니다(한글은 안 된다고 했었죠!)

스크린 속성의 스크롤가능여부를 체크하여 뷰어에서 스크롤이 가능하도록 해줍니다.

컴포넌트 추가

빈 프로젝트 화면이 출력됩니다. 이제 하나씩 컴포넌트를 추가하면서 화면 구성을 해보도록 합시다.

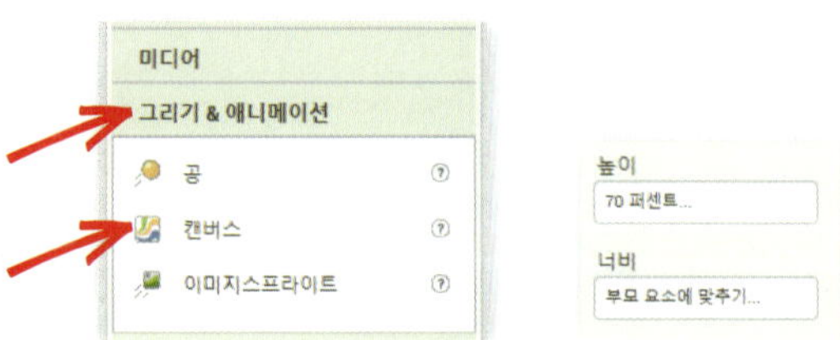

먼저 팔레트에서 캔버스를 뷰어로 끌어다 놓습니다. 그리고 앞의 오른쪽 그림과 같이 높이와 너비 속성을 수정합니다.

다음으로 버튼을 캔버스 아래에 끌어다 놓습니다. 이름 바꾸기 버튼을 클릭한 후 버튼1의 새 이름을 "촬영버튼"이라고 작성하고 확인을 누릅니다. 그리고 너비 속성을 부모 요소에 맞추기로 설정해줍니다(촬영버튼의 부모 컴포넌트는 Screen1입니다. 따라서 Screen1의 너비에 따라 촬영버튼의 너비가 자동으로 조절됩니다).

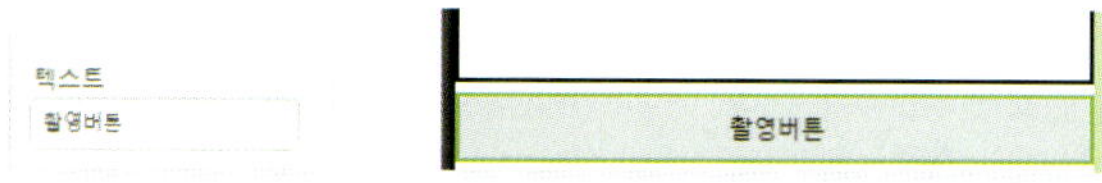

속성의 텍스트를 "촬영버튼"으로 작성하여 촬영버튼 추가를 완료합니다.

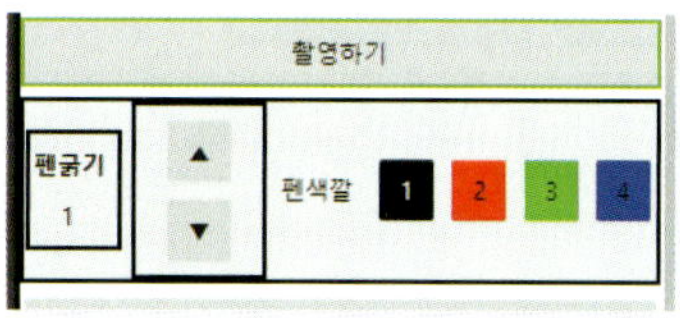

다음은 위와 같이 펜굵기, 펜색깔을 지정하는 버튼의 레이아웃을 구성해봅시다.

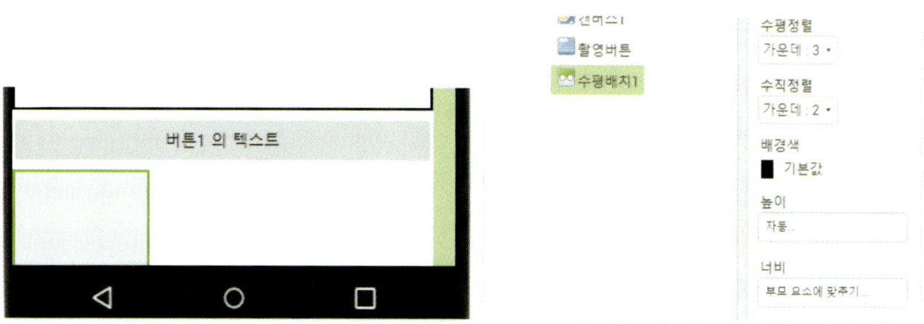

수평배치 컴포넌트를 드래그하여 맨 아래에 추가합니다. 그리고 속성을 오른쪽 그림과 같이 수평정렬 "가운데: 3", 수직정렬 "가운데: 2"로 변경하여 수평배치의 하위 컴포넌트들을 가운데로 정렬시킵니다.

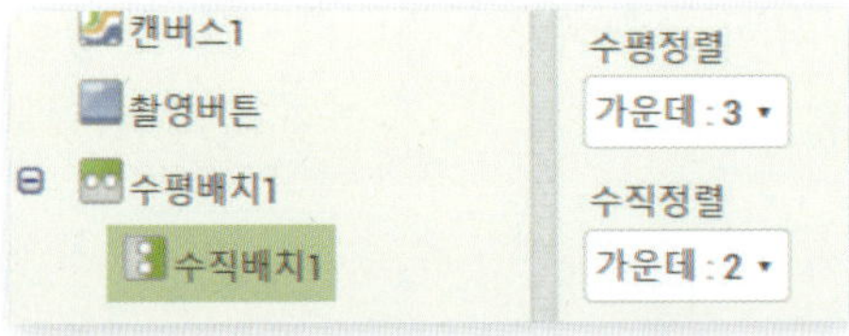

수평배치1 안으로 수직배치 컴포넌트를 드래그하여 삽입해줍니다. 마찬가지로 수평정렬과 수직정렬을 가운데로 설정해주어 하위 컴포넌트를 가운데로 정렬시키도록 합니다.

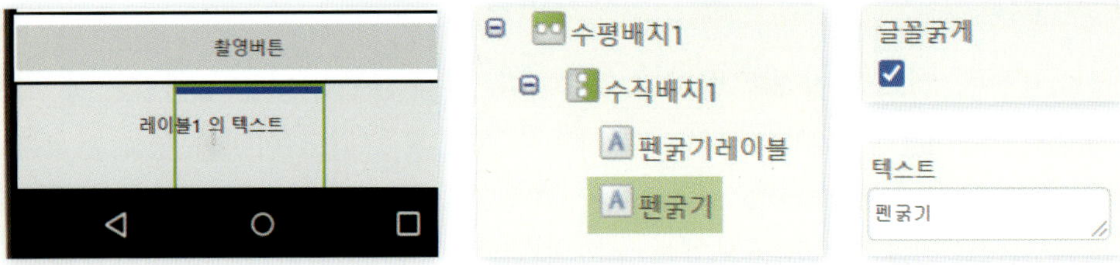

레이블을 수평배치1 컴포넌트 안으로 드래그합니다. 촬영 버튼에서 했던 것과 같은 방법으로 컴포넌트의 이름을 바꿔줍니다. "펜굵기레이블"로 변경해줍니다. 그리고 속성에서 글꼴굵게를 체크하여 글씨를 굵게 표현하도록 해주고, 텍스트를 "펜굵기"로변경합니다.

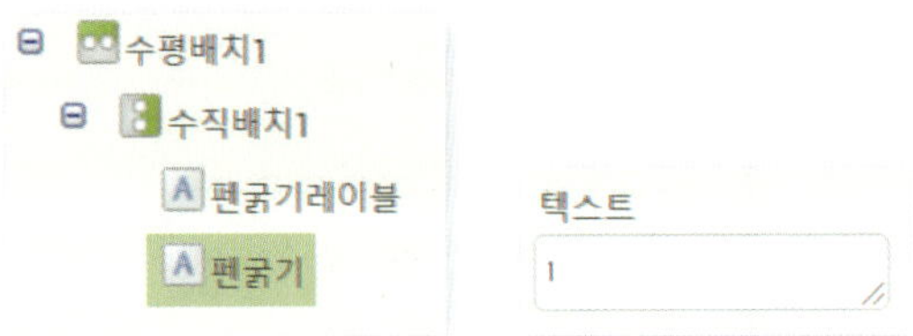

레이블을 하나 더 수직배치에 추가해 주고 이름을 "펜굵기"로 텍스트는 "1"로 변경해줍니다.

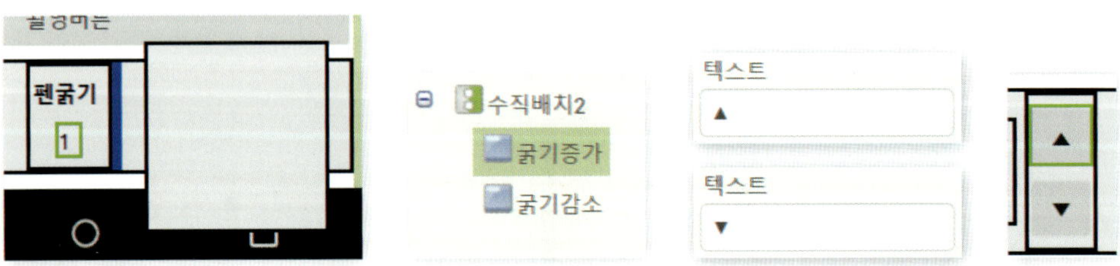

수직배치 컴포넌트를 하나 더 추가하고 수직배치 안으로 버튼 두 개를 추가합니다. 각각 이름을 "굵기증가", "굵기감소"로 변경해주고 텍스트를 정삼각형, 역삼각형으로엘리베이터 버튼과 같이 만들어줍니다(그냥 글자로 "증가", "감소"라 해도 됩니다).

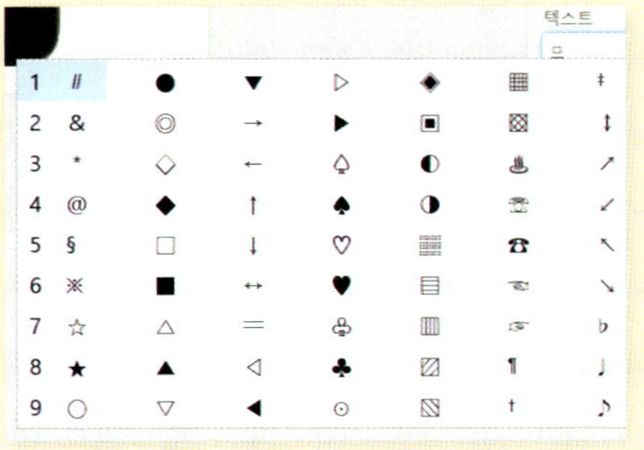

윈도우에서 삼각형과 같은 도형을 쉽게 삽입하는 방법은 “ㅁ”을 입력하고 키보드의 “한자”키를 누르면 왼쪽과 같이 특수기호 화면이 출력됩니다. 이 중에서 원하는 기호를 클릭하면 삽입됩니다.

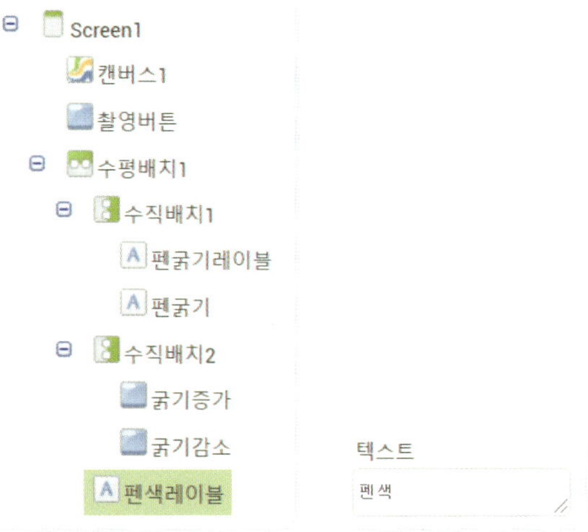

이제 레이블과 버튼을 연속으로 추가해서 컴포넌트 구성을 마무리할 것입니다. 우선 레이블 하나를 추가하고 컴포넌트 이름은 “펜색레이블” 텍스트는 “펜색”으로 변경합니다.

마지막으로 버튼 4개를 추가하고 각각 이름을 왼쪽 그림과 같이 변경해줍니다. 다음으로 텍스트는 1, 2, 3, 4로 변경하고 속성의 배경색을 변경합니다.

버튼의 텍스트색상은 흰색으로 변경하고, 각각의 배경색은 버튼의 이름에 맞게 검은색, 빨간색, 초록색, 파란색으로 변경합니다.

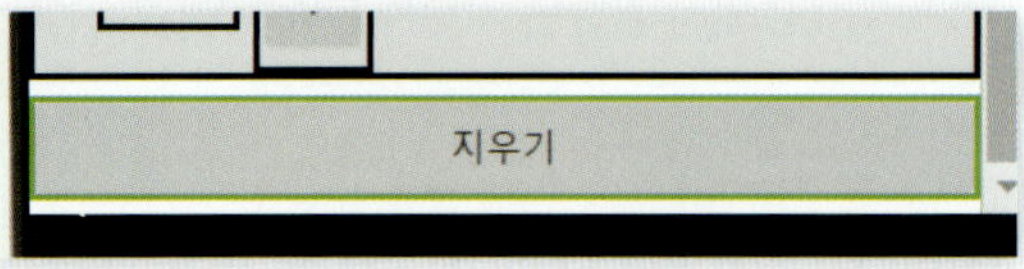

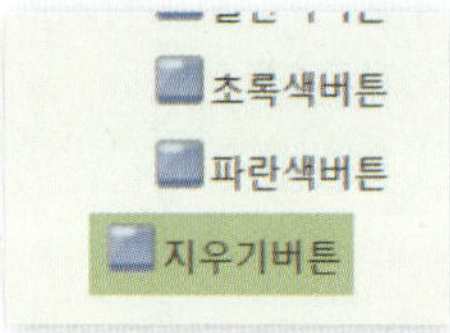

마지막 버튼을 추가하고 이름은 "지우기버튼" 텍스트를 지우기로 변경합니다. 촬영버튼과 같이 너비 속성을 "부모 요소에 맞추기"로 설정해줍니다.

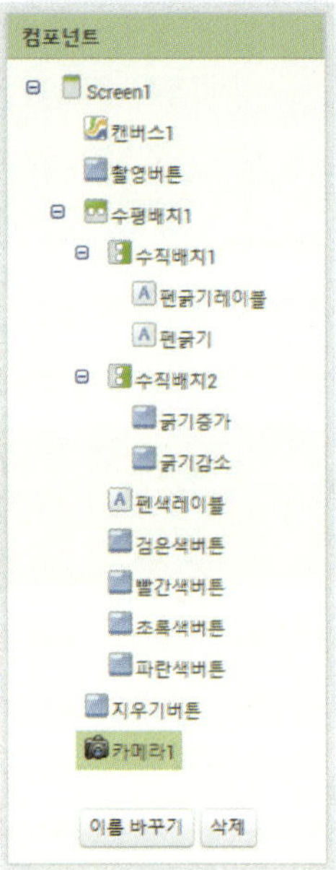

마지막으로 카메라 컴포넌트를 뷰어의 아무 곳에 드래그하여 추가하여 컴포넌트 설계를 완료합니다.

프로젝트 개발

사진찍고 그리기 프로젝트를 본격적으로 개발해봅시다. 계속해서 강조하는 내용은 앱인벤터는 컴포넌트 기반 프로그래밍이라는 것입니다. 우리가 구성한 컴포넌트별로 기능 구현을 순서대로 하나씩 만들어 나가봅시다.

버튼 클릭 시 사진촬영 후 배경으로 지정

블록 버튼을 클릭하여 코딩 화면으로 이동합니다.

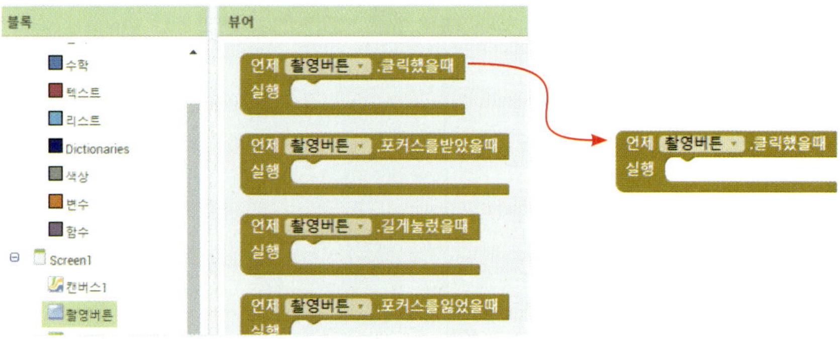

촬영버튼을 클릭하여 "클릭했을 때" 이벤트 블록을 드래그해 빈 곳에 적당히 놓습니다.

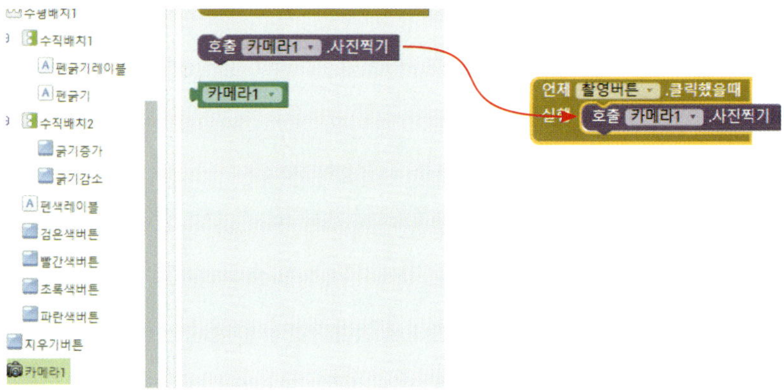

맨 아래의 카메라1을 클릭하고 사진찍기 블록을 클릭했을 때와 결합해줍니다. "촬영버튼을 클릭하면 사진을 찍는다."라는 간단한 논리적 흐름이 완성되었습니다. 아주 쉽게 사진찍기가 완료되었습니다. 이제 라이브 테스팅으로 연결합니다. WiFi를 통한 AI 컴패니언 또는 USB 연결을 통해 테스트를 해봅시다.

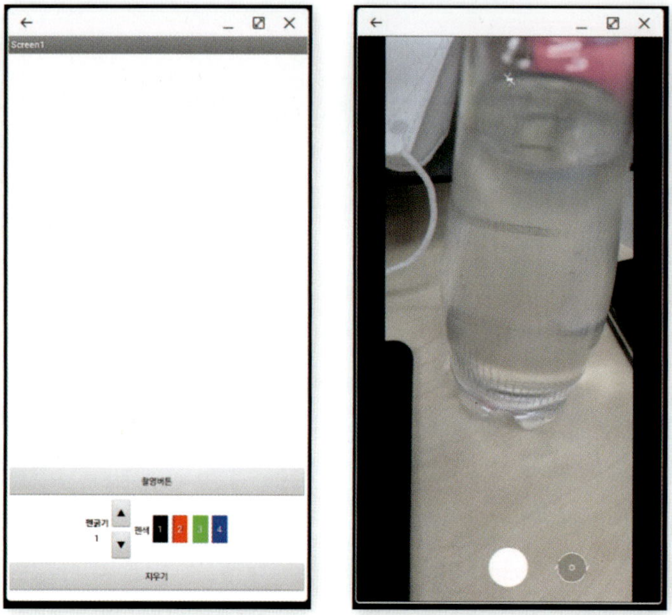

실행하고 촬영버튼을 클릭하면 사진촬영 기능이 잘 실행되는 것을 확인할 수 있습니다. 그러나 지금은 촬영을 해도 아무런 반응이 없습니다. 촬영된 사진은 메모리에 잘 저장되어 있는 상태입니다. 저장된 사진을 사진찍고 그리기 앱에서 불러와 사용해야 합니다.

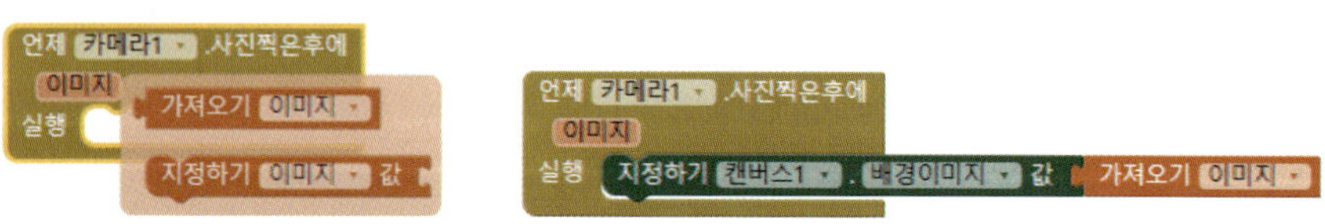

카메라에 사진찍은후에 이벤트 블록이 있습니다. 사진찍은후에 이벤트 동작은 사진을 촬영하고 바로 다음 실행되는 블록입니다. 이 블록을 통해 이미지를 가져올 수 있는데 이 이미지에 바로 우리가 촬영한 사진이 저장되어 있는 것입니다. 이미지를 캔버스의 배경이미지로 지정하여 사진을 앱에 나타나도록 합니다.

이제 실행하고 사진촬영을 해보면 캔버스의 배경으로 잘 지정됩니다.

그리기 기능 코딩

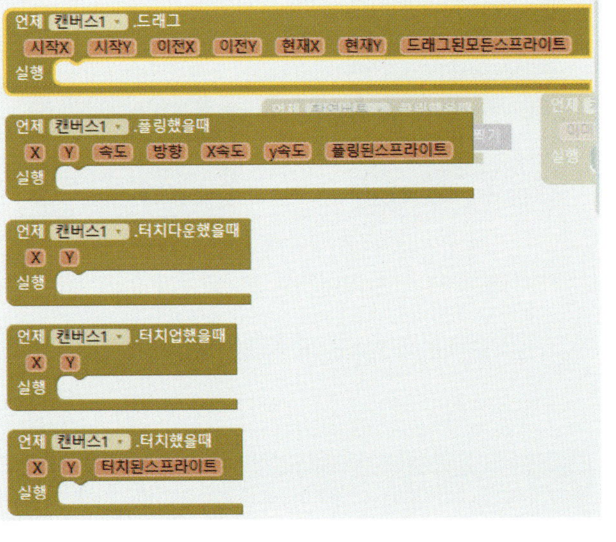

사진찍고 그리기 앱의 핵심 기능인 그림판처럼 그림을 그리는 기능을 구현해봅시다.

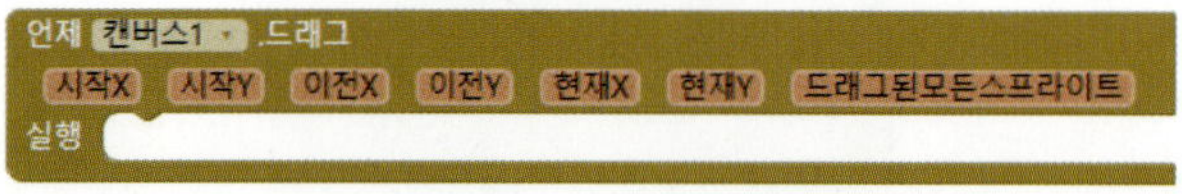

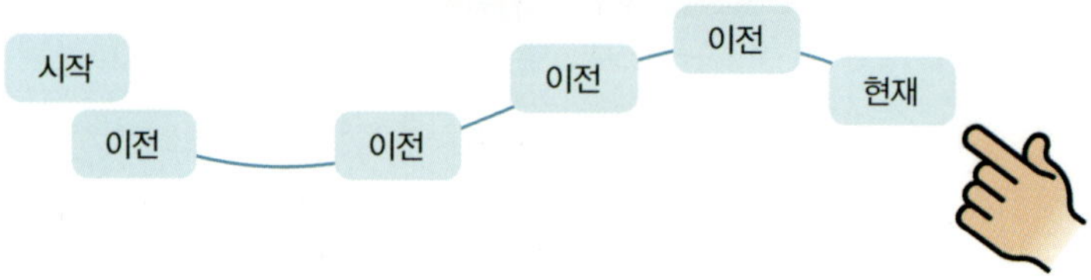

드래그 이벤트는 많은 값을 불러올 수 있습니다. 화면을 터치하고 계속 그리는 동작은 맨 처음 터치를 한 순간에 시작 좌표가 입력되고, 그 이후 드래그를 할 때 현재 위치, 이전 위치가 저장됩니다(이전 위치 값은 현재 값이 바뀔 때 바로 전의 값이 저장됩니다). 위 그림처럼 드래그를 할 때 사진에 선이 그려지도록 코딩해봅시다.

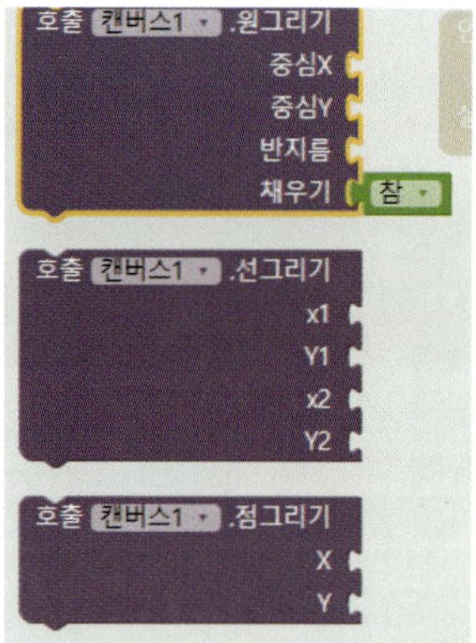

캔버스에는 다양한 그리기 호출이 있습니다. 이 중 선그리기 블록을 사용해 그리기 기능을 구현해봅시다. 선그리기는 x_1 y_1, x_2 y_2 값을 사용해 선을 그립니다. 쉽게 말하자면 1은 이전, 2는 현재 값이됩니다.

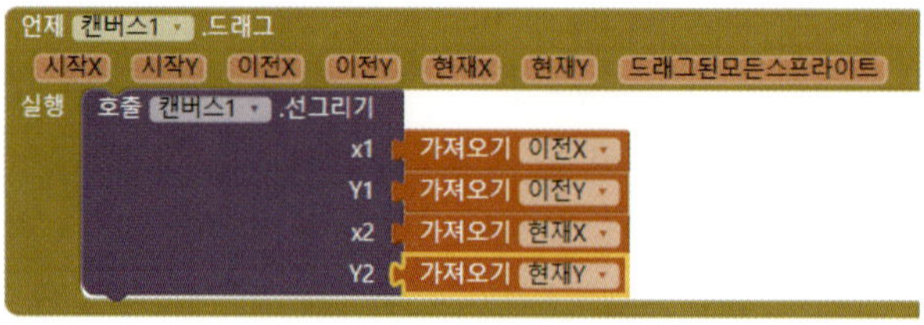

x_1, y_1에 이전X와 이전Y를 지정하고, x_2, y_2에 현재X와 현재Y를 지정해줍니다. 드래그 이벤

트에서 선그리기 호출을 하여 매번 드래그할 때마다 선이 그려지게 됩니다. 컴패니언 앱을 통해 잘 그려지는지 확인을 해봅시다.

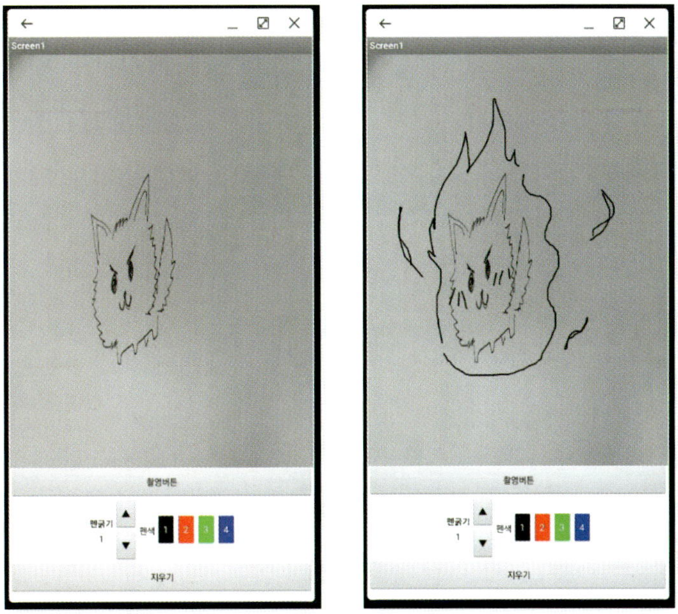

왼쪽은 필자가 잠깐 그려본 강아지를 촬영한 사진입니다. 이 사진을 손으로 드래그하면 그림판처럼 선이 잘 그려집니다! 사진찍고 그리기 앱의 핵심 기능이 아주 쉽게 모두 완료되었습니다.

펜의 색과 굵기 변경 코딩

이제 컴포넌트 설계 시 만들었던 색 변경 버튼과 굵기 조절 버튼의 기능을 완성해봅시다.

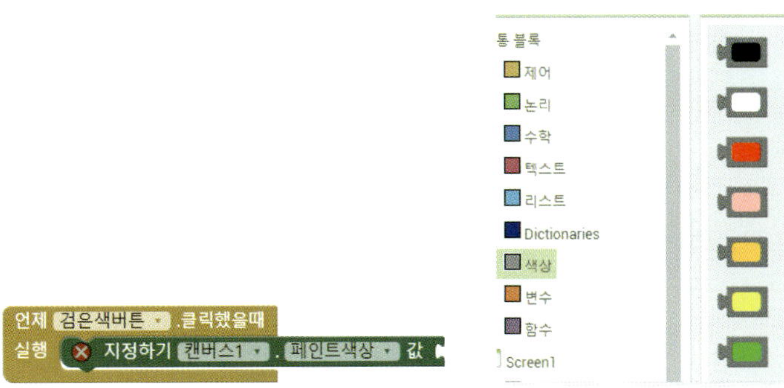

먼저 검은색버튼 입니다. 검은색버튼을 클릭하면 페인트 색상을 검은색으로 변경하도록 합니다. 페인트 색상을 색상 블록의 블록으로 지정해주면 쉽게 완성됩니다.

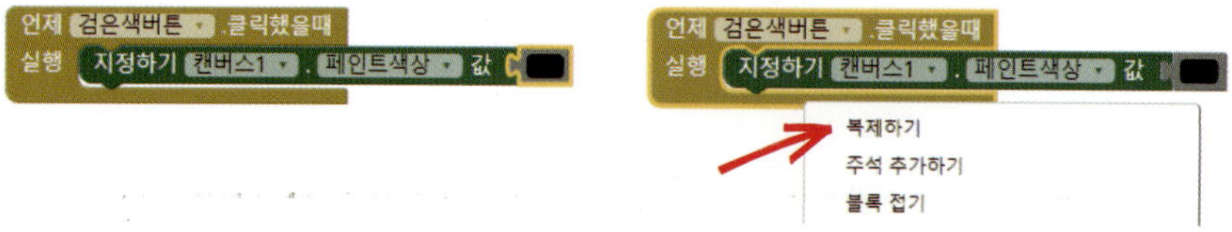

검은색버튼이 완성되었습니다. 나머지는 복사를 통해 쉽게 구현해보도록 합니다. 클릭했을 때 블록에서 마우스 우측 버튼을 클릭하면 메뉴가 출력됩니다. 맨 위의 복제하기는 해당 블록을 말 그대로 통째로 복제합니다.

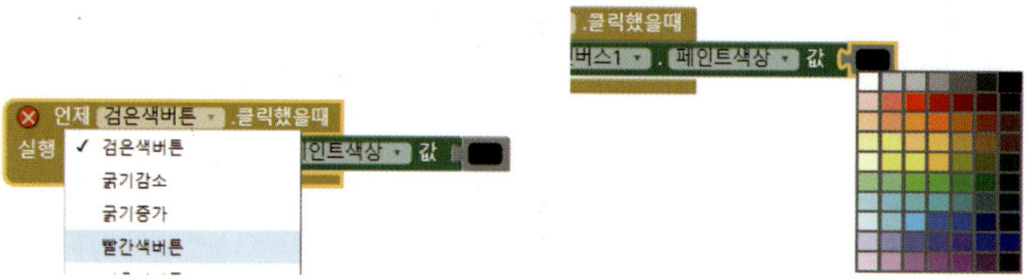

복제된 블록을 적당한 위치에 놔둡니다. 먼저 검은색버튼을 빨간색버튼으로 변경합니다. 다음으로 색상값인 검은색을 누르면 색상 팔레트가 출력되는데 빨간색을 클릭하여 변경합니다.

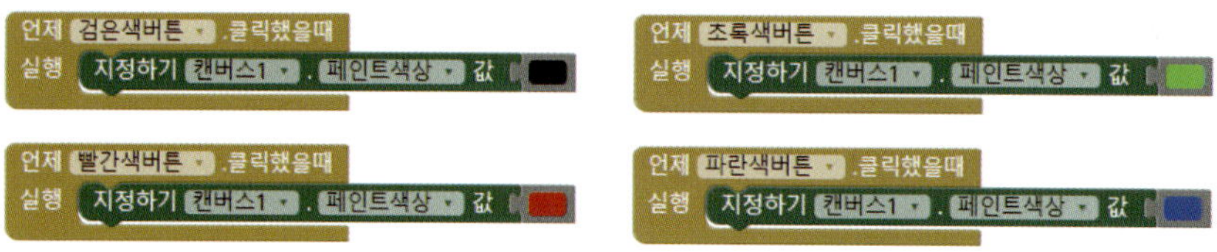

같은 방법으로 나머지 버튼들도 완성합니다. 복제 기능으로 색상 변경 기능을 쉽게 완성할 수 있습니다.

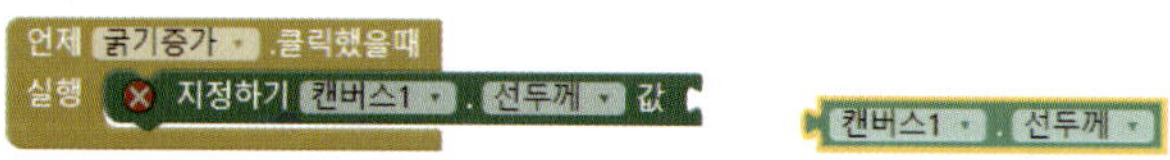

굵기증가 버튼을 클릭하면 선두께를 증가시켜야 합니다. 우선 캔버스의 선두께 값은 오른쪽 블록을 통해 가져올 수 있습니다. 현재 선두께 값에 1만큼 증가시킨 값을 선두께 값으로 지정하도록 합니다.

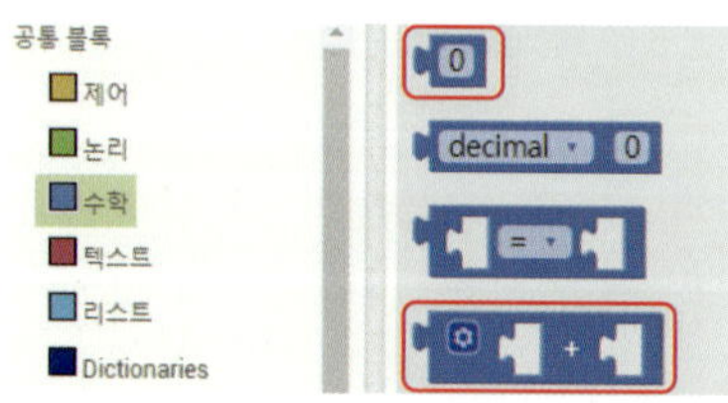

수학 블록을 사용해서 1만큼 증가시키는 알고리즘을 간단히 코딩할 수 있습니다. 숫자값 블록과 덧셈 연산 블록을 사용해서 코딩해봅시다.

덧셈 블록의 앞쪽에 선두께를 드래그하여 넣고, 숫자 블록은 뒤쪽으로 넣어 결합합니다. 완성된 블록을 선두께 값으로 지정하도록 오른쪽과 같이 코드를 완성합니다. 굵기증가 버튼을 클릭할 때마다 "현재 선두께 값을 가져온 뒤 1만큼 더한 값을 선두께로 지정"하여 계속 굵기가 1만큼 증가하는 코드를 완성합니다.

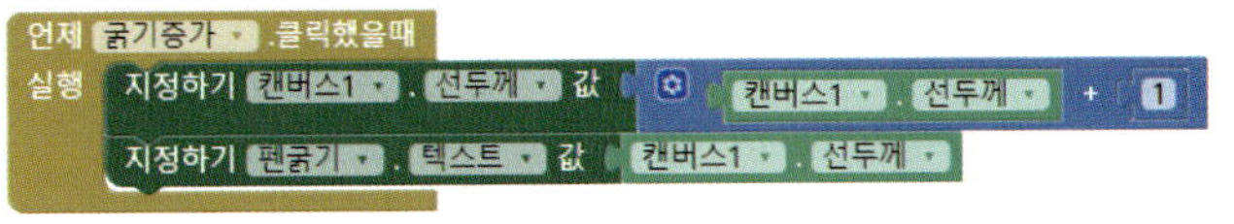

펜굵기를 수치로 나타내는 펜굵기 레이블의 값을 선두께로 지정해서 현재 굵기가 몇인지 확 인할 수 있도록 하여 코드를 완성합니다.

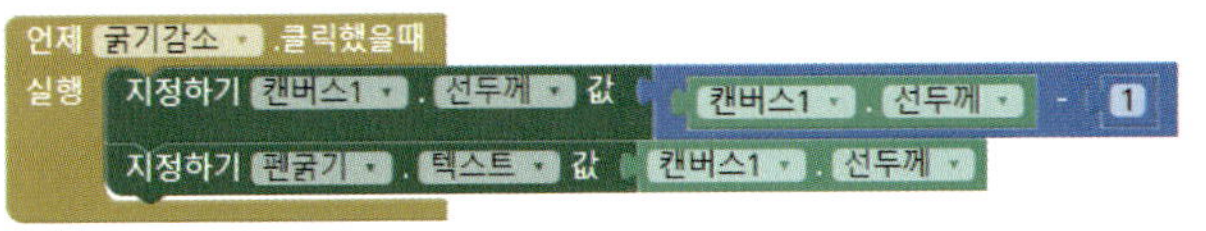

같은 방법으로 덧셈에서 빼셈으로만 바꿔주어 굵기감소 알고리즘을 코드로 완성해줍니다.

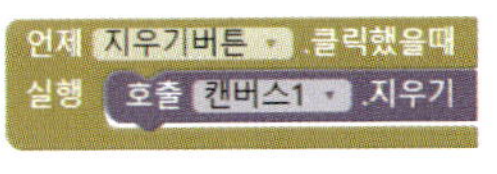

마지막으로 지우기버튼의 코드를 위와 같이 완성합니다. 지우기를 호출하면 지금까지 그렸던 모든 내용을 삭제합니다.

사진찍고 그리기 코딩을 완료하였습니다.

완성코드

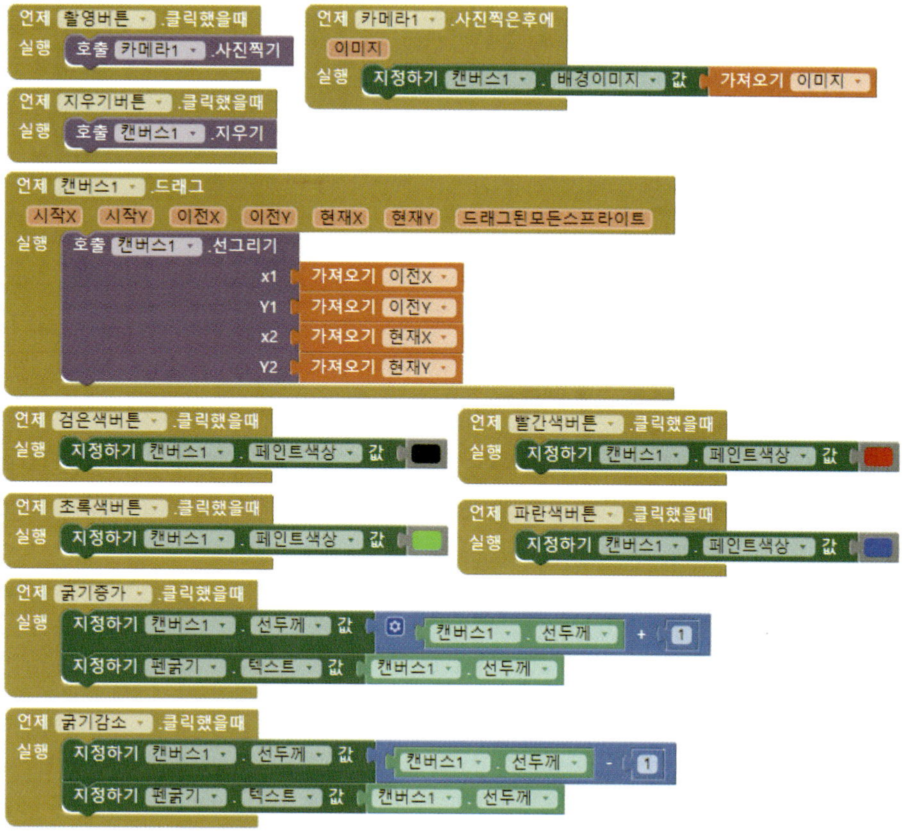

언제 촬영버튼 .클릭했을때
실행 호출 카메라1 .사진찍기
언제 카메라1 .사진찍은후에
이미지
실행 지정하기 캔버스1 . 배경이미지 값 가져오기 이미지
언제 지우기버튼 .클릭했을때
실행 호출 캔버스1 .지우기
언제 캔버스1 .드래그
시작X 시작Y 이전X 이전Y 현재X 현재Y 드래그된모든스프라이트
실행 호출 캔버스1 .선그리기
x1 가져오기 이전X
Y1 가져오기 이전Y
x2 가져오기 현재X
Y2 가져오기 현재Y
언제 검은색버튼 .클릭했을때
실행 지정하기 캔버스1 . 페인트색상 값
언제 빨간색버튼 .클릭했을때
실행 지정하기 캔버스1 . 페인트색상 값
언제 초록색버튼 .클릭했을때
실행 지정하기 캔버스1 . 페인트색상 값
언제 파란색버튼 .클릭했을때
실행 지정하기 캔버스1 . 페인트색상 값
언제 굵기증가 .클릭했을때
실행 지정하기 캔버스1 . 선두께 값 캔버스1 . 선두께 + 1
지정하기 펜굵기 . 텍스트 값 캔버스1 . 선두께
언제 굵기감소 .클릭했을때
실행 지정하기 캔버스1 . 선두께 값 캔버스1 . 선두께 - 1
지정하기 펜굵기 . 텍스트 값 캔버스1 . 선두께

더 해보기

사진찍고 그리기 앱을 사용해서 캔버스의 기본 사용법과 컴포넌트 기반의 프로그래밍을 보다 더 자세히알아보았습니다.

1. 레이아웃을 보다 자세히 다뤄보며 화면 구성의 기본을 배웠습니다.
2. 캔버스 및 카메라 기능을 사용하여 스마트폰의 기본 기능을 다뤄보았습니다.

캔버스의 다른 그리기 사용해보기

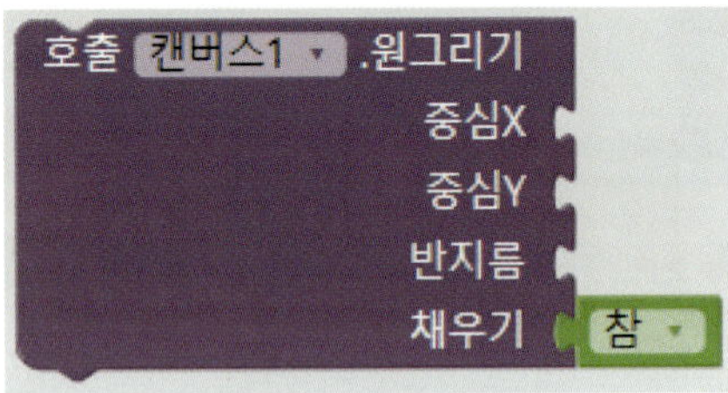

사진찍고 그리기에서 선그리기 하나만 다뤄보았습니다. 하지만 캔버스 블록을 보면 다양한 그리기가 있습니다. 그중 위 두 블록으로 그림을 그릴 수 있도록 추가하여 나만의 코드를 만들어 봅시다.

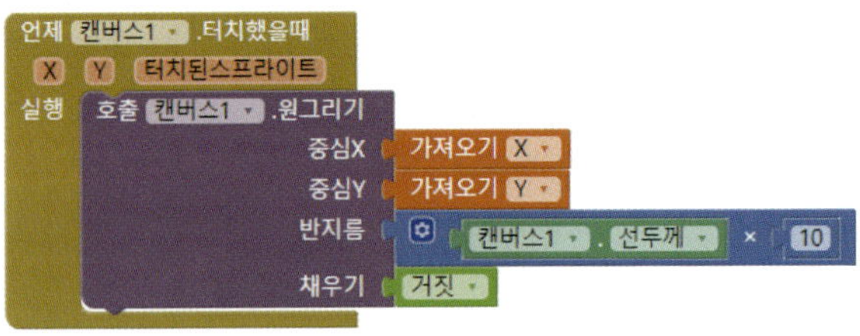

예를 들어, 위와 같이 캔버스를 터치하면 원을 그리도록 만들어볼 수 있습니다. 자신만의 방법을 구상하고 구현해보는 연습을 해봅시다.

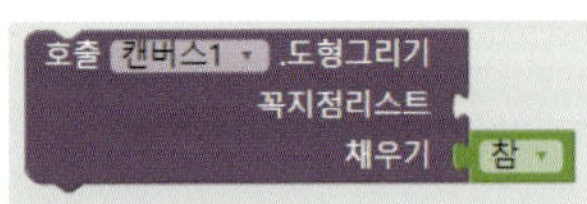

이런 블록은 뒷 챕터의 리스트를 배워야 이해할 수 있습니다!

03 물고기 키우기 게임 만들기

프로젝트 주제

게임은 남녀노소 누구나 즐길 수 있는 스마트폰의 대표적인 애플리케이션입니다. 또한, 수많은 애플리케이션 중에서 가장 많은 비중을 차지하고 있기도 합니다. 이번 프로젝트를 통해 앱인벤터로 간단한 게임을 구현해보도록 합시다.

프로젝트 둘러보기

1. 스마트폰을 기울이면 플레이어 물고기를 움직일 수 있습니다. 기울인 방향으로 물고기가 이동합니다.
2. 3마리의 작은 물고기가 화면을 랜덤하게 이동합니다.
3. 플레이어 물고기로 작은 물고기를 잡아먹으면 점수를 획득하고 몸집이 점점 커집니다.

사용되는 컴포넌트

컴포넌트의 구성과 사용되는 컴포넌트는 아래와 같습니다.

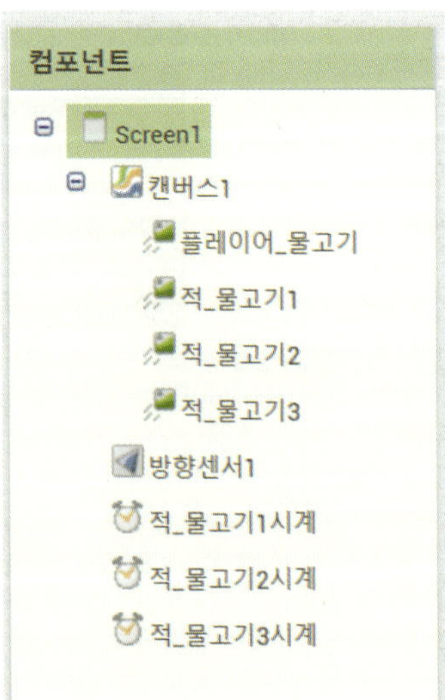

이름	컴포넌트	기능
캔버스1	캔버스1	플레이어 물고기와 적 물고기가 움직이는 무대
플레이어_물고기	플레이어_물고기	사용자가 움직일 수 있는 물고기
적_물고기1	적_물고기1	먹이가 될 물고기
적_물고기2	적_물고기2	먹이가 될 물고기
적_물고기3	적_물고기3	먹이가 될 물고기
방향센서1	방향센서1	스마트폰을 기울이는 방향값을 플레이어에서 사용
적_물고기1시계	적_물고기1시계	일정 시간마다 랜덤하게 이동시키기 위한 컴포넌트
적_물고기2시계	적_물고기2시계	일정 시간마다 랜덤하게 이동시키기 위한 컴포넌트
적_물고기3시계	적_물고기3시계	일정 시간마다 랜덤하게 이동시키기 위한 컴포넌트

컴포넌트 설계

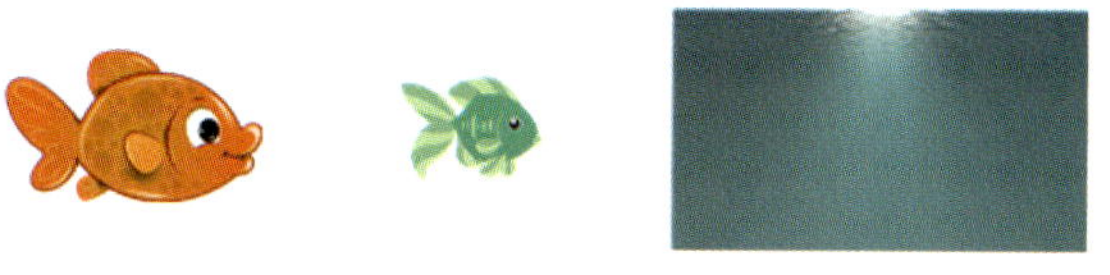

새 프로젝트를 만들고 컴포넌트 설계부터 시작합니다. 프로젝트 이름은 FishGame으로 합니다. 그리고 게임에서 사용될 이미지 소스를 먼저 업로드 하도록 합시다. 물고기 이미지는 http://infinitybooks.co.kr/b/appinventor.zip에서 다운로드 받아 사용합니다. 또는 자신이 원하는 이미지를 추가하여도 됩니다. 인터넷을 통해 배경이 투명한 이미지를 다운로드 받고 오른쪽 방향을 바라보도록 이미지를 편집해야 FishGame에서 사용할 수 있습니다.

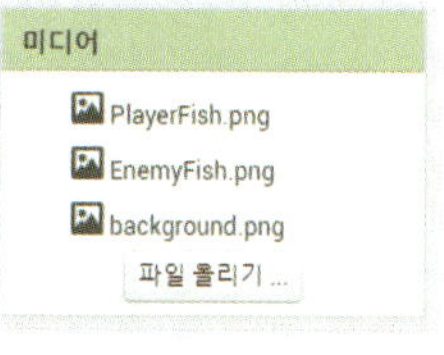

플레이어 물고기, 적 물고기, 배경 이미지를 위와 같이 "파일 올리기"로 미디어에 추가합니다. 다음 순서는 컴포넌트 설계입니다.

컴포넌트 추가

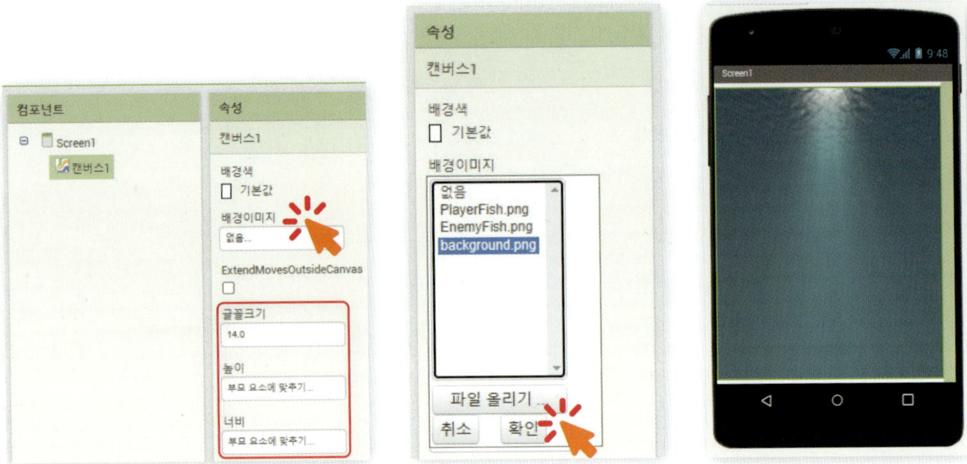

먼저 캔버스를 추가하고 높이와 너비를 "부모 요소에 맞추기"로 설정하여 캔버스를 화면에 꽉 채우도록 합니다. 다음으로 배경이미지에 "없음..." 부분을 클릭합니다. 미디어에 추가한 이미지 3개가 리스트로 보이는데 여기서 배경이미지를 선택하고 확인을 클릭하면 오른쪽 뷰어 화면과 같이 배경이 캔버스에 잘 적용됩니다.

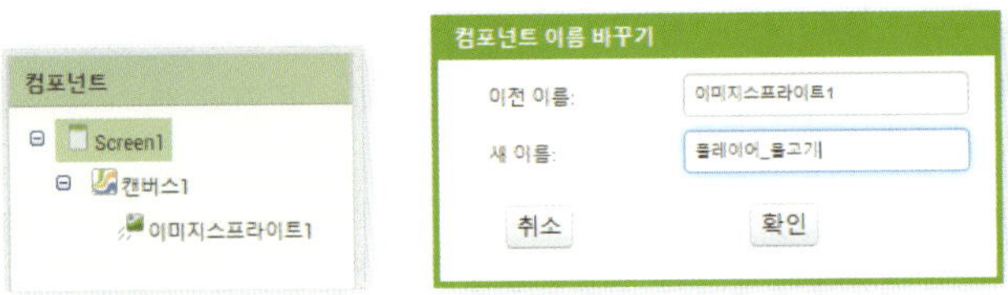

이미지스프라이트를 캔버스1에 추가하여 하위 개체로 넣어줍니다. 그리고 이름 바꾸기로 "플레이어_물고기"로 변경해줍니다. _는 언더바라고 부르는 특수기호이고 "플레이어 물고기"라고 작성하여도 자동으로 "플레이어_물고기"라고 변경됩니다(프로그래밍 언어의 특징으로, 이름을 짓는 규칙에서 공백은 허용하지 않기 때문입니다).

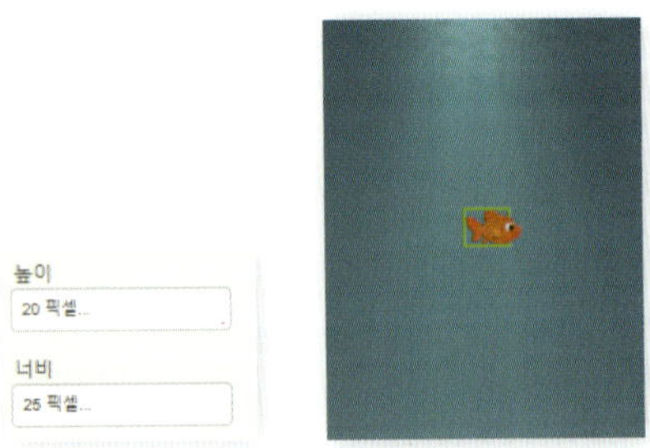

다음으로 높이와 너비를 각각 20, 25픽셀로 설정해줍니다. 크기가 너무 커 화면 밖으로 나가던 물고기가 적당한 크기로 표현됩니다.

이미지스프라이트를 하나 더 추가하고 이름을 "적_물고기1"로 변경합니다. 높이와 너비를 10픽셀로 지정합니다. 위치는 X: 0, Y: 30 위치를 초기값으로 설정합니다.

같은 방법으로 적_물고기2를 추가합니다. 다만 높이와 너비를 12 픽셀로 하여 조금 더 크게 만듭니다. 위치는 X: 35, Y: 600으로 합니다.

적_물고기3도 추가하고 높이와 너비는 15픽셀로 조금 더 크게 만듭니다. 위치는 X: 400, y: 800으로 합니다.

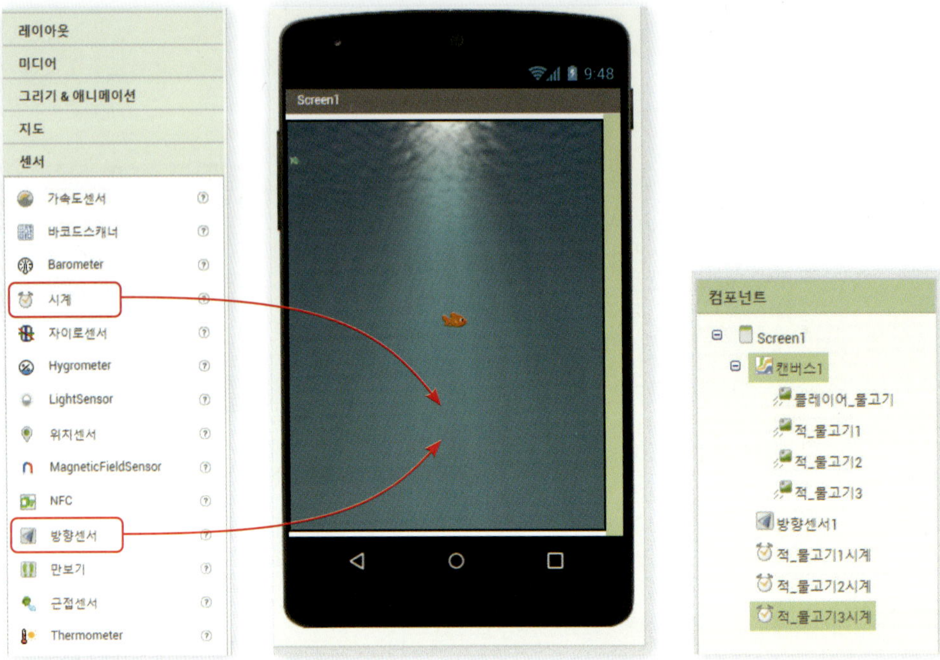

마지막으로 방향센서와 시계 컴포넌트를 추가합니다. 시계는 3개를 추가하고 각각의 이름을 오른쪽 그림과 같이 "적_물고기1시계", "적_물고기2시계", "적_물고기3시계"로 변경합니다.

프로젝트 개발

이번 프로젝트는 간단한 게임 개발이 목표입니다. 아래의 내용대로 하나씩 구현해 보도록 합시다.

1. 스마트폰을 기울이면 플레이어 물고기를 움직일 수 있습니다. 기울인 방향으로 물고기가 이동합니다.
2. 3마리의 작은 물고기가 화면을 랜덤하게 이동합니다.
3. 플레이어 물고기로 작은 물고기를 잡아먹으면 점수를 획득하고 몸집이 점점 커집니다.

플레이어 물고기 움직이기 코딩

플레이어 물고기는 스마트폰을 기울이는 방향으로 물고기를 움직이게 합니다. 먼저 방향센서에 대해 알아보도록 합시다.

방향센서

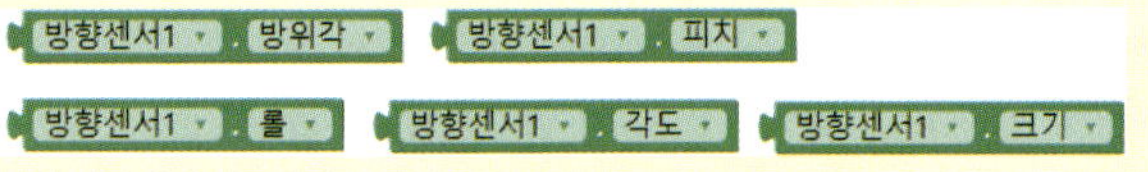

방향센서로 사용할 수 있는 데이터는 방위각, 피치, 롤, 각도, 크기가 있습니다. 방향이 변화할 때마다 이 데이터들을 지속적으로 감지하여 저장해둡니다. 각각의 설명은 아래와 같습니다.

데이터	설명
방위각	나침반에 사용되는 데이터이며 아래와 같이 표현 북쪽: 0˚ 동쪽: 90˚ 남쪽: 180˚ 서쪽: 270˚
피치	위아래로 기울어진 각도 스마트폰이 수평일 때: 0˚ 위쪽으로 기울일 때: -90˚ 아래쪽으로 기울일 때: 90˚
롤	좌우로 기울어진 각도 스마트폰이 수평일 때: 0˚ 오른쪽으로 기울일 때: -90˚ 왼쪽으로 기울일 때: 90˚
각도	스마트폰을 평평하게 들고 있을 때 기울이는 각도 시계방향으로 0˚ ~ 360˚로 데이터 변화
크기	스마트폰이 기울어질 때 값 0 ~ 1 사이로 표현되며 어느 방향이든 기울임이 있을 때 변화

플레이어 물고기는 스마트폰을 기울일 때마다 기울인 방향을 바라보며 움직이도록 할 것입니다. 따라서 방향센서 데이터들 중 기울인 방향을 바라보게 할 **"각도"**와 상하좌우로 기울인 방향으로 움직이도록 **"피치"**와 **"롤"**을 사용해 물고기를 컨트롤 합니다. 이제 코딩해보도록 합시다.

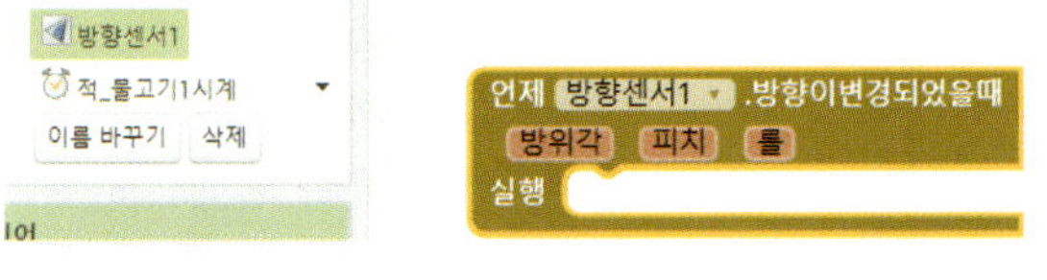

방향센서에는 "방향이 변경되었을 때" 이벤트가 있습니다. 이 이벤트는 방향 데이터들 중 어떤 값이라도 변화가 있을 시 실행되는 이벤트입니다. 이 이벤트에서 "방위각", "피치",

"롤" 값을 사용할 수 있으므로 이를 사용해 플레이어 물고기를 움직일 수 있습니다.

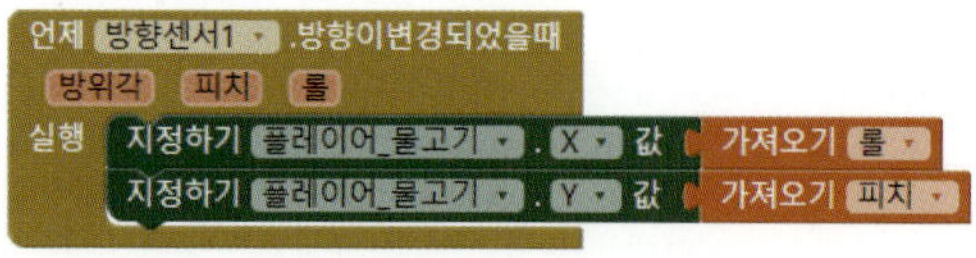

캔버스에서 객체의 위치는 X, Y 2차원 좌표로 움직입니다. 따라서 "롤" 데이터는 좌우 기울기 값이므로 X값으로 지정하고, "피치" 데이터는 Y값으로 지정합니다.

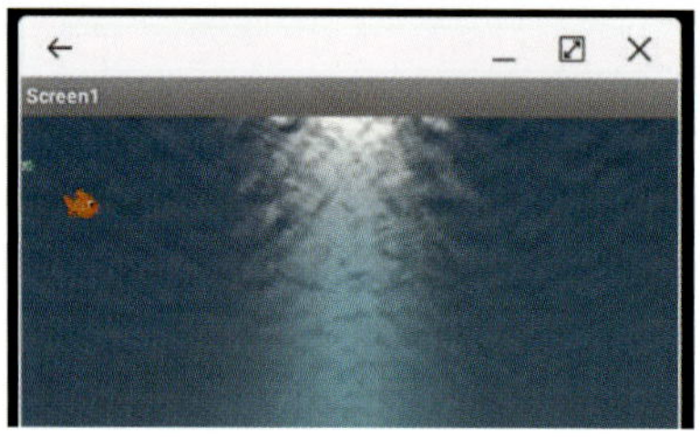

AI 컴패니언 또는 USB 연결로 스마트폰에서 실행해봅니다. 스마트폰을 상하좌우로 열심히 크게 기울여봐도 물고기는 기울이는 방향의 반대쪽으로 움직이고 왼쪽 상단을 벗어나지 못하는 것을 볼 수 있습니다(에뮬레이터는 기울기를 사용할 수가 없습니다. 꼭 안드로이드 스마트폰을 준비해주세요. 정말로 없을 경우 테스트하는 방법은 Nox와 같은 앱플레이어를 설치하고 FishGame을 apk로 설치하면 센서 기능을 사용할 수도 있습니다. 하지만 실제 스마트폰을 꼭 준비하는 게 좋습니다).

좌표체계

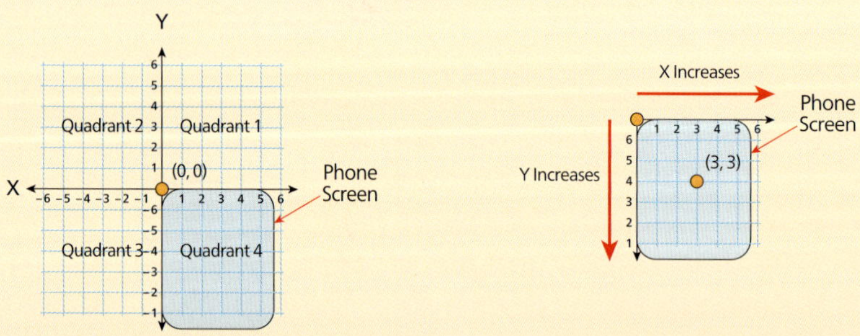

Traditional Coordinate System　　App Inventor Coordinate System

물고기를 정확히 움직이도록 하기전에 캔버스의 좌표체계부터 알아봅시다. 앱인벤터의 좌표는 위와 같습니다. 원래 XY좌표체계는 왼쪽 그림과 같습니다. 그러나 앱인벤터에서는 맨 왼쪽 상단 모서리가 (0, 0)위치이고 오른쪽으로 갈수록 X값이 증가, 아래로 내려갈수록 Y값이 증가합니다. 이를 잘 염두에 두고 코딩합시다.

"방향이변경되었을때" 물고기를 좌우로 움직이도록 위와 같이 코딩합니다. X좌표에서 좌우를 담당하는 "롤" 값은 오른쪽으로 기울일수록 값이 작아지는 데이터입니다(앞의 표 참고!). 따라서 현재 플레이어의 X값에서 −연산을 해야 +연산이 됩니다. 위와 같이 코딩한 후 스마트폰을 좌우로 기울이면서 물고기를 움직여보세요.

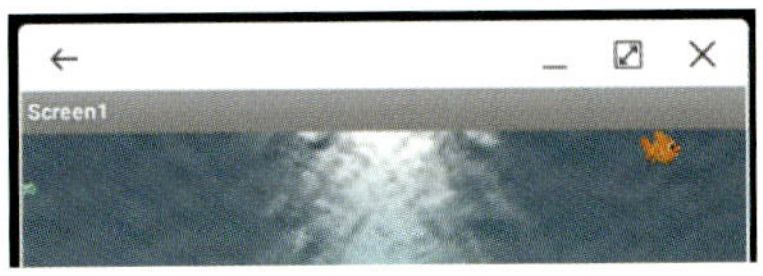

스마트폰을 좌우로 기울였을 때 해당 방향으로 빠르게 이동하는 것을 확인할 수 있습니다. 하지만 이동은 아주 잘되지만 속도가 굉장히 빠릅니다. 천천히 이동하도록 수정해봅시다.

위 그림과 같이 "가져오기 롤"을 잠시 떼어내 빈 곳에 놓습니다. 그리고 수학 블록의 곱하기 연산자를 가져와 넣어줍니다.

"롤" 값에 0.1을 곱해줍니다. 원래 값에서 10%의 비율로 계산하도록 해서 조금 더 천천히 이동하도록 합니다.

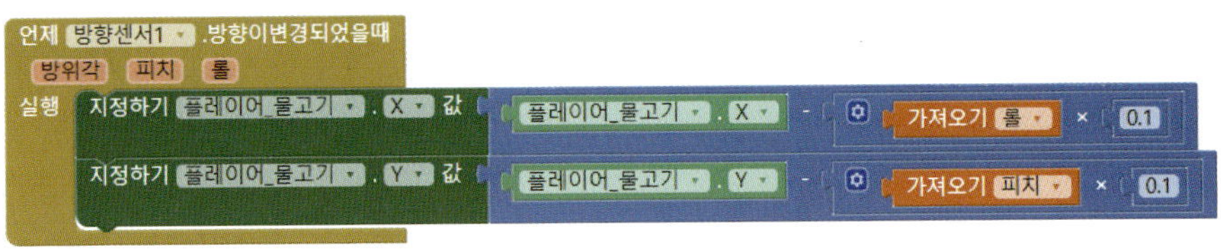

같은 방법으로 "피치" 값을 사용해서 상하 이동인 Y값도 코딩합니다. 이렇게 한 뒤 실행해보면 스마트폰을 기울이는 방향으로 물고기가 아주 잘 이동하는 것을 확인할 수 있습니다(물고기의 속도는 기기마다 다를 수 있습니다. 그 경우 배율을 더 낮추거나 높여서 해보세요).

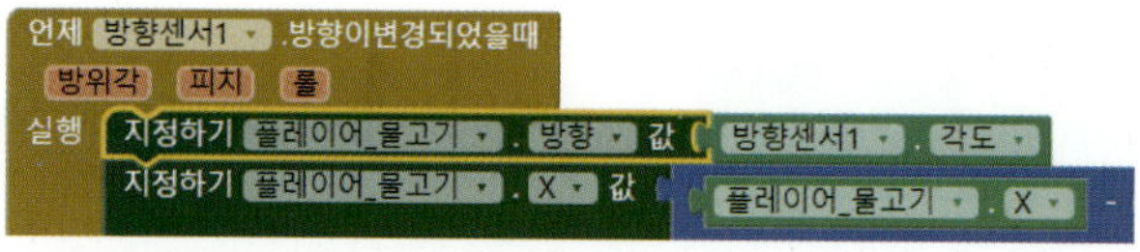

마지막으로 물고기의 방향값을 방향센서의 각도값으로 지정해줍니다. 각도는 스마트폰을 기울이는 각도이므로 물고기가 같은 방향을 보게 됩니다. 좀 더 다이나믹한 움직임이 완성됩니다.

적 물고기 움직이기 코딩

플레이어 물고기 움직이기가 잘 되므로 이제 적 물고기들을 움직이도록 코딩해봅시다. 플레이어 물고기는 방향센서를 사용하므로 "방향이 변경되었을때" 이벤트를 통해 잘 움직이도록 할 수 있었습니다. 그렇다면 적 물고기들은 어떻게 해야 할까요?

이미지스프라이트 움직이기

우선은 캔버스에서 이미지스프라이트를 움직이는 방법을 더 알아봅시다. 플레이어 물고기에서 X, Y 좌표 변경으로 이동하도록 해보았습니다. 다른 방법으로 속성값 중 "방향"과 "속도" 값을 사용해서 이미지스프라이트를 움직일 수 있습니다.

공 컴포넌트를 사용해 알아봅시다. 공 컴포넌트는 이미지스프라이트와 같은 속성값들을 가지고 있으며 움직이는 법은 동일합니다. 단지 차이점은 이미지스프라이트는 이미지를 지정할 수 있다는 정도의 차이만 있습니다.

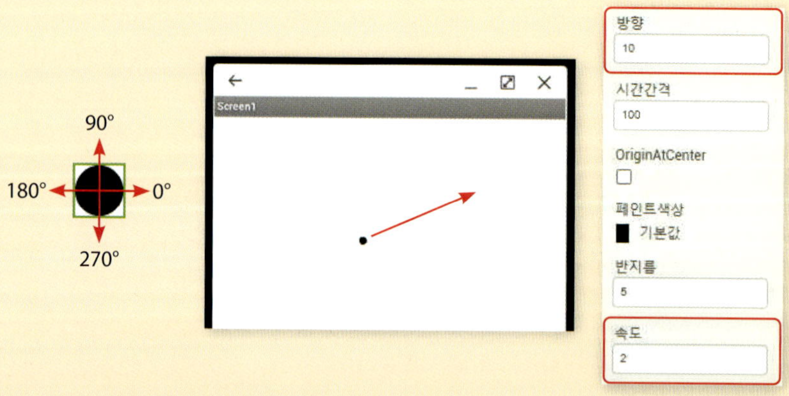

공과 이미지스프라이트의 방향값은 오른쪽 그림과 같습니다. 그렇기 때문에 방향 10, 속도 2로 지정했을 경우 오른쪽에서 살짝 위 방향으로 공이 이동합니다. 시간간격이라는 속성값에 따라 공이 이동합니다. 밀리세컨드 단위이므로 기본값 100은 0.1초이며 공은 0.1초마다 지정된 방향쪽으로 속도만큼 이동합니다.

적 물고기는 방향과 속도값을 조절하여 움직이도록 코딩해봅시다. 적 물고기는 랜덤하게 움직여 다녀야 합니다. "랜덤한 시간마다" 물고기를 움직이도록 시계 컴포넌트를 사용합니다. 여기서 알아둬야 할 것은 시계 컴포넌트는 기본적으로 시간 데이터를 사용하며 타이머도 사용할 수 있는 컴포넌트입니다.

우선 시계 컴포넌트들의 타이머 간격을 위와 같이 0으로 "적_물고기1시계", "적_물고기2시계", "적_물고기3시계" 모두 설정해줍니다.

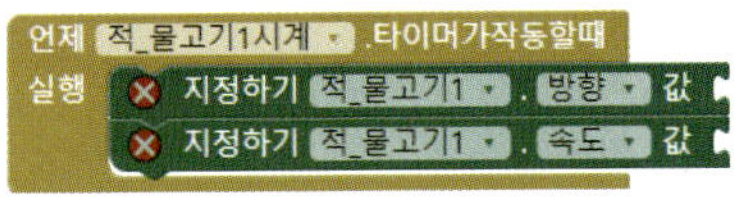

시계 컴포넌트의 "타이머가작동할때" 이벤트를 사용합니다. 이 이벤트는 설정한 타이머 간격 속성값에 따라 매번 동작합니다. 그리고 방향값과 속도값을 지정해 움직일 수 있도록 위와 같이 코딩합니다.

랜덤한 값, 즉 임의의 값은 수학 블록의 랜덤 블록을 사용하여 만들어낼 수 있습니다. 이 블록이 실행될 때 지정한 시작 값과 끝 값 사이의 랜덤한 수를 만들어내게 됩니다.

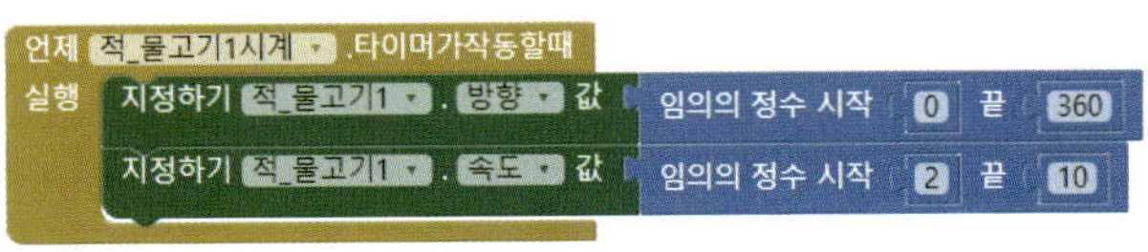

방향은 0 ~ 360, 속도는 2 ~ 10으로 임의의 정수값을 지정합니다. 실행하고 확인해 보면 "적_물고기1"이 화면을 1초마다 왔다 갔다 하는 것을 볼 수 있습니다. 1초마다가 아닌 불규칙적인 시간 간격으로 물고기가 다니도록 추가합시다.

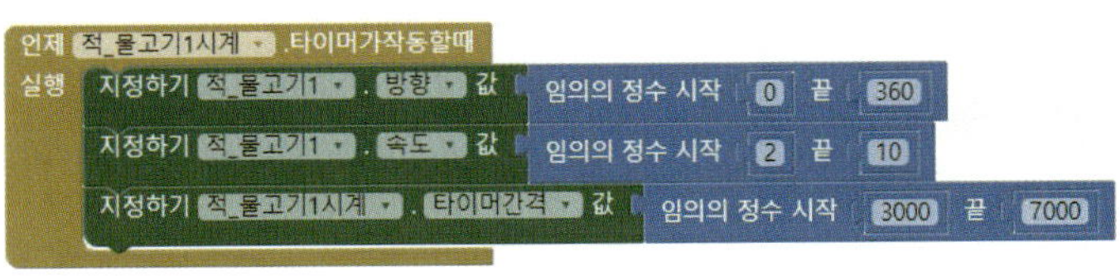

위와 같이 적_물고기1시계의 타이머 간격을 3000에서 7000으로 설정합니다. 이제 물고기는 3초 ~ 7초마다 랜덤하게 이동해 다닙니다. 맨 처음 시작했을 때 이동을 바로 할 수 있도록 디자이너 탭으로 잠시 이동하여 타이머 간격을 0으로 해줍니다. "적_물고기1시계", "적_물고 기2시계", "적_물고기3시계" 모두 타이머 간격을 0으로 합니다.

다음으로 물고기가 캔버스 모서리에 닿았을 때 반대로 다니도록 하여 좀 더 다이나믹하게 만들어 봅시다. "모서리에 닿았을때" 이벤트는 모서리에 닿았을 때 실행되는 이벤트이고 해당 면이 어떤 모서리인지를 모서리 값으로 알려줍니다. 튕기기를 통해 진행 방향 반대쪽으로 이동시킬 수 있습니다.

물고기 잡아먹기 코딩

이제 플레이어 물고기가 적 물고기를 잡아먹을 땐 크기가 커지고 점수가 올라가도록 구현해 봅시다.

변수(전역변수)

점수를 표현하기 위해선 점수라는 정보를 저장할 무언가가 필요합니다. 코딩에서는 어떤 정보를 저장하는 것을 변수라고 합니다.

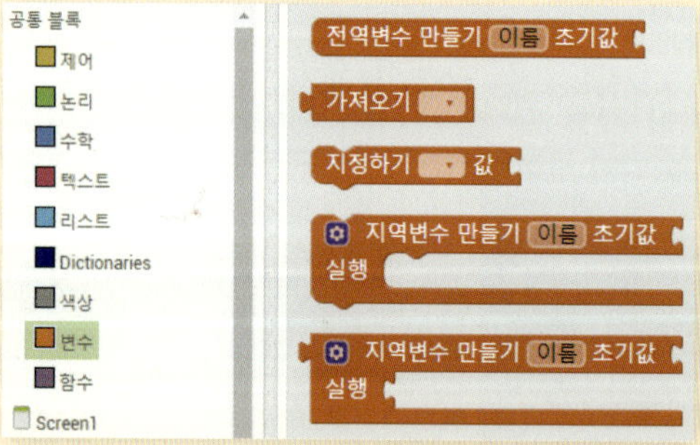

공통 블록의 변수를 보면 위 그림과 같은 블록들을 볼 수 있습니다. 변수에는 전역변수, 지역변수 두 가지 유형의 변수가 있으며, 이번엔 전역변수 개념을 먼저 알아보도록 하겠습니다.

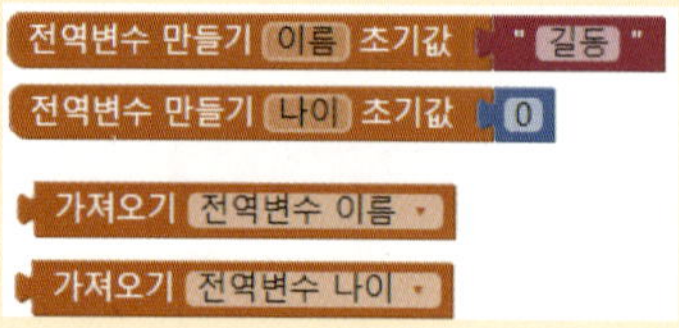

앞의 그림과 같이 변수는 초기값 지정으로 만들 수 있습니다. 그리고 사용 목적에 맞는 형태로 값을 저장할 수 있습니다. 이름을 저장하는 변수는 "이름"이라고 간단히 이름을 붙이고 텍스트 데이터를 저장합니다. "나이"는 숫자이므로 숫자 데이터로 초기값을 지정합니다. 이렇게 지정된 변수를 가져오기 블록으로 저장된 데이터를 불러와 간단히 사용할 수 있습니다.

"점수" 변수를 위와 같이 초기값을 0으로 지정해 적당히 빈 곳에 만들어줍니다.

잡아먹는 표현은 이미지스프라이트 블록의 "충돌했을때" 블록을 사용해 만들 수 있습니다. "다른"은 충돌한 개체가 무엇인지를 알려주는 것이지만 물고기 키우기 게임에서 플레이어 물고기 외에 다른 개체는 적 물고기들만 있으므로 별도로 구분하지 않아도 됩니다. 우선 위와 같이 충돌했을 때 점수 값이 증가하도록 코딩해줍니다. 원래 점수 값을 불러와 +1을 한 연산을 다시 점수 값으로 지정합니다.

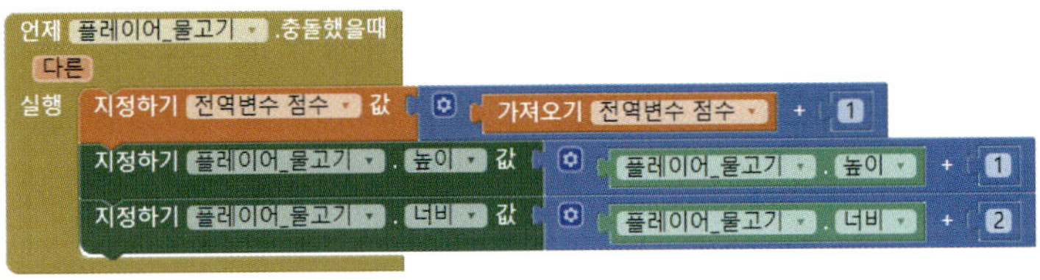

다음으로 플레이어 물고기의 높이와 너비를 증가하도록 위와 같이 코딩합니다. 너비의 비율이 더 크기 때문에 너비는 2, 높이는 1만큼 증가하도록 합니다.

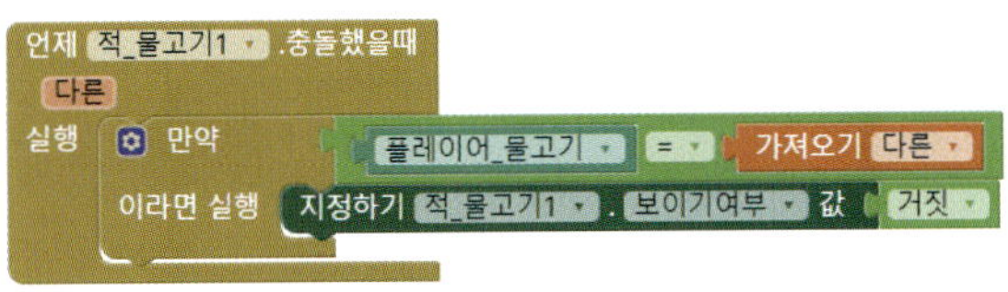

적 물고기도 충돌했을 때 잡아먹힌 것처럼 없어지도록 위와 같이 코딩합니다. 여기서는 제어의 만약 블록으로 충돌한 "다른" 개체가 "적_물고기2", "적물고기_3"일 수도 있으므로 "플레이어_물고기"와 같은지를 판단해주어야 합니다.

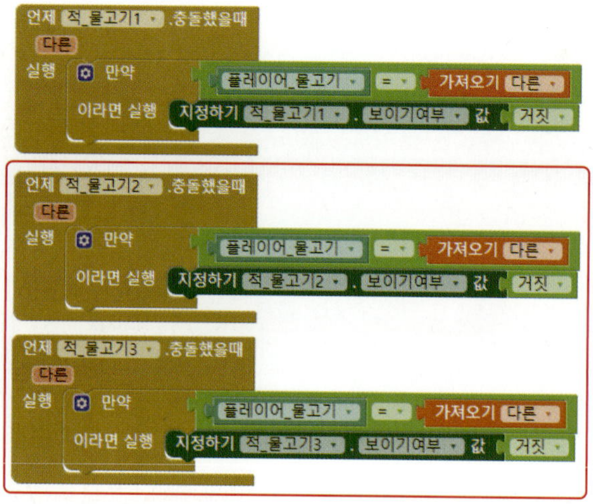

보이기여부는 "참", "거짓" 값만 지정 가능하므로 논리 블록의 "거짓" 블록을 결합해주면 됩니다. 적_물고기2, 적_물고기3도 똑같이 코딩해줍니다.

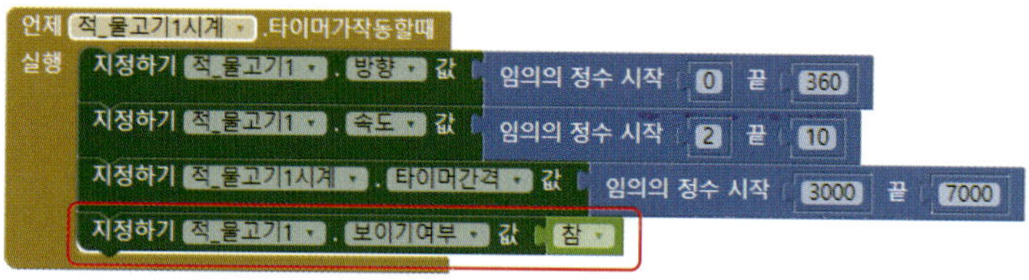

적 물고기들은 플레이어 물고기와 닿으면 화면에서 사라지고 있습니다. 타이머가 다시 실행되었을 때 잡아먹힌 물고기가 다시 나타나도록 위와 같이 보이기여부를 참으로 해주도록 코딩합니다.

적_물고기2, 적_물고기3도 똑같이 이동해 다닐 수 있도록 마저 코딩해줍니다.

이제 실행하고 게임을 해보면 물고기들이 랜덤하게 잘 움직여 다니고 플레이어 물고기도 잡아먹을 때 몸집이 점점 커지는 것을 확인할 수 있습니다.

점수 표현

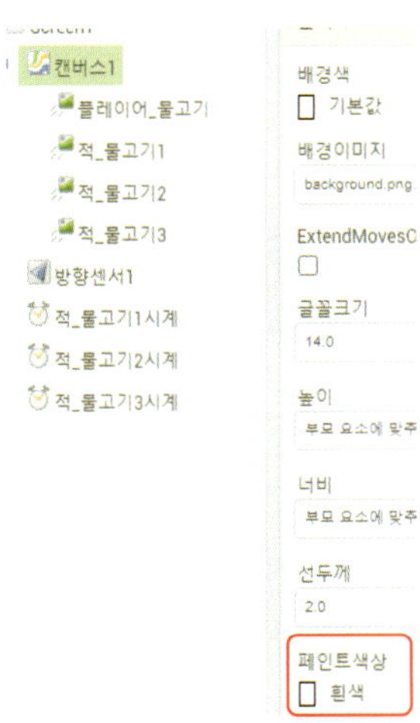

현재 잡아먹은 수를 알 수 있도록 점수 표현까지 코딩하고 물고기 잡아먹기 게임을 마무리해보겠습니다. 우선 디자이너 탭으로 이동하여 캔버스의 속성 중 페인트 색상을 흰색으로 변경해줍니다.

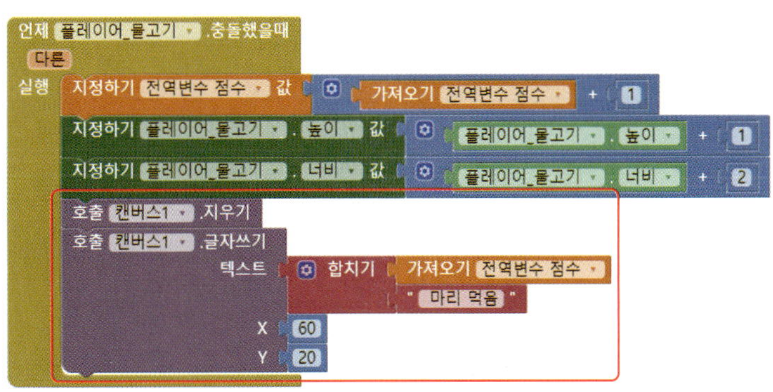

점수 표현을 하기 적절한 타이밍은 플레이어 물고기가 적 물고기들을 잡아먹었을 때입니다. 따라서 충돌했을 때에 마지막에 위와 같이 코딩해줍니다.

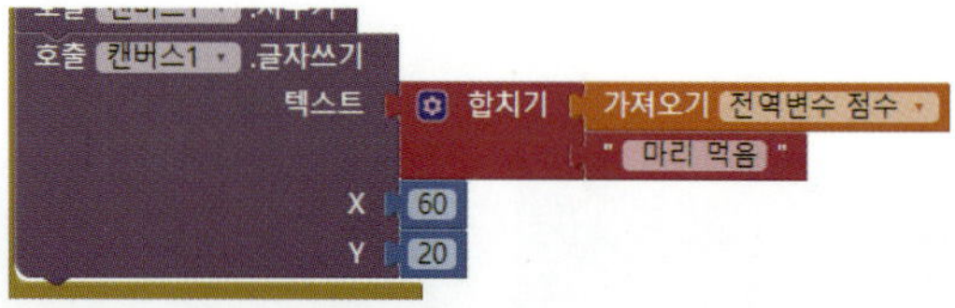

글자쓰기는 지정된 텍스트를 지정한 X, Y 위치에 쓰게 됩니다. 여기서 중요한 것은 텍스트 블록의 합치기 블록입니다. 이 블록은 다른 두 값을 서로 글자로 이어주는 블록입니다. 점수가 5라면 "5 마리 먹음" 이라고 글을 쓰게 됩니다.

점수가 바뀔 때마다 글자를 새로 쓰게 되는데 먼저 지우고 쓰지 않으면 계속 겹쳐서 글을 쓰게 됩니다. 따라서 먼저 지우기로 지워주고 글자를 쓰도록 합니다.

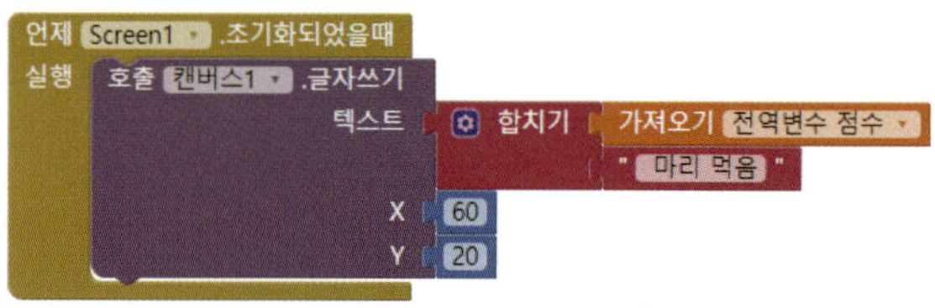

마지막으로, 앱이 맨 처음 실행되었을 때 점수 글자가 화면에 나오도록 Screen의 "초기화되었을때" 이벤트에 글자쓰기 코딩을 똑같이 해줍니다. "초기화되었을때"는 항상 맨 처음 앱이 실행될 때 실행되는 이벤트입니다.

연결 또는 앱 빌드를 통해 게임을 한번 해보도록 합시다.

물고기 게임 코딩을 완료하였습니다.

완성코드

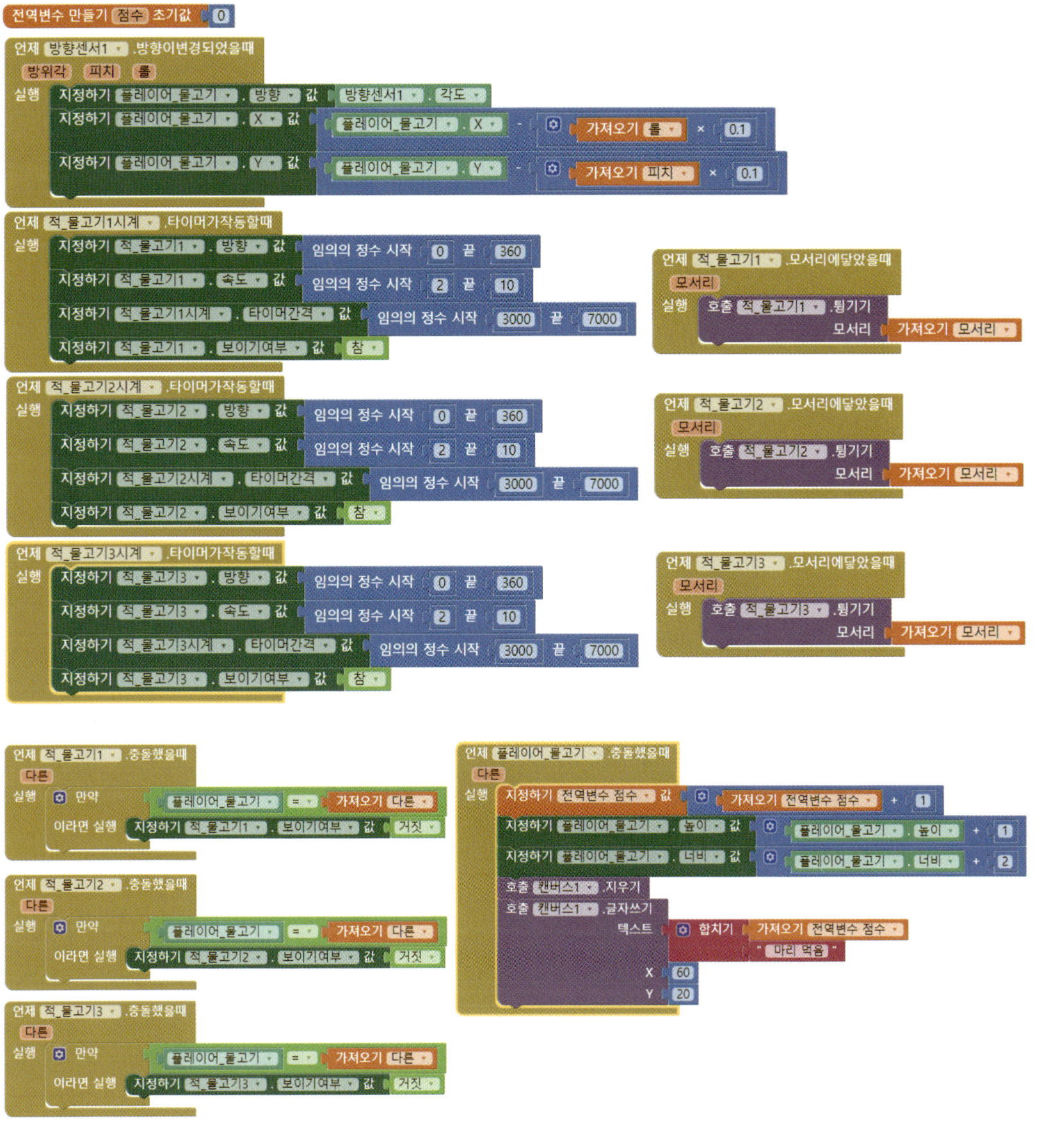

전역변수 만들기 점수 초기값 0
언제 방향센서1 .방향이변경되었을때
방위각 피치 롤
실행 지정하기 플레이어_물고기 . 방향 값 방향센서1 . 각도
지정하기 플레이어_물고기 . X 값 플레이어_물고기 . X - 가져오기 롤 × 0.1
지정하기 플레이어_물고기 . Y 값 플레이어_물고기 . Y - 가져오기 피치 × 0.1
언제 적_물고기1시계 .타이머가작동할때
실행 지정하기 적_물고기1 . 방향 값 임의의 정수 시작 0 끝 360
지정하기 적_물고기1 . 속도 값 임의의 정수 시작 2 끝 10
지정하기 적_물고기1시계 . 타이머간격 값 임의의 정수 시작 3000 끝 7000
지정하기 적_물고기1 . 보이기여부 값 참
언제 적_물고기1 .모서리에닿았을때
모서리
실행 호출 적_물고기1 .튕기기
모서리 가져오기 모서리
언제 적_물고기2시계 .타이머가작동할때
실행 지정하기 적_물고기2 . 방향 값 임의의 정수 시작 0 끝 360
지정하기 적_물고기2 . 속도 값 임의의 정수 시작 2 끝 10
지정하기 적_물고기2시계 . 타이머간격 값 임의의 정수 시작 3000 끝 7000
지정하기 적_물고기2 . 보이기여부 값 참
언제 적_물고기2 .모서리에닿았을때
모서리
실행 호출 적_물고기2 .튕기기
모서리 가져오기 모서리
언제 적_물고기3시계 .타이머가작동할때
실행 지정하기 적_물고기3 . 방향 값 임의의 정수 시작 0 끝 360
지정하기 적_물고기3 . 속도 값 임의의 정수 시작 2 끝 10
지정하기 적_물고기3시계 . 타이머간격 값 임의의 정수 시작 3000 끝 7000
지정하기 적_물고기3 . 보이기여부 값 참
언제 적_물고기3 .모서리에닿았을때
모서리
실행 호출 적_물고기3 .튕기기
모서리 가져오기 모서리
언제 적_물고기1 .충돌했을때
다른
실행 만약 플레이어_물고기 = 가져오기 다른
이라면 실행 지정하기 적_물고기1 . 보이기여부 값 거짓
언제 적_물고기2 .충돌했을때
다른
실행 만약 플레이어_물고기 = 가져오기 다른
이라면 실행 지정하기 적_물고기2 . 보이기여부 값 거짓
언제 적_물고기3 .충돌했을때
다른
실행 만약 플레이어_물고기 = 가져오기 다른
이라면 실행 지정하기 적_물고기3 . 보이기여부 값 거짓
언제 플레이어_물고기 .충돌했을때
다른
실행 지정하기 전역변수 점수 값 가져오기 전역변수 점수 + 1
지정하기 플레이어_물고기 . 높이 값 플레이어_물고기 . 높이 + 1
지정하기 플레이어_물고기 . 너비 값 플레이어_물고기 . 너비 + 2
호출 캔버스1 .지우기
호출 캔버스1 .글자쓰기
텍스트 합치기 가져오기 전역변수 점수
" 마리 먹음 "
x 60
y 20

더 해보기

이번 프로젝트를 통해 간단한 게임을 만들어보았습니다. 사실 앱인벤터는 게임을 만들기엔 좋지 않습니다. 그 이유는 컴포넌트의 사용이 제한적이고 제공되는 블록의 기능 또한 제한적이기 때문입니다. 따라서 세세한 기능에 대한 코딩이 불가능하기 때문에 다이나믹한 게임보다는 정적인 애플리케이션 구현이 앱인벤터에선 좋습니다. 하지만 캔버스를 사용하여 이처럼 간단한 게임은 구현해볼 수 있으므로 재밌는 아이디어가 있다면 자신만의 게임을 만들어보도록 합시다.

다른 물고기 추가하기

현재 게임에서는 별다른 장애물이 없습니다. 해당 링크(http://infinitybooks.co.kr/b/appinventor.zip)를 통해 spikeFish 이미지를 다운로드 받아 추가해도 되고 또는 적절한 이미지를 직접 다운로드하여 장애물이 되는 요소를 추가해봅시다.

왠지 먹지 말아야 할 거같다.

예를 들어, 가시복어를 추가하고 이 물고기를 먹게 되면 크기를 오히려 감소시키는 이런 추가적인 요소를 추가해보도록 합시다. 새로운 요소가 추가되었을 때 플레이어 물고기의 코딩이 바뀌어야 할 것입니다. 새로운 생각을 직접 해보는 것이 중요하므로 한번 잘 코딩해보도록 합니다.

04 랜덤 이미지 보여주는 앱 만들기

프로젝트 주제

랜덤한 이미지를 보여주는 앱을 구현합니다. 이번 예제를 통하여 정보를 여러 개 저장하는 리스트와 웹 연결로 불러온 이미지를 웹뷰 컴포넌트로 보여주는 앱을 구현해보도록 합니다.

다른 사진이 나오기도 합니다.

1. 구글랜덤사진 버튼을 누르면 구글 검색을 통해 찾은 랜덤 이미지를 보여줍니다.
2. 언스플래쉬랜덤사진 버튼을 누르면 언스플래쉬라는 사이트를 통해 찾은 랜덤 이미지를 보여줍니다.

사용되는 컴포넌트

컴포넌트의 구성과 사용되는 컴포넌트는 아래와 같습니다.

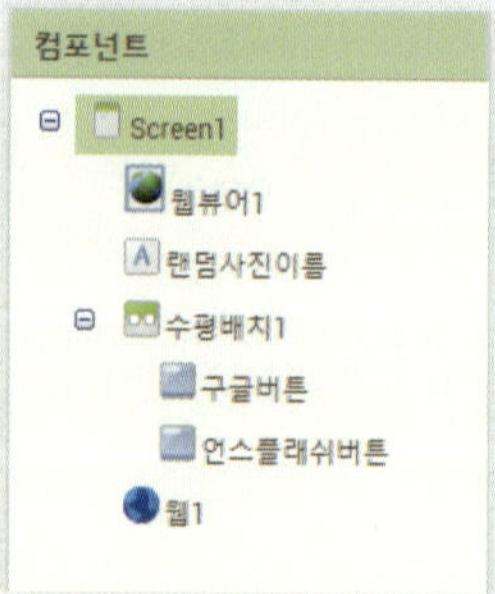

이름	컴포넌트	기능
웹뷰어1	웹뷰어1	검색을 통해 찾은 사진을 출력
랜덤사진이름	랜덤사진이름	현재 설정된 랜덤 이미지 검색 키워드 출력
구글버튼	구글버튼	랜덤 이미지를 구글에서 검색
언스플래쉬버튼	언스플래쉬버튼	랜덤 이미지를 언스플래쉬에서 검색
웹1	웹1	구글과 언스플래쉬 사이트에 연결하는 컴포넌트

컴포넌트 설계

프로젝트 이름을 RandomImage로 하여 새 프로젝트를 생성합니다. 이번 프로젝트의 컴포넌트 구성은 간단하므로 빠르게 컴포넌트 설계를 해봅시다.

컴포넌트 추가

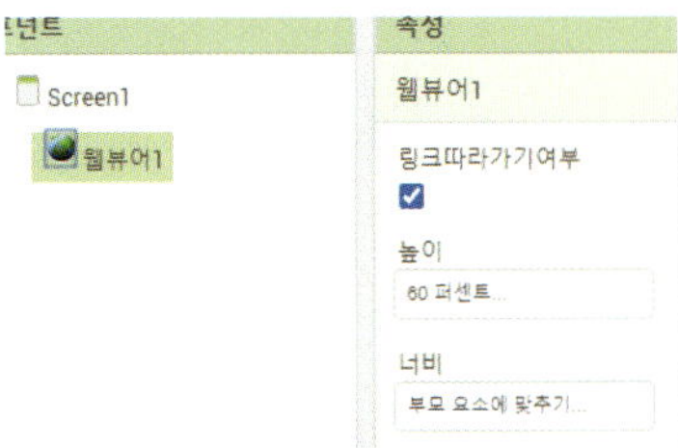

사용자 인터페이스의 "웹뷰어" 컴포넌트를 추가합니다. 위 그림과 같이 너비를 "부모 요소에 맞추기", 높이는 "60%"로 설정합니다.

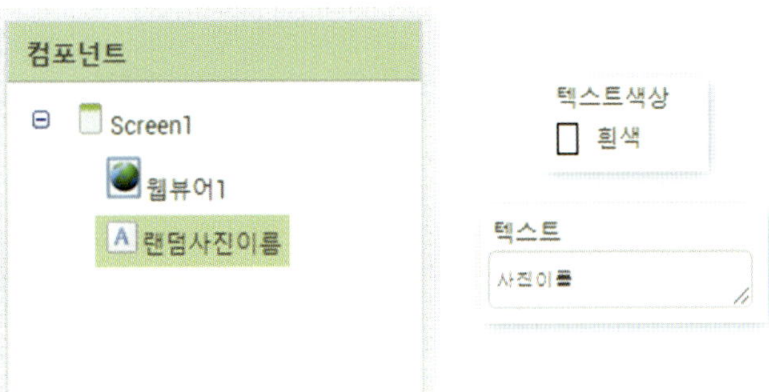

레이블 컴포넌트를 추가하고 이름을 "랜덤사진이름"으로 변경합니다. 속성의 텍스트를 "사진이름"으로 텍스트색상은 "흰색"으로 수정합니다.

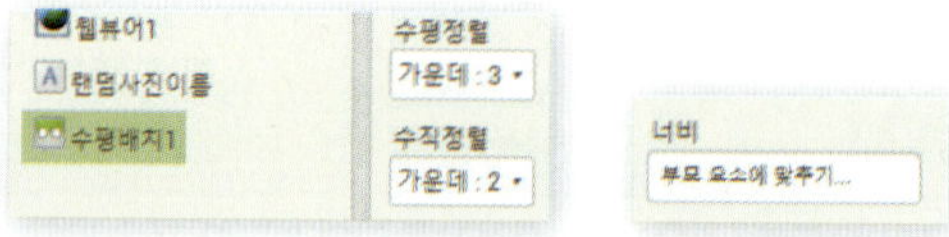

수평배치 레이아웃을 추가하고 정렬을 가운데로 변경합니다. 그리고 너비는 "부모 요소에 맞추기"로 설정합니다.

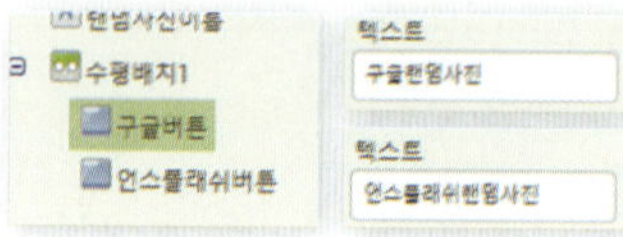

버튼 두 개를 추가하고 각각 "구글버튼", "언스플래쉬버튼"으로 이름을 변경합니다. 각 버튼의 텍스트를 "구글랜덤사진", "언스플래쉬랜덤사진"으로 설정합니다.

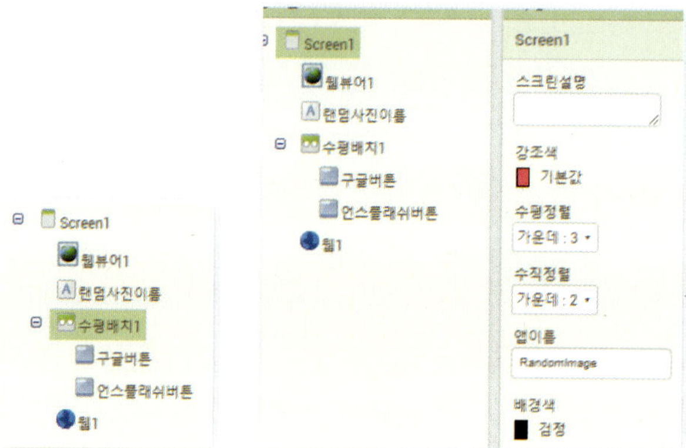

연결 카테고리의 웹컴포넌트를 추가합니다. 보이지 않는 컴포넌트로 추가됩니다. 마지막으로 Screen1의 속성값을 우측 그림과 같이 수평정렬, 수직정렬은 가운데로 하고 배경색을 검정으로 변경합니다.

프로젝트 개발

이번 프로젝트는 정보를 여러 개 저장하는 리스트를 사용해보고 웹 컴포넌트로 인터넷을 통해 웹사이트에서 정보를 받아와 사용하는 방법을 배워봅니다.

랜덤 키워드 리스트 만들기

여러 개의 단어를 저장해두고 단어들 중 하나를 선택해 검색하는 방식으로 만들도록 합니다. 먼저 기초 데이터로 단어들을 저장할 리스트를 만들도록 합니다.

리스트

앞 장에서 정보를 저장하는 변수를 배웠습니다. 변수는 단 하나의 정보만 저장하지만 여러 개의 정보를 저장할 필요가 있을 땐 리스트를 사용하면 아주 유용합니다.

고양이품종	
1	코리안숏헤어
2	페르시안
3	메인쿤
4	터키시 앙고라
5	래그돌

개념을 간단히 설명하자면 위와 같습니다. "고양이품종" 리스트를 만들면 여러 개의 정보를 저장할 수 있고 추가한 데이터는 각각 번호가 붙는다고 볼 수 있습니다. 리스트의 정보는 해당 번째를 불러와 사용할 수 있습니다. 예를 들어, "고양이품종의 2번째 항목"을 불러오면 "페르시안" 데이터를 사용할 수 있습니다.

리스트에 제공되는 많은 블록 중 위 4개가 가장 많이 쓰이는 핵심 블록들입니다. 간단한 예를 통해 리스트를 좀 더 자세히 알아봅시다.

먼저 변수에서 고양이품종이라고 초기값으로 만들어줍니다. 앱인벤터에서는 리스트 만들기를 변수를 통해 할 수 있습니다. 초기값을 숫자 블록, 텍스트 블록 등 하나로 지정하면 변수로 사용하지만 "리스트만들기" 블록을 연결하게 되면 리스트로 만들 수 있습니다. 위와 같이 텍스트 블록 두 개를 결합해 각각 "코리안숏헤어", "페르시안"이라고 작성하면 총 길이 2의 리스트가 만들어집니다.

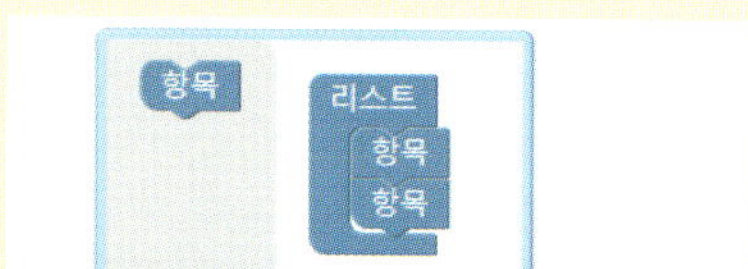

리스트 만들기 앞의 톱니바퀴를 클릭하면 항목을 여러 개 추가할 수 있습니다. 3개를 더 추가하고 앞의 표와 같이 다른 품종의 고양이를 더 입력하면 총 길이 5의 고양이품종 리스트가 완성됩니다.

만들어진 리스트는 항목 선택하기 블록으로 원하는 데이터를 가져올 수 있습니다. 위와 같이 리스트에는 사용할 리스트를 결합, 위치는 원하는 번째를 지정하여 데이터를 가져와 적절히 사용할 수 있습니다.

랜덤 키워드를 리스트로 만들어 봅시다. "랜덤_리스트"라는 이름으로 리스트를 만듭니다. 리스트 초기값 생성도 변수 블록을 통해서 하므로 변수와 구분될 수 있는 이름을 지어주는 게 좋습니다. 예제는 위와 같은 리스트를 만들었습니다. 필자가 그냥 생각나는 단어들로 만든 것이기 때문에 위와 똑같이 만들어도 괜찮고 본인이 원하는 단어로 리스트를 만들어도 됩니다. 개수도 10개 이상해도 상관없으니 원하는 리스트를 만들도록 합니다.

이름을 잘 짓도록 합시다!

컴포넌트나 변수 등 코딩에서 사용되는 모든 것에는 사용 목적에 맞는 적절한 이름을 지어주어야 합니다. 그래야 어떤 기능과 역할을 하는지 이름만 보고도 한눈에 알 수 있으며 다음에 다시 코드를 보더라도 빠르게 코드를 알아볼 수 있게 합니다. 변수나 리스트 등을 a, b, ㄱ 등 길게 쓰기 싫어서 대충 만들었다간 다음에 이걸 왜 만들었지 못 알아보게 됩니다.

구글 랜덤 사진 코딩

구글랜덤사진버튼을 클릭하면 구글에서 해당 이미지를 불러오는 코딩을 먼저 해봅시다. 코딩하기 전에 먼저 웹뷰어 컴포넌트와 웹 컴포넌트에 대해 알아볼 필요가 있습니다. 각각 먼저 간단히 어떤 기능을 하는지 살펴보고 코딩해보도록 합시다.

웹뷰어

웹뷰어는 이름 그대로 웹을 보여주는 컴포넌트입니다. 설정된 URL(Uniform Resource Locators)로 이동하여 해당 페이지를 앱에서 보여주는 기능을 합니다. URL은 간단히 말하면 https://www.google.co.kr과 같은 "웹주소"를 나타냅니다.

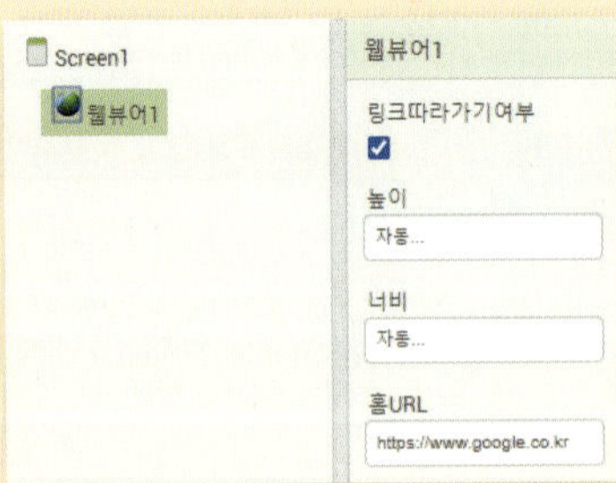

웹뷰어의 속성 중 "홈URL"에 웹주소를 설정하면 앱이 실행될 때 웹뷰어에서 해당 주소를 접속하여 화면에 보여줍니다. 이처럼 웹뷰어는 지정된 URL의 웹 콘텐츠를 보여줍니다.

위 두 블록이 웹뷰어에서 많이 쓰이는 블록입니다. 지정된 홈페이지로 이동하는 블록과 지정한 URL로 이동하는 블록입니다.

웹

웹 컴포넌트는 웹서버로 메시지를 보내고(POST) 데이터를 받는(GET) 등의 기능을 사용할 수 있는 보이지 않는 컴포넌트입니다.

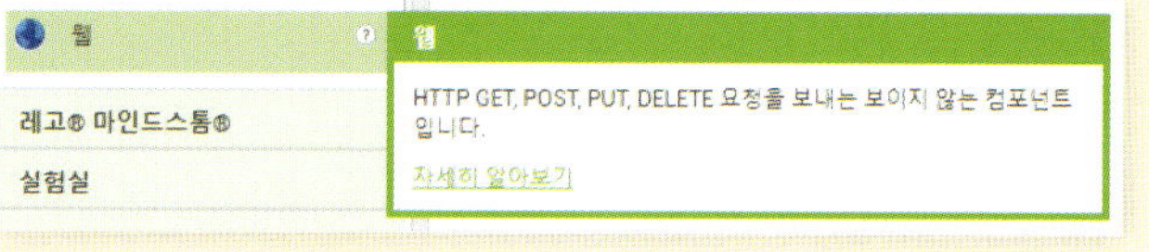

설명에도 나와 있듯이 GET, POST, PUT, DELETE 요청을 하고 받을 수 있으며 이를 REST라고 부릅니다. 요즘은 많은 사이트가 REST API를 제공하고 있습니다(구글, 네이버, 지역별미세먼지, 교통정보, 약국정보 등). 웹 컴포넌트로 이런 정보들을 가져와 사용할 수 있습니다.

자세한 기능을 사용하고 이해하기 위해서는 HTML과 WEB에 대한 공부가 추가로 필요합니다. 예제에서는 간단한 기능만 사용해보도록 하겠습니다.

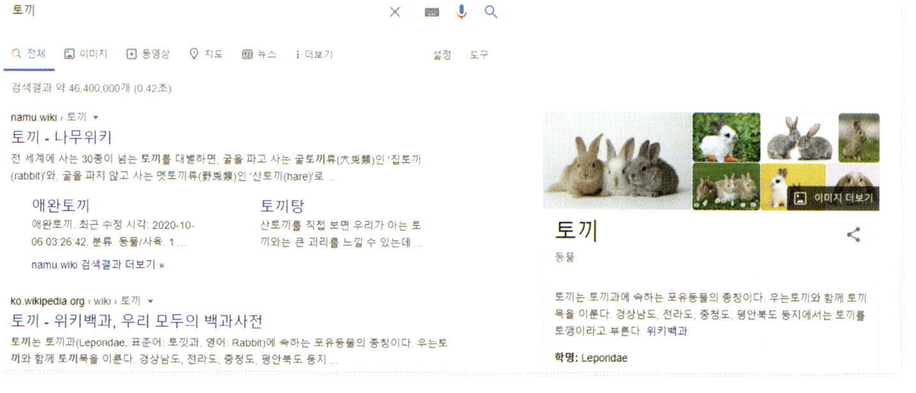

웹뷰어와 웹 컴포넌트에 대해 알아보았고 이제 구글랜덤사진검색 기능을 코딩해봅시다. 먼저 구글에 접속해서 "토끼"라고 검색해보았습니다. 위와 같은 웹페이지가 출력됩니다.

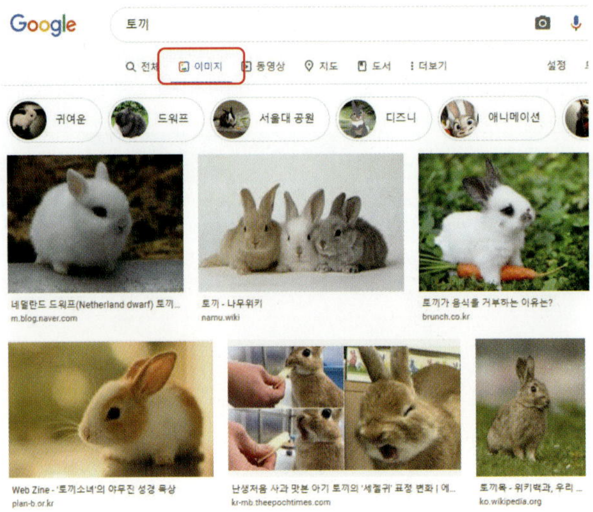

“이미지”를 클릭하면 이미지만 모아서 볼 수 있습니다(난생처음 사과를 맛본 아기토끼가 참 귀엽습니다).

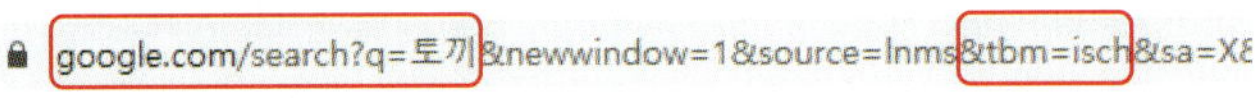

인터넷 주소창을 보면 검색한 “토끼” 단어가 포함된 뭔가 굉장히 긴 알 수 없는 내용의 URL이 출력되어 있습니다. 여기서 우리가 사용할 수 있는 내용은 다음과 같습니다.

1. https://google.com/search?: 구글 검색 기능의 기본URL입니다.
2. q=토끼: 검색에 사용할 단어를 지정하는 q(query약자)입니다.
3. &tbm=isch: tbm(Term by method)은 구글 검색에서 필터를 나타내는 것으로 isch는 이미지 검색입니다(Image search)

이 세 가지를 이용해서 이미지 검색 기능을 만들 수 있습니다. 이제 구글랜덤사진버튼을 클릭하면 이미지가 검색될 수 있도록 코딩해봅시다.

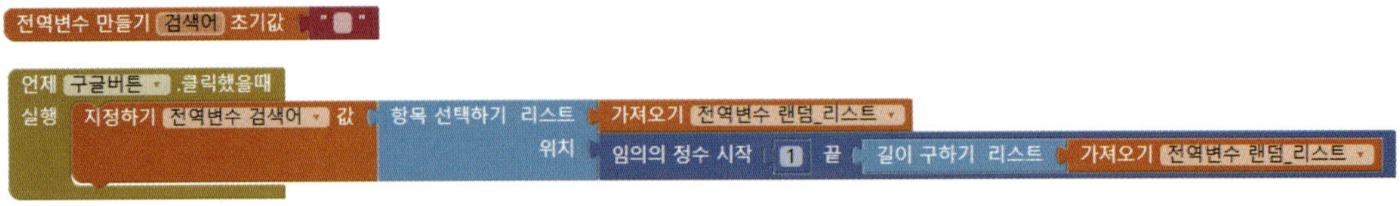

우선 검색어 변수 하나를 만들어줍니다. 검색어 변수는 만들어 놓은 리스트 중 하나를 랜덤으로 가져오도록 합니다. 항목 선택하기로 설정한 위치의 아이템을 리스트에서 선택해올 수 있습니다. 위치는 임의의 수를 만드는 블록으로 1부터 리스트의 길이까지이므로 현재 10개의 항목이 있다면 1 ~ 10 사이의 무작위 수가 나오게 됩니다. 따라서 무작위 위치의 리스트 항목이 검색어로 설정됩니다.

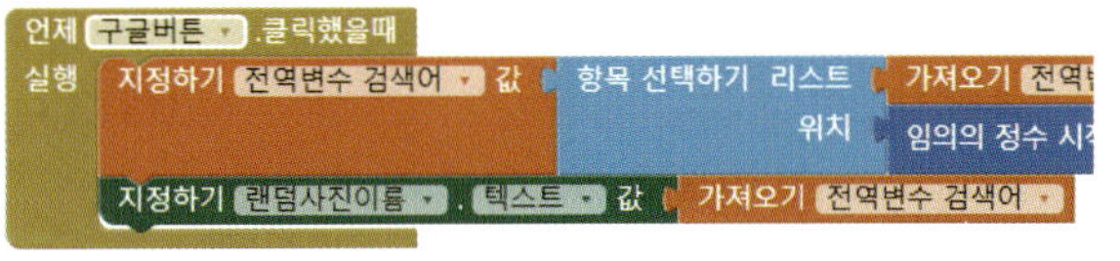

우선 만들어진 검색어를 레이블에 출력되도록 위와 같이 코딩합니다.

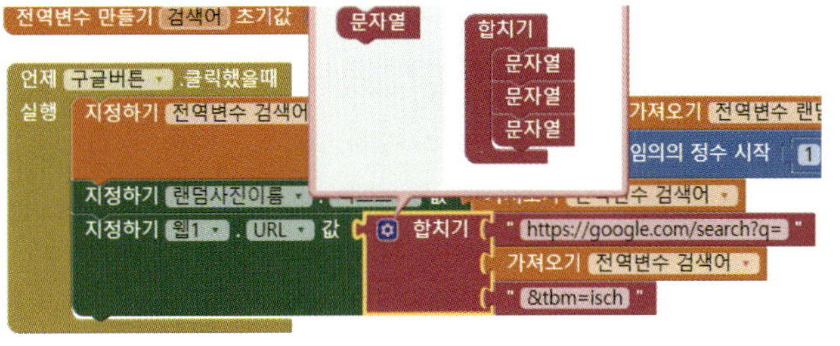

이제 웹 컴포넌트를 통해 사진을 검색해봅시다. 구글 이미지 검색에 필요했던 3가지 요소를 여기서 사용합니다. 웹 컴포넌트의 URL을 문자 합치기를 통해서 "https://google.com/search?q=", "검색어 변수", "&tbm=isch" 를 합쳐줍니다.

웹 컴포넌트의 URL은 "https://google.com/search?q=검색어&tbm=isch"로 설정됩니다. 여기서 웹 가져오기(GET)을 통해 이미지 검색 결과를 가져오도록 합니다.

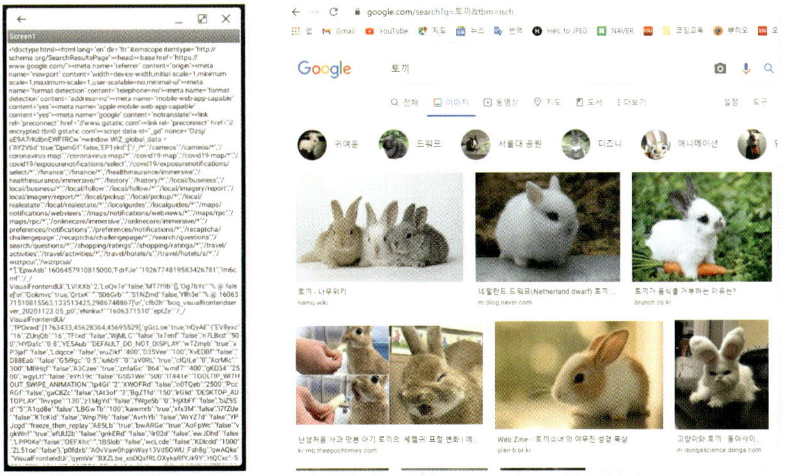

따로 레이블에 불러와 본 결과입니다.

설정한 URL에서 가져오기 호출을 통한 결과는 앞의 왼쪽 그림과 같이 어마무시한 내용을 전송 받습니다. 이는 HTML이라고 하며 쉽게 말하면 웹을 표현할 때 쓰는 코딩 언어의 한 종류라고 할 수 있습니다. HTML 외에도 JavaScript(자바스크립트), CSS 등 웹페이지 표현에 필요한 다양한 기술로 작성되어 있습니다. 이 내용을 조금이라도 알아보기 위해선 HTML, JavaScript 등 웹에 관한 공부가 필요합니다. 지금은 이미지 표현하는 부분이 어딘지만 알면 되므로 잘 따라 해보도록 합시다.

```
<img data-src="https://encrypted-tbn0.gstatic.com/images?q=tbn:ANd9GcSZSpsH1H_GEf\fRmJNS
```

가져오기로 가져온 코드는 글자 수를 세어봤을 때, 검색어에 따라 약 30만~ 50만 개가 됩니다. 이 수많은 코드 내용 중 위의 "https://encrypted-tbn..."으로 시작하는 부분이 있습니다. 이 부분이 검색 결과의 작은 이미지들을 표현하는 부분입니다. 그러나 이 이미지는 굉장히 작은 크기의 이미지들도 있어서 앱에서 잘 안보이는 경우가 많습니다.

```
."https://lh3.googleusercontent.com/proxy/F6T6PdfB50IvxjOvJyIM\CEILUNE1r-F\UbrLm8J9htPs7-LKDrn
```

또 다른 부분은 "https://lh3.googleusercontent.com/proxy..."로 시작하는 부분이 있습니다.

이 부분은 작은 이미지를 클릭했을 때 나오는 큰 이미지를 표현하는 부분입니다. 구글랜덤 사진검색 기능은 이 이미지를 불러오는 부분을 사용해서 하도록 하겠습니다.

가져오기를 통해 받아 보았던 방대한 코드는 “텍스트를받았을때” 이벤트의 응답콘텐츠로 불러옵니다. 이 응답콘텐츠를 분해하여 원하는 글자만 추출해야 합니다. 순서대로 천천히 따라해봅시다.

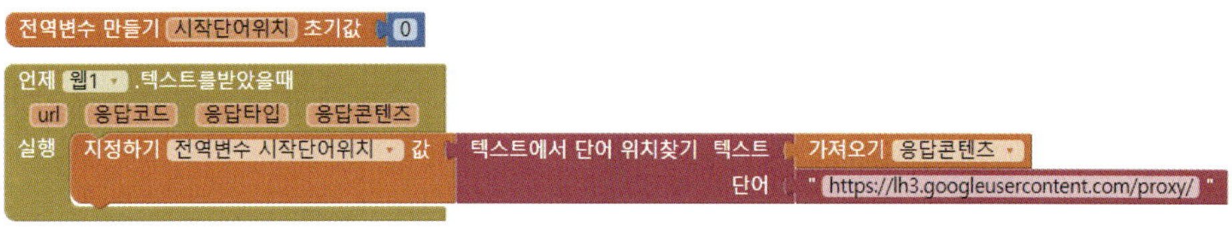

먼저 방대한 코드 속에서 “https://lh3.googleusercontent.com/proxy...”의 위치를 찾아야 합니다. “텍스트에서 단어 위치찾기”블록은 지정된 단어와 정확히 일치하는 부분의 위치를 숫자로 알려주는 블록입니다. “시작단어위치” 변수를 만들어주고 시작 위치를 저장하도록 위와 같이 코딩합니다.

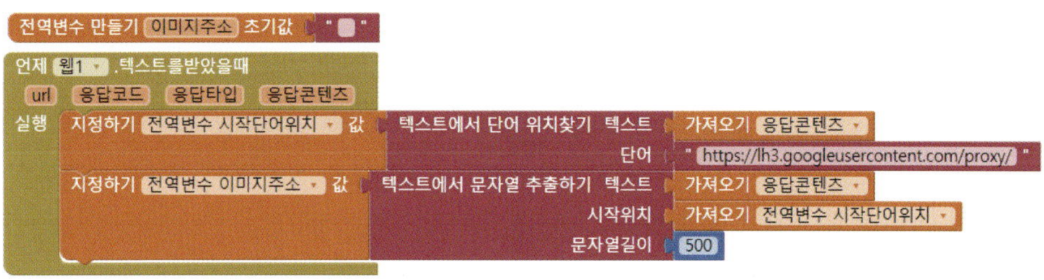

“이미지주소” 변수를 만들어줍니다. 그리고 “텍스트에서 문자열 추출하기”블록으로 응답콘텐츠의 “https://lh3.googleusercontent.com/proxy...”가 시작하는 “시작단어위치”부터 500길이까지 추출하여 “이미지주소” 변수에 저장해줍니다.

시작 위치부터이므로 h부터 500자를 추출합니다. 앞의 그림은 "호랑이"를 검색했을 때의 결과입니다. proxy/ 다음의 mcX_b부터 마지막 78Ksg까지의 글자가 호랑이 이미지를 나타내는 주소입니다. 500자를 추출하는 이유는 검색어에 따라 이 부분이 짧은 것도 있지만 긴 것도 있어서 넉넉하게 길이를 지정한 것입니다.

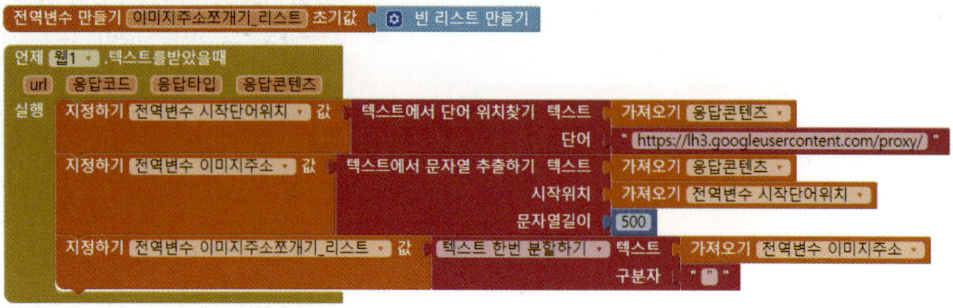

정확한 이미지 주소를 추출하기 위해서는 리스트가 하나 필요합니다. "이미지주소쪼개기_리스트"를 빈 리스트로 만들어줍니다. 그리고 "텍스트 분할하기"블록을 사용해서 리스트에 저장해줍니다. 500길이까지 잘라낸 이미지주소를 텍스트로 지정하고 구분자에는 (")를 지정해줍니다.

이미지주소쪼개기_리스트	
1	https://lh3.googleusercontents.com/proxy/mcX_b...78ksg
2	{
3	26
4	:[null,2]}],
5	2008

⋮

분할하기 코드가 실행되면 앞의 호랑이 검색 결과를 예로 위 표와 같이 분할됩니다. (")를 기준으로 다 잘라내고 리스트에 순서대로 저장됩니다. 우리는 1번째 항목만 사용하면 됩니다. 나머지는 전부 필요 없는 정보입니다.

"이미지주소"를 "이미지주소쪼개기_리스트"의 첫 번째 항목으로 다시 지정해줍니다. 원래 있던 500길이의 주소가 사라지고 잘라낸 정확한 이미지주소만 다시 지정됩니다.

마지막으로 웹뷰어1의 "URL로 이동하기"블록으로 추출해낸 이미지 주소로 이동하도록 호출해줍니다.

AI 컴패니언, 에뮬레이터 등을 통해 연결하고 한번 실행해봅시다. 구글랜덤사진 버튼을 클릭하면 이미지가 잘 나오는 걸 확인할 수 있습니다. 버튼을 누를 때마다 다른 사진이 랜덤으로 잘 나타납니다. 구글랜덤사진검색 코딩을 완료하였습니다.

언스플래쉬 랜덤 사진 코딩

구글랜덤사진은 구글을 통해 나온 이미지 검색 결과들 중 하나를 가져오도록 조금 복잡한 방식으로 코딩하였습니다. 언스플래쉬는 비교적 아주 쉽게 할 수 있습니다!

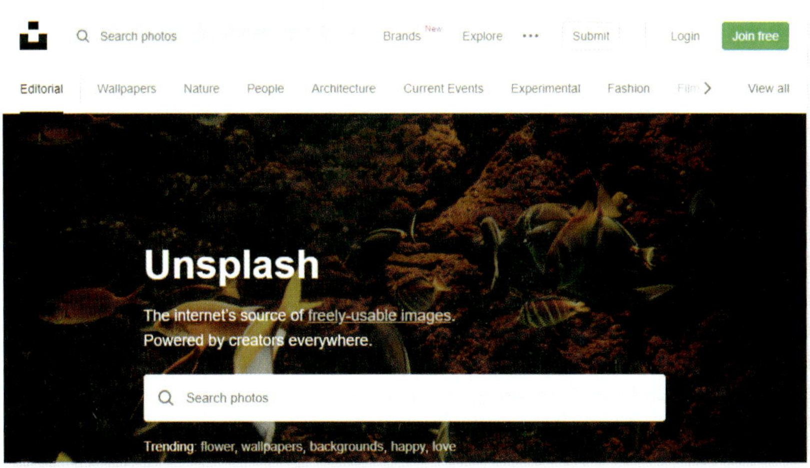

위 그림은 https://unsplash.com/에 접속하면 보는 첫 화면입니다. 언스플래쉬 사이트는 고화질 이미지를 무료로 사용할 수 있는 사이트입니다. 이 사이트는 간단한 API를 제공하고 있기에 랜덤이미지를 쉽게 구현할 수 있습니다.

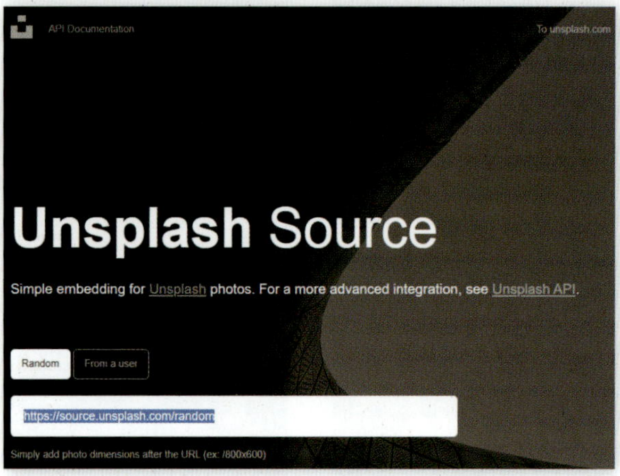

언스플래쉬에서는 https://source.unsplash.com/를 통해 랜덤이미지 검색을 쉽게 사용할 수 있도록 제공하고 있습니다. 위 그림의 URL을 통해 랜덤사진을 불러옵니다.

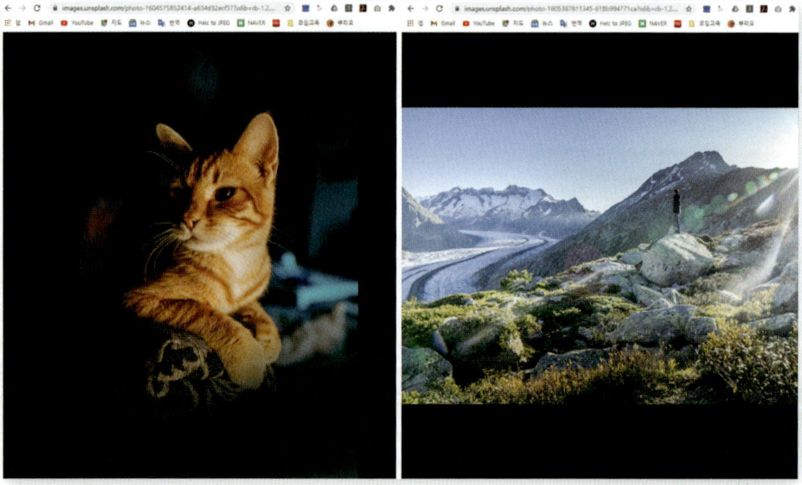

https://source.unsplash.com/random을 브라우저로 접속해보면 매번 랜덤사진이 나오는 것을 확인할 수 있습니다. 위 결과는 전체 랜덤 검색의 결과이고, 특정 매개변수를 통해 세부적으로 랜덤사진을 받아올 수 있도록 URL에 사용 가능한 내용을 추가로 제공하고 있습니다. 우리는 이를 사용해서 쉽게 랜덤사진 검색을 만들 수 있습니다.

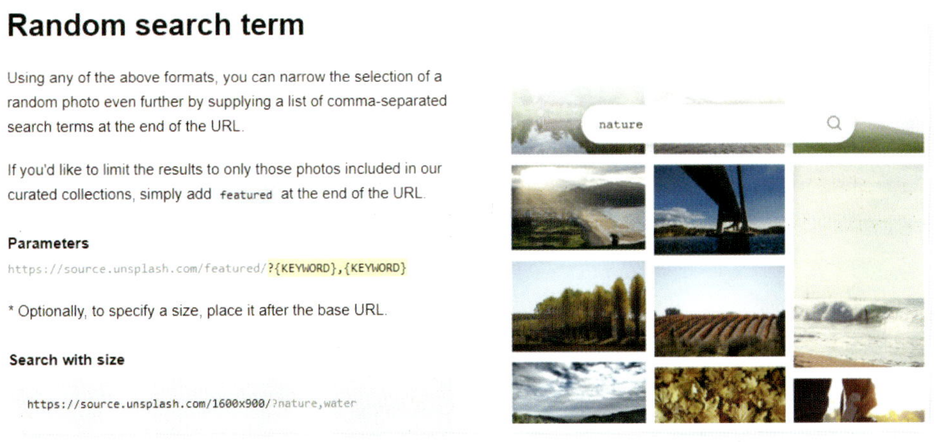

여러 가지 방식 중 특정 키워드를 통해 랜덤사진을 받아오는 기능이 있습니다. "https://source.unsplash.com/featured/?검색키워드"이고 이 검색키워드에 원하는 단어를 입력하면 해당 랜덤 이미지가 나오게 됩니다. 이제 코딩을 시작해봅시다.

우선 먼저 키워드 리스트를 하나 더 만들어야 합니다. 아쉽게도 언스플래쉬에서는 아직 한글을 지원하지 않기 때문에 영어로 된 랜덤리스트가 필요합니다. 위와 같이 "Random_List" 라는 이름의 리스트를 만들고 영어단어로 된 키워드들로 초기값을 만들어줍니다.

언스플래쉬버튼을 클릭하면 먼저 "검색어" 변수를 Random_List 리스트에서 무작위로 하나 지정합니다. 그리고 랜덤사진이름 레이블에 텍스트로 나타내 주고 웹 뷰어를 통해 URL 이동하기를 위와 같이 해줍니다. 여기서 URL을 합치기로 "https://source.unsplash.com/500x600/?"와 "검색어" 변수를 합쳐줍니다. 500 × 600은 사진의 가로, 세로 크기이며

한 화면에 다 나오도록 작게 설정하였습니다. 기기에 따라 커도 되고 더 작아야 할 수도 있습니다.

AI 컴패니언, 에뮬레이터 등으로 연결하고 언스플래쉬랜덤사진 버튼을 클릭하면 랜덤 사진이 잘 나옵니다.(사이트의 처리 속도 때문에 사진이 뜨는데 조금 시간이 걸리기도 합니다). 마지막으로 앱이 처음 실행되었을 때 빈 화면이 나오지 않도록 기본으로 구글랜덤사진 검색을 한번 하도록 코딩해봅시다.

첫 실행 때 구글랜덤사진 검색 코딩

앱이 처음 실행되었을 때 구글랜덤사진 검색을 하도록 하는 것은, 구글랜덤사진 검색 알고리즘을 똑같이 하는 것입니다. 코딩에서 자주 사용되는 알고리즘을 간단히 사용할 수 있도록 하는 개념이 바로 함수입니다. 공통 블록의 함수에서 함수 만들기 블록을 빈 곳으로 가져다 놓습니다. 그리고 이름을 "구글로사진검색"이라고 수정합니다.

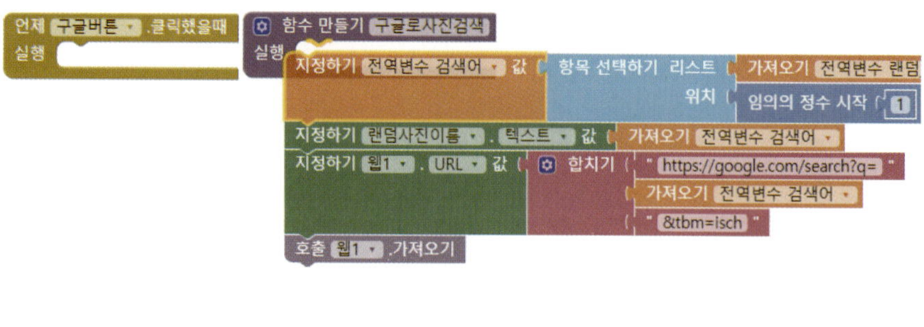

코딩했던 구글랜덤사진검색 코드의 알고리즘을 빼내어 구글로사진검색에 결합해줍니다.

구글로사진검색 함수는 함수 블록 모음 맨 아래에 추가됩니다. 이를 원래 구글버튼 클릭했을때 이벤트에 결합해줍니다.

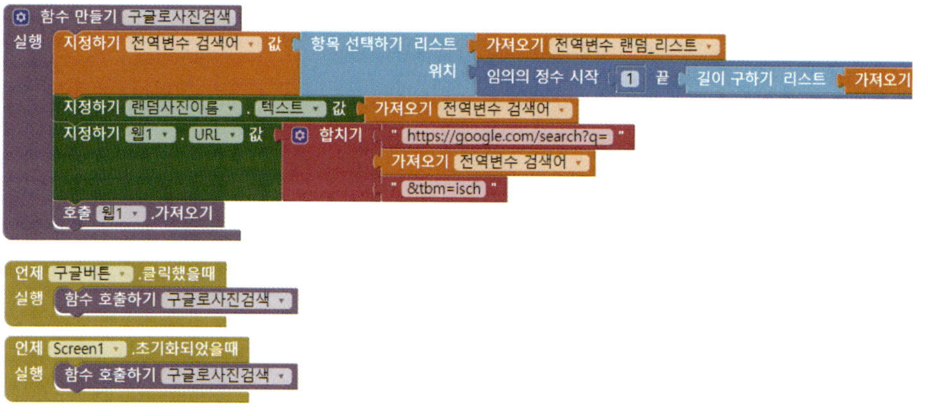

Screen이 초기화되었을때 이벤트 블록에도 구글로사진검색 함수를 호출하도록 합니다.

랜덤 이미지를 보여주는 앱 코딩을 완료하였습니다.

완성코드

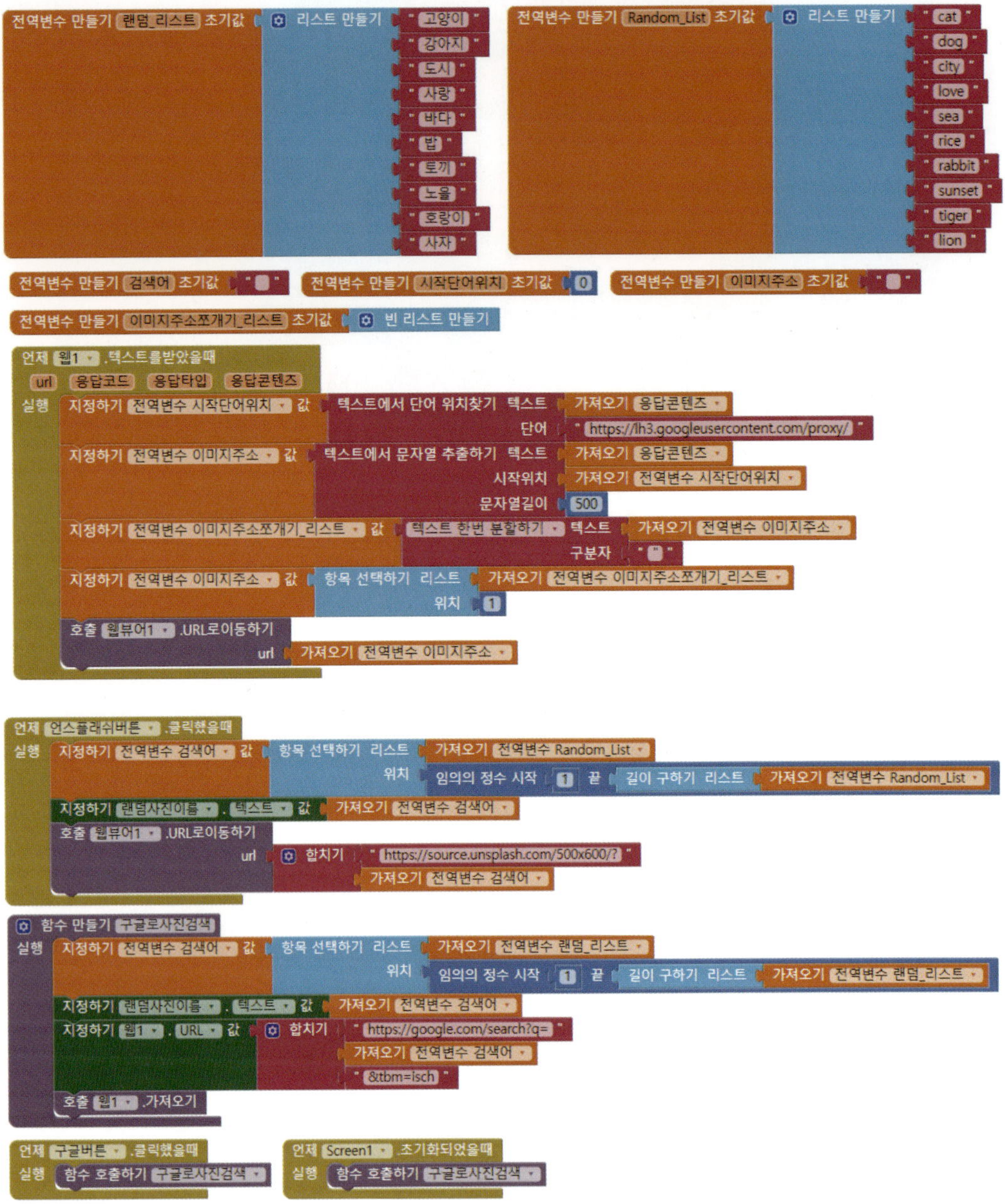

전역변수 만들기 랜덤_리스트 초기값 리스트 만들기 " 고양이 " " 강아지 " " 도시 " " 사랑 " " 바다 " " 밥 " " 토끼 " " 노을 " " 호랑이 " " 사자 "
전역변수 만들기 Random_List 초기값 리스트 만들기 " cat " " dog " " city " " love " " sea " " rice " " rabbit " " sunset " " tiger " " lion "
전역변수 만들기 검색어 초기값 " "
전역변수 만들기 시작단어위치 초기값 0
전역변수 만들기 이미지주소 초기값 " "
전역변수 만들기 이미지주소쪼개기_리스트 초기값 빈 리스트 만들기
언제 웹1 .텍스트를받았을때
url 응답코드 응답타입 응답콘텐츠
실행 지정하기 전역변수 시작단어위치 값 텍스트에서 단어 위치찾기 텍스트 가져오기 응답콘텐츠
단어 " https://lh3.googleusercontent.com/proxy/ "
지정하기 전역변수 이미지주소 값 텍스트에서 문자열 추출하기 텍스트 가져오기 응답콘텐츠
시작위치 가져오기 전역변수 시작단어위치
문자열길이 500
지정하기 전역변수 이미지주소쪼개기_리스트 값 텍스트 한번 분할하기 텍스트 가져오기 전역변수 이미지주소
구분자 " "
지정하기 전역변수 이미지주소 값 항목 선택하기 리스트 가져오기 전역변수 이미지주소쪼개기_리스트
위치 1
호출 웹뷰어1 .URL로이동하기
url 가져오기 전역변수 이미지주소
언제 언스플래쉬버튼 .클릭했을때
실행 지정하기 전역변수 검색어 값 항목 선택하기 리스트 가져오기 전역변수 Random_List
위치 임의의 정수 시작 1 끝 길이 구하기 리스트 가져오기 전역변수 Random_List
지정하기 랜덤사진이름 . 텍스트 값 가져오기 전역변수 검색어
호출 웹뷰어1 .URL로이동하기
url 합치기 " https://source.unsplash.com/500x600/? "
가져오기 전역변수 검색어
함수 만들기 구글로사진검색
실행 지정하기 전역변수 검색어 값 항목 선택하기 리스트 가져오기 전역변수 랜덤_리스트
위치 임의의 정수 시작 1 끝 길이 구하기 리스트 가져오기 전역변수 랜덤_리스트
지정하기 랜덤사진이름 . 텍스트 값 가져오기 전역변수 검색어
지정하기 웹1 . URL 값 합치기 " https://google.com/search?q= "
가져오기 전역변수 검색어
" &tbm=isch "
호출 웹1 .가져오기
언제 구글버튼 .클릭했을때
실행 함수 호출하기 구글로사진검색
언제 Screen1 .초기화되었을때
실행 함수 호출하기 구글로사진검색

더 해보기

랜덤 이미지 보여주기 앱을 개발하면서 배운 내용 중 중요하게 기억해야 할 내용은 다수의 정보를 저장하는 리스트, 자주 쓰는 알고리즘을 하나로 만들어두고 호출해서 쓰는 함수입니다. 두 내용은 이후 예제에서도 많이 쓰이는 개념이므로 잘 숙지하도록 합시다.

언스플래쉬랜덤사진 함수로 만들기

초기화면 내용을 구글랜덤사진 검색으로 하였습니다. 언스플래쉬랜덤사진 검색도 함수로 만들어보도록 하고 초기화면을 언스플래쉬랜덤사진으로 설정하도록 바꿔봅시다.

05 간단한 메모장 앱 만들기

프로젝트 주제

간단한 메모를 기록하는 앱을 구현합니다. 앞서 배운 리스트를 또 사용해보고 TinyDB라는 내부 저장소를 사용해 앱을 종료하여도 기록한 데이터가 보관되도록 합니다.

프로젝트 둘러보기

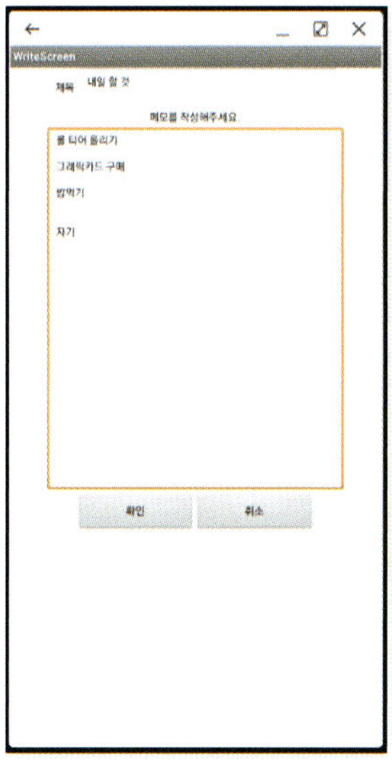

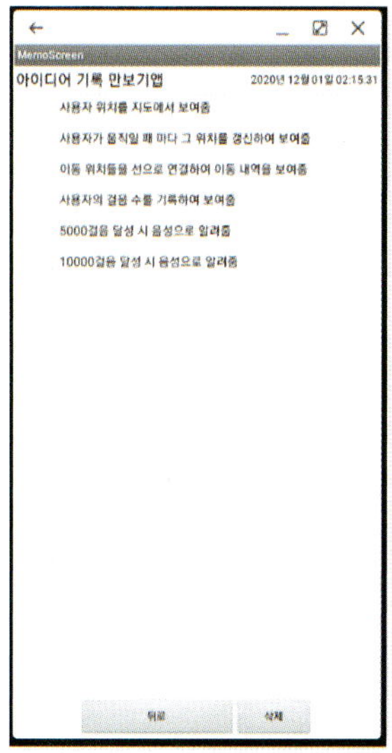

1. 실행 시 저장된 메모리스트를 화면에 목록으로 보여줍니다.
2. 메모 작성으로 신규 메모를 작성하고 저장할 수 있습니다.
3. 메모리스트에서 제목을 선택하면 메모 내용을 볼 수 있습니다.

사용되는 컴포넌트

이번에는 총 3개의 화면을 만들 것입니다. 따라서 컴포넌트 구성도 화면별로 살펴보겠습니다.

Screen1

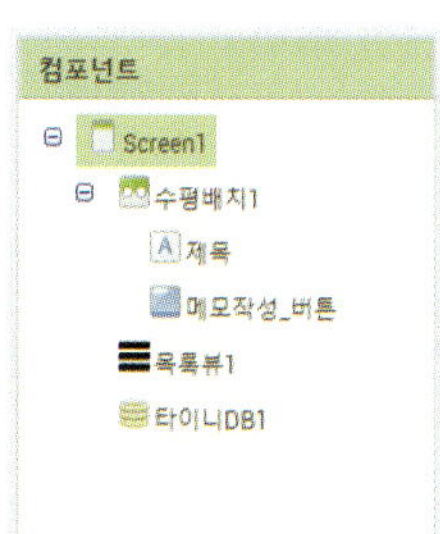

이름	컴포넌트	기능
제목	제목	"나만의 메모장" 텍스트 출력
메모작성_버튼	메모작성_버튼	메모 작성 화면으로 이동하는 버튼
목록뷰1	목록뷰1	메모 목록을 리스트로 출력
타이니DB1	타이니DB1	사용자가 기록한 메모를 저장하는 내부 저장소

WriteScreen

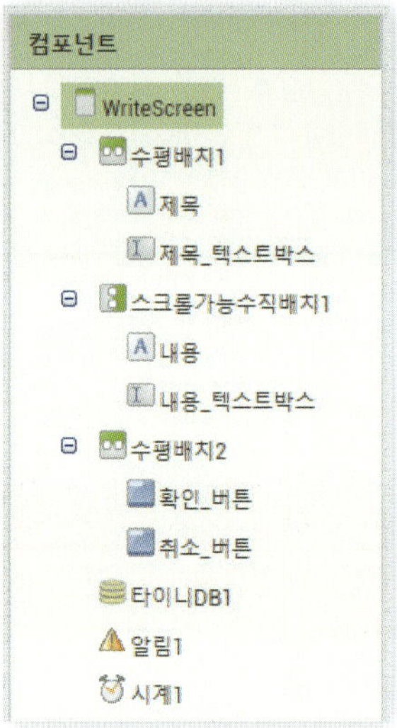

이름	컴포넌트	기능
제목	제목	"제목" 텍스트 출력
제목_텍스트박스	제목_텍스트박스	메모 제목을 입력하는 텍스트박스
내용	내용	"메모를 작성해 주세요." 텍스트 출력
내용_텍스트박스	내용_텍스트박스	메모 내용을 입력하는 텍스트박스
확인_버튼	확인_버튼	메모 작성을 완료하는 버튼
취소_버튼	취소_버튼	메모 작성을 취소하는 버튼
타이니DB1	타이니DB1	사용자가 기록한 메모를 저장하는 내부 저장소
알림1	알림1	다이얼로그 기능으로 메모 작성을 한번 더 확인
시계1	시계1	메모 작성 시간을 저장하기 위한 기능

MemoScreen

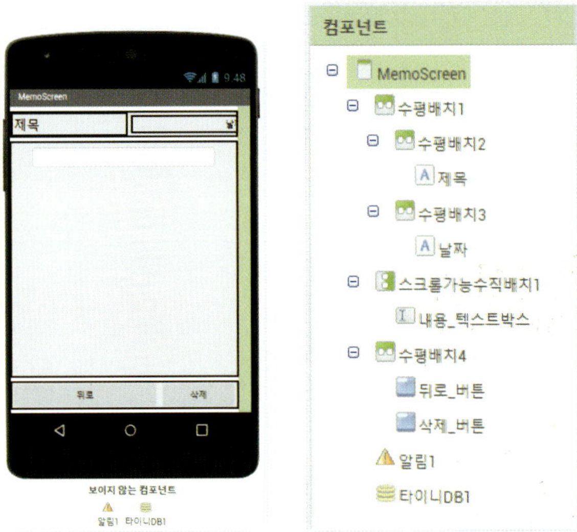

이름	컴포넌트	기능
제목	제목	메모의 제목을 출력
날짜	날짜	메모의 작성 날짜를 출력
내용_텍스트박스	내용_텍스트박스	메모 내용을 출력하는 텍스트박스
뒤로_버튼	뒤로_버튼	메모리스트 화면으로 돌아가는 버튼
삭제_버튼	삭제_버튼	작성된 메모를 삭제하는 버튼
타이니DB1	알림1	사용자가 기록한 메모를 저장하는 내부 저장소
알림1	타이니DB1	메모 삭제 시 한번 더 확인하기 위한 알림

컴포넌트 설계

이제 충분히 컴포넌트 구성은 잘할 수 있을 테니 메모장 앱 만들기의 컴포넌트 설계는 간략히 나타내보겠습니다.

Screen1 컴포넌트 설계

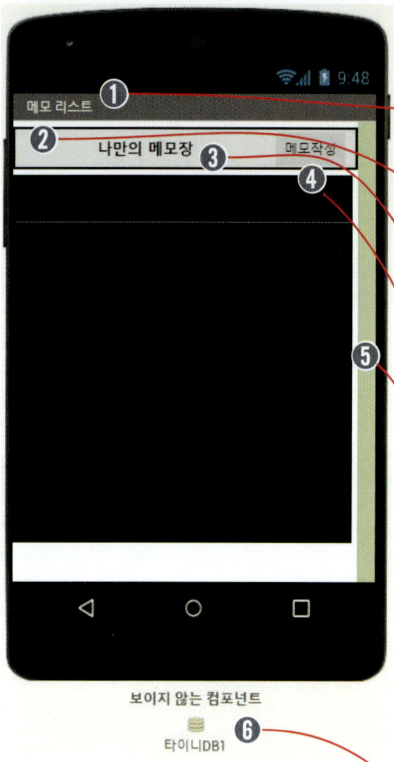

순서	추가하는 컴포넌트	내용
❶	Screen1	**Screen1** 수평정렬: 가운데 앱이름: MeMoApp 제목: 메모 리스트
❷	Screen1 › 수평배치1	**수평배치1** 수평정렬: 가운데 수직정렬: 가운데 너비: 부모 요소에 맞추기
❸	Screen1 › 수평배치1 › 제목	**제목** 글꼴크기: 16 너비: 70 퍼센트 텍스트: 나만의 메모장 텍스트정렬: 가운데
❹	Screen1 › 수평배치1 › 제목, 메모작성_버튼	**메모작성_버튼** 너비: 20 퍼센트 텍스트: 메모작성
❺	Screen1 › 수평배치1 › 제목, 메모작성_버튼 / 목록뷰1	**목록뷰1** 높이: 80 퍼센트
❻	Screen1 › 수평배치1 › 제목, 메모작성_버튼 / 목록뷰1 / 타이니DB1	**타이니DB1** 네임스페이스: MemoDB

WriteScreen 컴포넌트 설계 1

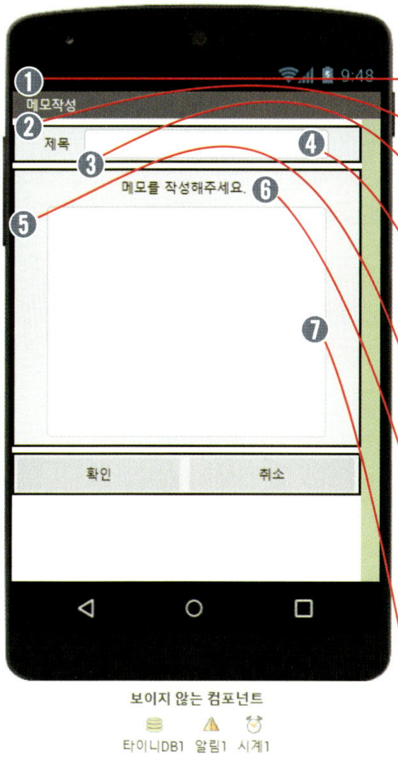

순서	추가하는 컴포넌트	내용
❶	WriteScreen	**WriteScreen** 제목: 메모작성
❷	WriteScreen 수평배치1	**수평배치1** 수평정렬: 가운데 수직정렬: 가운데 너비: 부모 요소에 맞추기
❸	WriteScreen 수평배치1 제목	**제목** 텍스트: 제목
❹	WriteScreen 수평배치1 제목 제목_텍스트박스	**제목_텍스트박스** 너비: 70 퍼센트 힌트: 공백
❺	WriteScreen 수평배치1 제목 제목_텍스트박스 스크롤가능수직배치1	**스크롤가능수직배치 1** 수평정렬: 가운데 너비: 부모 요소에 맞추기
❻	WriteScreen 수평배치1 제목 제목_텍스트박스 스크롤가능수직배치1 내용	**내용** 텍스트: 메모를 작성해주세요.
❼	WriteScreen 수평배치1 제목 제목_텍스트박스 스크롤가능수직배치1 내용 내용_텍스트박스	**내용_텍스트박스** 높이: 50 퍼센트 너비: 80 퍼센트 힌트: 공백 텍스트: 공백

WriteScreen 컴포넌트 설계 2

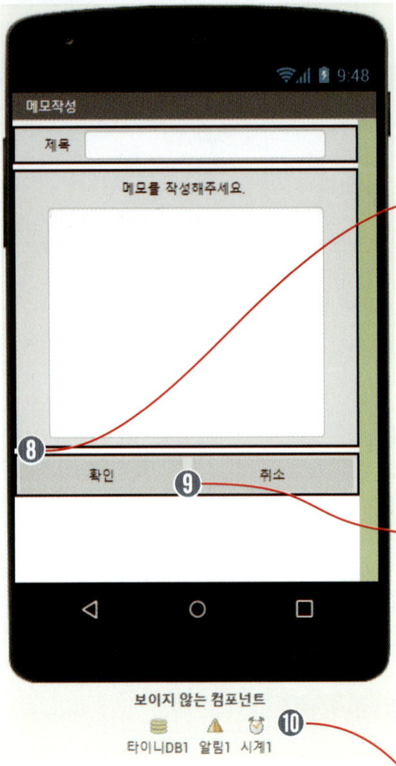

순서	추가하는 컴포넌트	내용
8	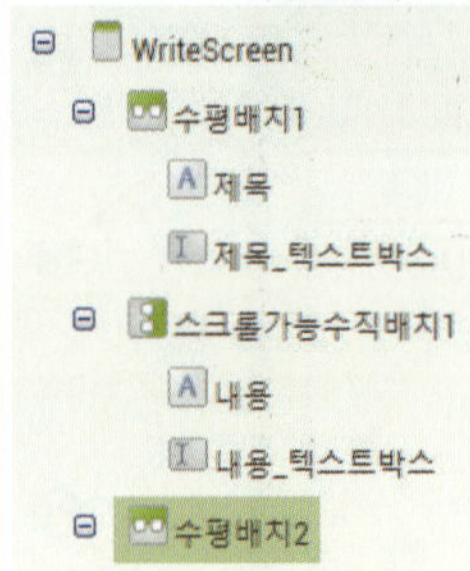	**수평배치2** 수평정렬: 가운데 너비: 부모 요소에 맞추기
9	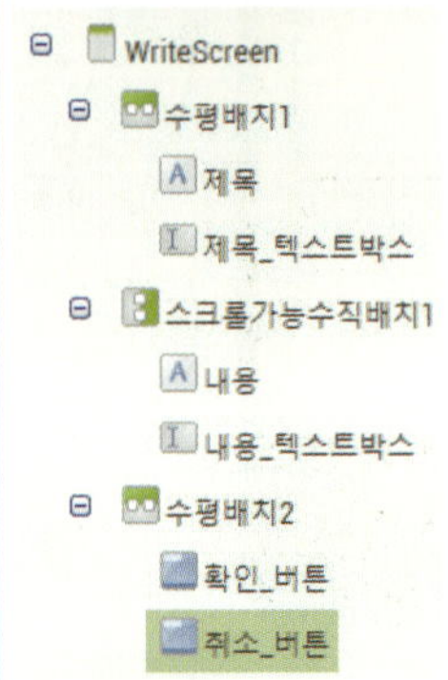	**확인_버튼** 너비: 150 픽셀 텍스트: 확인 **취소_버튼** 너비: 150 픽셀 텍스트: 취소
10	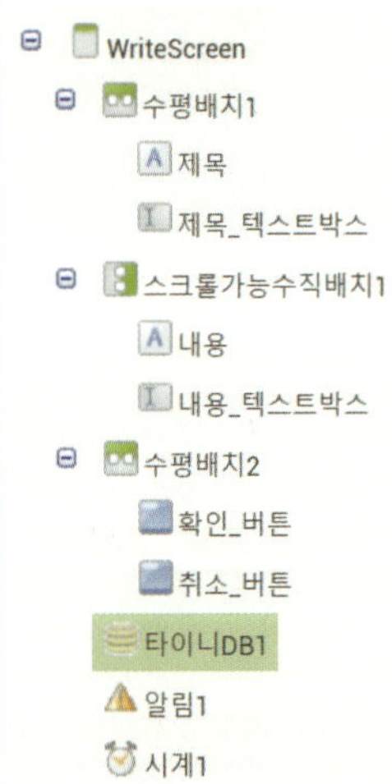	**타이니DB1** 네임스페이스: MemoDB

WriteScreen 컴포넌트 설계 2

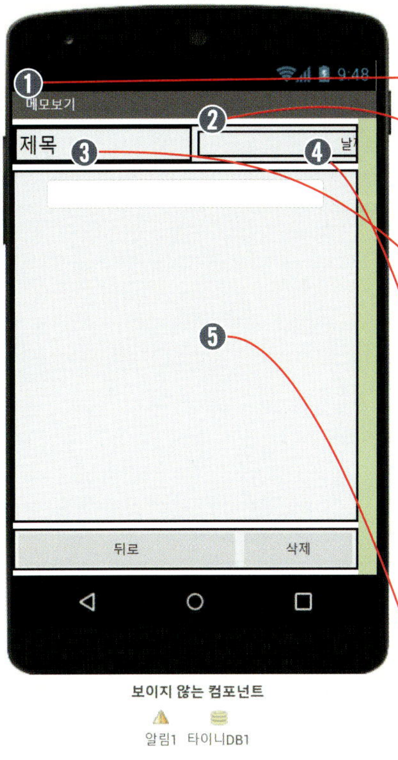

순서	추가하는 컴포넌트	내용
❶	MemoScreen	**MemoScreen** 제목: 메모보기
❷	MemoScreen 수평배치1	**수평배치1** 수평정렬: 가운데 수직정렬: 가운데 너비: 부모 요소에 맞추기
❸	MemoScreen 수평배치1 수평배치2 제목	**수평배치2** 너비: 50 퍼센트 **제목** 글꼴크기: 20
❹	MemoScreen 수평배치1 수평배치2 제목 수평배치3 날짜	**수평배치3** 수평정렬: 오른쪽 수직정렬: 가운데 너비: 50 퍼센트 **날짜** 텍스트: 날짜
❺	MemoScreen 수평배치1 수평배치2 제목 수평배치3 날짜 스크롤가능수직배치1 내용_텍스트박스	**스크롤가능수직배치1** 수평정렬: 가운데 높이: 부모 요소에 맞추기 너비: 부모 요소에 맞추기 **내용_텍스트박스** 글꼴크기: 16 너비: 80 퍼센트 여러줄: 참(체크) ReadOnly: 참(체크) 텍스트: 공백

MemoScreen 컴포넌트 설계 2

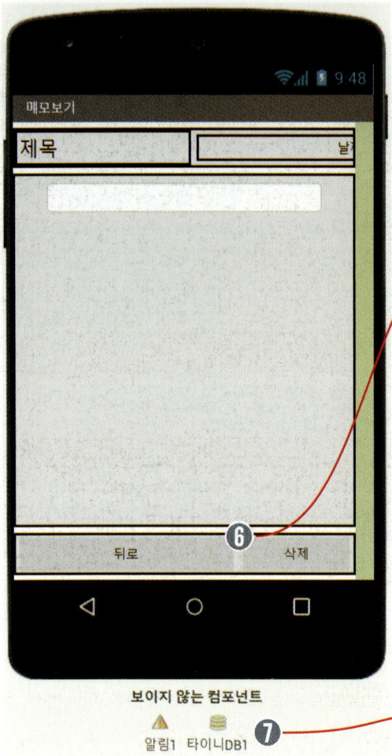

순서	추가하는 컴포넌트	내용
❻	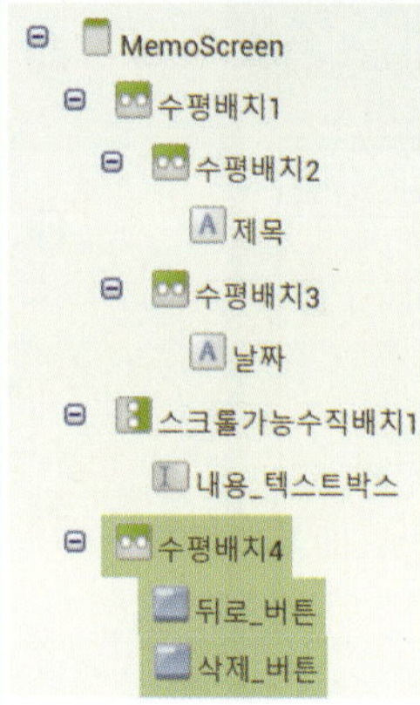	**수평배치4** 너비: 부모 요소에 맞추기 **뒤로_버튼** 너비: 200 픽셀 텍스트: 뒤로 **삭제_버튼** 너비: 100 픽셀 텍스트: 삭제
❼	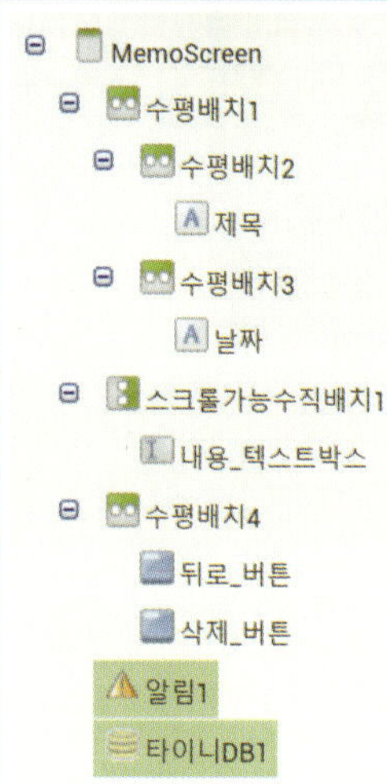	**타이니DB1** 네임스페이스: MemoDB

프로젝트 개발

네트워크 없이 사용자의 데이터가 영구 저장되는 앱들은 대부분 내부 저장소를 사용합니다. 메모장 앱 만들기를 개발해보며 내부 저장소 개념을 습득해봅시다.

개발 순서는 다음과 같습니다.

1. 메모 작성 및 저장 (WriteScreen) - 데이터가 먼저 저장되어야 하기 때문
2. 저장된 메모 리스트 보여주기 (Screen1) - 저장된 데이터가 있어야 하기 때문
3. 메모 보기 (MemoScreen) - 리스트에서 선택한 항목을 출력해야 하기 때문

메모 작성 및 저장 코딩

메모 작성의 알고리즘은 간단합니다. 제목을 작성하고 내용을 작성합니다. 확인 버튼을 누르면 현재시간 기준으로 작성한 메모 정보를 저장합니다. 메모의 저장은 앱이 종료되어도 기록될 수 있도록 TinyDB를 사용할 것입니다. 이 알고리즘을 코딩하기 전에 먼저 TinyDB에 대해 간단히 알아봅시다.

TinyDB

정보를 저장하는 변수 및 리스트는 앱이 실행되는 시점에 지정한 값으로 초기화되고 앱을 사용하는 동안에만 사용됩니다. 변수와 리스트는 앱이 종료되면 모든 정보가 사라집니다. 하지만 TinyDB 내부 저장소를 사용하면 앱이 종료되어도 정보를 영구적으로 저장할 수 있습니다.

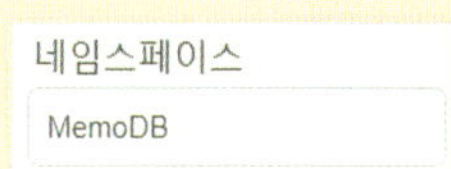

TinyDB는 작성된 네임스페이스 이름으로 정보를 저장할 공간을 만듭니다. 메모장 앱 만들기에서는 TinyDB 네임스페이스 이름을 "MemoDB"라고 작성하였습니다. 때문에 "MemoDB"이름의 저장소를 오로지 메모장 앱에서만 사용할 수 있도록 만듭니다. 다른 앱에서 이 저장소를 사용할 수 없습니다. 지정된 네임스페이스를 찾는 기능은 없으므로 잊어버리지 않도록 주의해야 합니다.

학번(태그)	이름	학년	연락처	이메일
2020**23	호랑이	1	123-1234-5678	tiger@aaa.com
2020**28	고양이	3	213-2134-6578	cat@aaa.com
2020**15	강아지	2	312-3124-7568	puppy@aaa.com
2020**86	토끼	4	321-4123-8567	rabbit@aaa.com

TinyDB의 데이터 저장 구조는 위 표와 같은 형태입니다. 하나의 정보를 저장소(데이터베이스)에 선 레코드라고 부르며 레코드의 각 항목을 필드라 부릅니다. 학번 필드는 중복될 수 없는 값이므로

키(Key)값이라 합니다. 앱인벤터에서는 키와 비슷한 개념으로 사용하는 것을 태그(Tag)라 합니다. 태그를 기준으로 값들을 저장할 수 있고 불러와 사용할 수 있습니다.

값저장하기 블록으로 해당 태그에 저장할 값을 저장합니다. 단일 정보를 저장할 수도 있고 여러 개의 값을 리스트로 저장할 수도 있습니다. 만약 네임스페이스에 똑같은 태그가 있다면 원래있던 정보를 덮어쓰게 됩니다. 따라서 신규 데이터가 있다면 원래 태그값을 불러온 뒤 새로운 정보를 더하여 다시 저장해야 합니다.

값가져오기 블록은 태그를 기준으로 값을 불러와 사용할 수 있습니다. 찾는 태그가 없을 경우 사용자가 임의로 작성한 내용을 반환하도록 합니다.

태그가져오기 블록은 네임스페이스에 저장된 모든 태그를 리스트로 가져옵니다. TinyDB는 전체 태그를 가져온 뒤 원하는 태그에 해당하는 값들을 불러와 사용하는 등으로 사용할 수 있습니다.

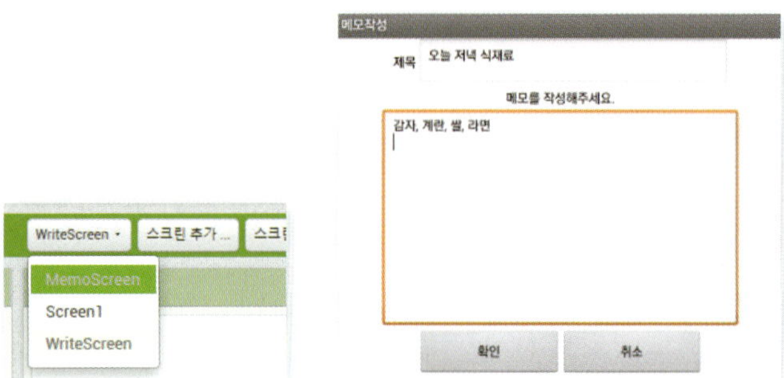

먼저 스크린버튼을 클릭해 MemoScreen으로 이동합니다. 코딩하기 전에 메모 작성 알고리즘을 간략하게 보면 아래와 같습니다.

1. 제목 입력
2. 메모 내용 입력
3. **확인 클릭**(제목과 내용 입력 여부를 확인해야 함)
4. TinyDB에 정보 저장

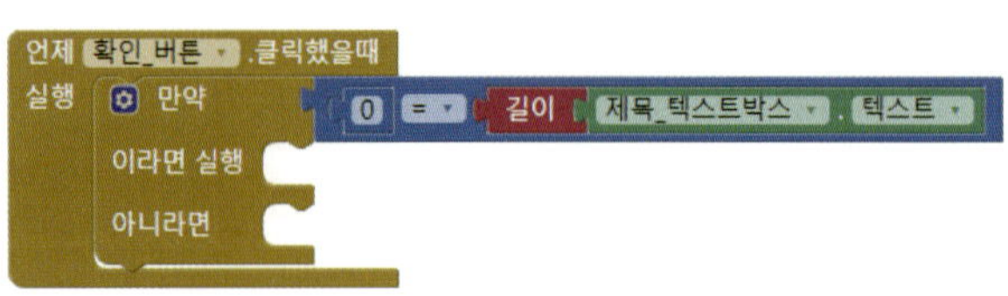

제목과 내용은 빈 내용이면 안 되므로 입력 여부를 확인하는 과정을 코딩해야 합니다. 먼저 확인_버튼을 클릭했을 때 제목을 작성했는지부터 확인합니다. 제목_텍스트박스의 텍스트 "길이"가 0이라면 작성된 내용이 없다는 뜻이므로 이때 사용자에게 제목을 입력하라는 알림을 줘야 합니다. 여기서 알림 컴포넌트를 간략히 알아봅시다.

알림

알림은 다이얼로그라고 하며 사용자에게 경고, 선택과 같은 알림을 주는 기능입니다.

경고창보이기

경고창보이기는 지정된 알림 내용을 화면 중앙에 일정 시간 뒤에 사라지는 경고창을 보여줍니다.

메시지창보이기

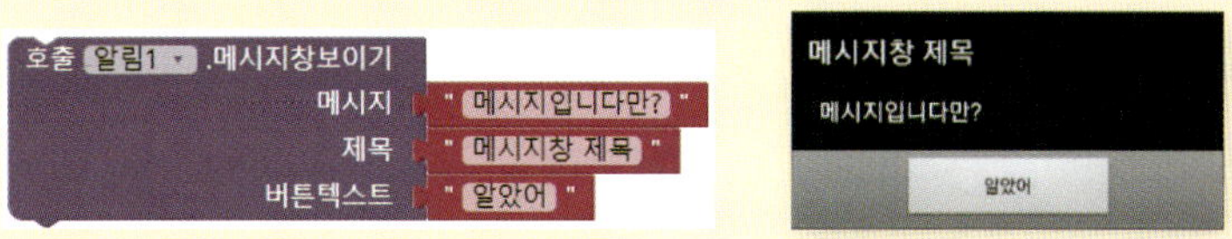

메시지창보이기는 화면 중앙에 다이얼로그를 출력합니다. 메시지 내용을 확인하는 정도의 알림 기능입니다.

선택대화창보이기

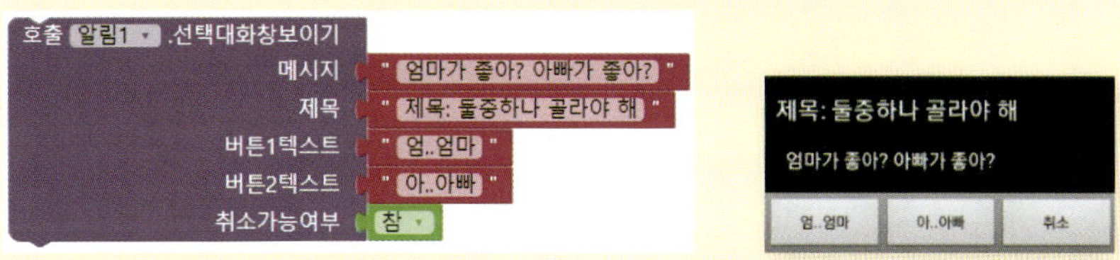

선택대화창도 마찬가지로 화면 중앙에 다이얼로그를 출력합니다. 다만 두 선택지를 사용자에게 고를 수 있도록 합니다. 취소가능여부가 참일 때만 취소 버튼이 출력됩니다.

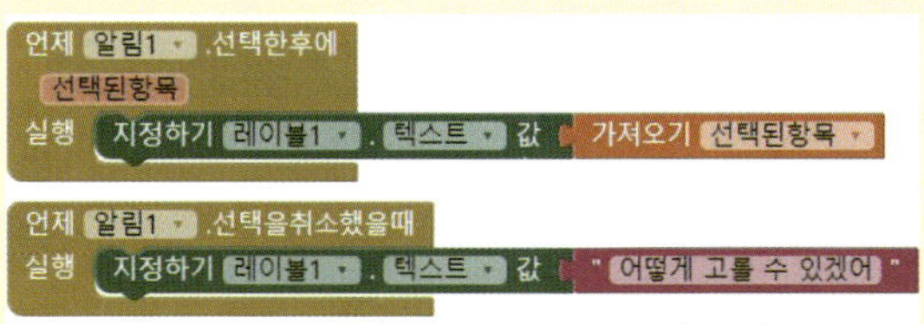

선택대화창보이기는 선택한후에 이벤트와 선택을취소했을때 이벤트를 사용할 수 있습니다(취소 클릭 시 "취소" 내용도 응답으로 보내지므로 두 이벤트는 따로 사용해야 합니다).

텍스트입력창보이기

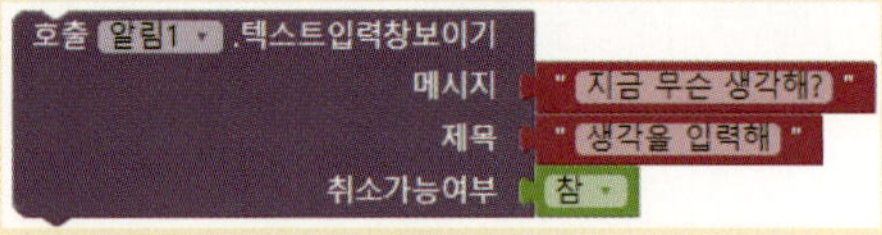

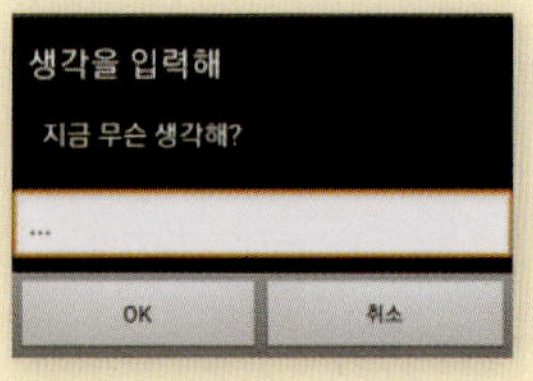

사용자에게 입력을 받는 다이얼로그를 출력합니다. 선택대화창과 마찬가지로 취소가능여부가 참 일때만 취소 버튼이 출력됩니다.

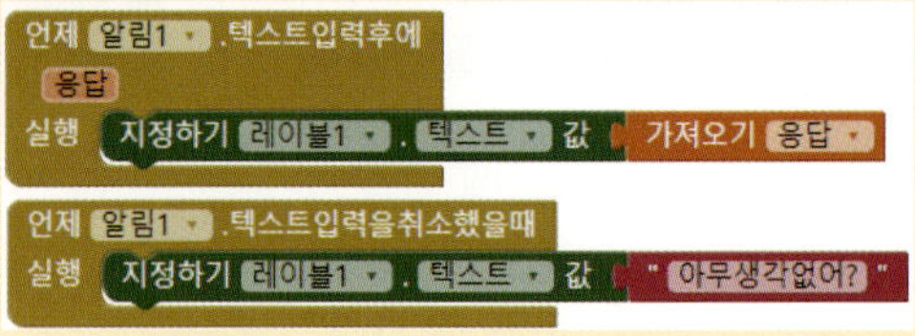

텍스트입력후에 이벤트와 텍스트입력을취소했을때 이벤트를 같이 사용할 수 있습니다(취소 클릭 시 "취소" 내용도 응답으로 보내지므로 두 이벤트는 따로 사용해야 합니다).

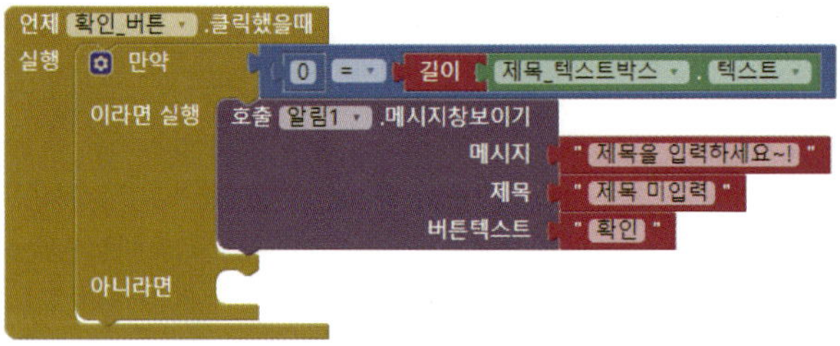

만약 제목_텍스트박스의 텍스트 "길이"가 0이라면 아무것도 입력되지 않은 상태이므로 메시지창보이기로 알림을 주도록 합니다.

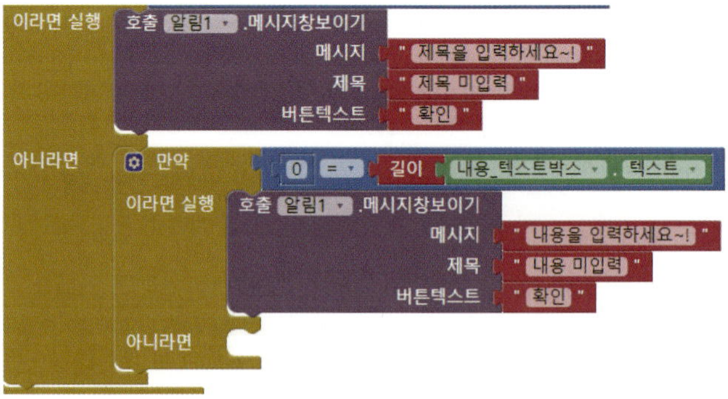

내용 입력도 확인합니다. 아니라면에 똑같이 만약 아니라면 블록을 사용해서 앞의 그림과 같이 제목처럼 내용 입력 확인을 하도록 코딩합니다. 이렇게 하면 첫 번째로 제목 입력을 확인하고, 바로 다음으로 내용 입력까지 확인합니다.

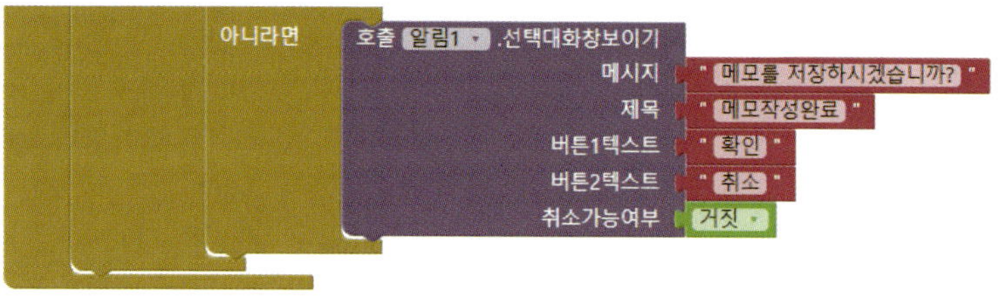

마지막 아니라면은 제목과 내용 모두 입력이 되어야 실행되는 곳이기 때문에 최종적으로 사용자에게 메모 작성 여부를 확인하도록 선택대화창이 나오도록 합니다. 여기서 "취소" 일 때는 작성 화면을 그대로 다시 보여주도록 하고 "확인"을 하면 메시지가 TinyDB에 저장되도록 합시다.

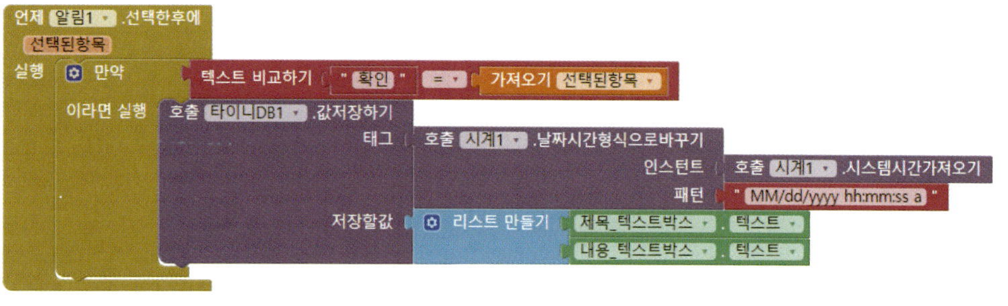

선택한 후에 이벤트에서 먼저 선택된 항목이 "확인"인지를 확인합니다. 메모 작성을 확인한 경우만 메모가 저장돼야 하므로 아니라면이 없는 만약 블록만 사용합니다. "확인"이 맞다면 값을 저장하기로 TinyDB에 메모를 저장합니다. 태그는 현재 시간을 태그값으로 사용합니다. 메모는 같은 제목이 생길 수 있기 때문에 초 단위까지의 정확한 현재 시간을 태그값으로 지정하여 같은 제목이나 내용이 작성될 수 있도록 합니다.

시계 컴포넌트 더 알아보기(날짜시간형식)

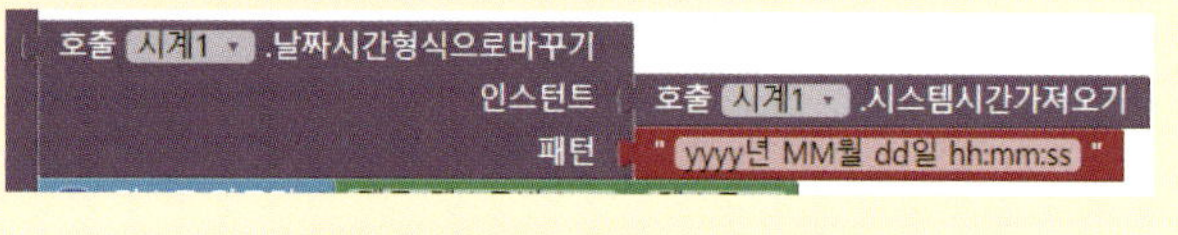

태그값은 현재 시간을 위 코드와 같이 변환시켜서 사용합니다.

인스턴트에는 앱인벤터의 시간 데이터 셋을 지정합니다.

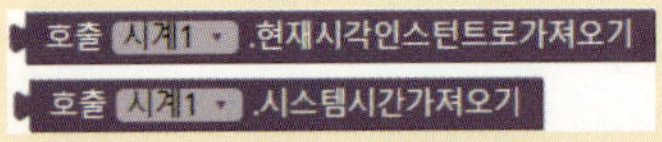

java.util.GregorianCalendar[time=1606873034841,areFieldsSet=true,areAllFieldsSet=true,lenient=true,zone=libcore.util.ZoneInfo[id="Asia/Seoul",mRawOffset=32400000,mEarliestRawOffset=30472000,mUseDst=false,mDstSavings=0,transitions=29],firstDayOfWeek=1,minimalDaysInFirstWeek=1,ERA=1,YEAR=2020,MONTH=11,WEEK_OF_YEAR=49,WEEK_OF_MONTH=1,DAY_OF_MONTH=2,DAY_OF_YEAR=337,DAY_OF_WEEK=4,DAY_OF_WEEK_IN_MONTH=1,AM_PM=0,HOUR=10,HOUR_OF_DAY=10,MINUTE=37,SECOND=14,MILLISECOND=841,ZONE_OFFSET=32400000,DST_OFFSET=0]

시간 데이터셋은 "현재시각인스턴트로가져오기"와 "시스템시간가져오기" 두 가지로 가져올 수 있습니다. 인스턴트를 레이블에 출력해보면 오른쪽과 같이 긴 코드가 나옵니다. 자세히 보면 위치가 서울이고 시간, 분도 있고 다 있지만 이 어려운 내용을 우리가 사용하기 알맞은 날짜 형식으로 바꾸는게 바로 패턴입니다.

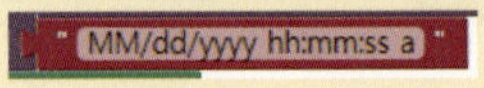

시간인스턴트를 위 패턴의 형식대로 변환해주는 것입니다. 기본으로 입력되어 있는 위 패턴은 "2020년 12월25일12시"를 예로 들면 "12/25/2020 12:00:00 am"이라고 변환됩니다.

형식	의미
yyyy	년도 (네자리 맞춤 2019 2020..)
MM	월 (두자리 맞춤 01 02..)
dd	날짜 (두자리 맞춤 01 02..)
hh	시간표현 1 ~12
HH	시간표현 1 ~24
ss	초
a	오전/ 오후

패턴을 바꿔 보며 날짜가 어떻게 나오는지 확인해보도록 합니다.

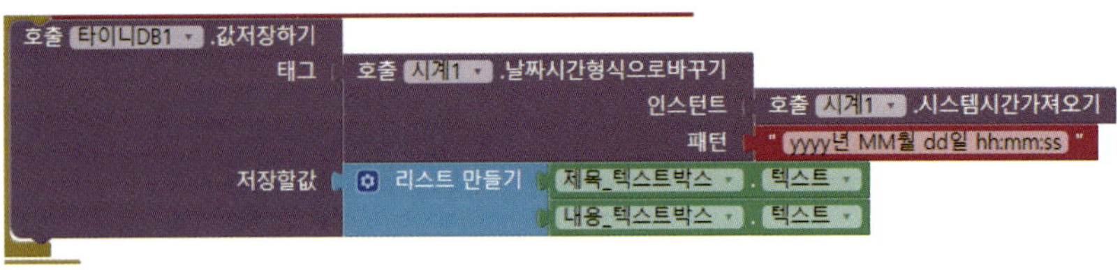

코드에서 패턴을 "yyyy년 MM월 dd일 hh:mm:ss"로 수정합니다. 작성된 메모를 보는 화면에서 메모 작성 날짜를 표현할 것이므로 태그값 저장 시 형식을 맞춰 주도록 합니다. 그리고 저장할 값은 리스트로 만들어 제목과 내용을 값으로 저장합니다.

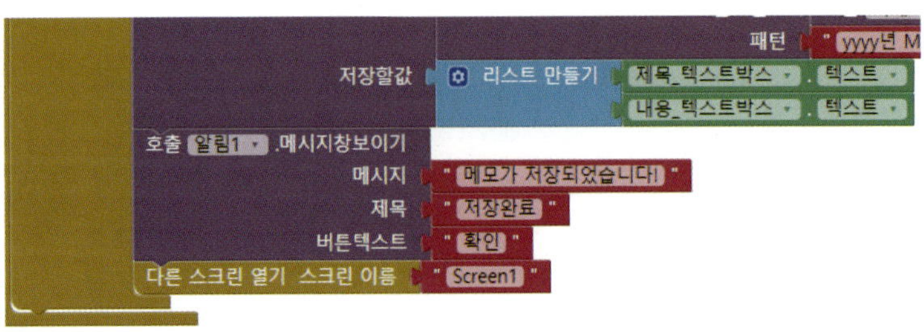

메모를 저장하고 난 뒤 메시지창을 보여주면서 성공적으로 메모가 저장되었음을 사용자에게 알립니다. 그리고 제어 블록의 “다른 스크린 열기” 블록으로 메모 리스트를 보는 화면으로 이동하도록 합니다. 스크린 간 이동은 이 블록을 사용하여 쉽게 할 수 있습니다.

마지막으로 취소_버튼을 클릭하면 다시 메모 리스트 화면으로 이동하도록 하고 메모 작성 코딩을 완료합니다. 여기서 최소 2개 이상의 메모를 저장하도록 합시다!

저장된 메모 리스트 보여주기 코딩

다시 Screen1로 이동하고 저장된 메모를 불러와 보여주도록 코딩해봅시다.

먼저 TinyDB에 저장된 태그를 불러와 저장할 수 있도록 “태그_리스트” 리스트를 만들어줍니다. 그리고 Screen1이 초기화되었을 때 태그가져오기로 태그_리스트를 채워줍니다.

받아온 태그 리스트는 “2020년 12월25일 12:11:12”, “2020년 12월 25일 12:31:05”와 같은 날짜 형식입니다. 메모 리스트에는 제목이 출력 되는 게 적절하기 때문에 제목만 따로 불러와 저장해야 합니다.

위 그림과 같이 반복문을 코딩해줍니다. “각각 반복 [항목] 리스트” 블록은 지정된 리스트를 1번째 항목부터 마지막 항목까지 순서대로 반복하는 것입니다. 따라서 각 항목마다 TinyDB에서 제목을 불러와 저장하도록 합니다.

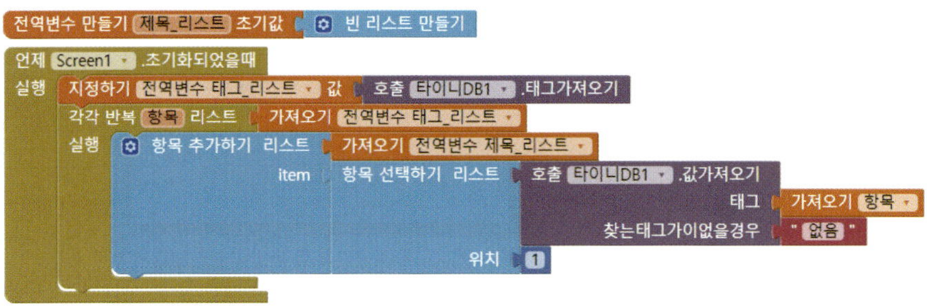

먼저 제목을 저장하는 "제목_리스트" 리스트를 만들어줍니다. 그리고 항목 추가하기로 "제목_리스트"에 "태그_리스트"의 첫 번째 항목부터 TinyDB에서 값을 불러와 "제목_리스트"에 추가합니다. 불러온 값도 마찬가지로 리스트입니다. ["제목", "내용"]으로 저장되어 있으므로 "제목"만 가져오도록 항목 선택하기로 1번째 위치의 값인 "제목"을 가져와 "제목_리스트"에 추가합니다. 이 반복문이 끝나면 "제목_리스트"에는 제목들이 잘 저장됩니다. 만들어진 "제목_리스트"를 목록뷰에 잘 나오도록 하면 됩니다.

목록뷰

목록뷰 컴포넌트는 어떤 항목들을 리스트의 형태로 보여주는 컴포넌트입니다.

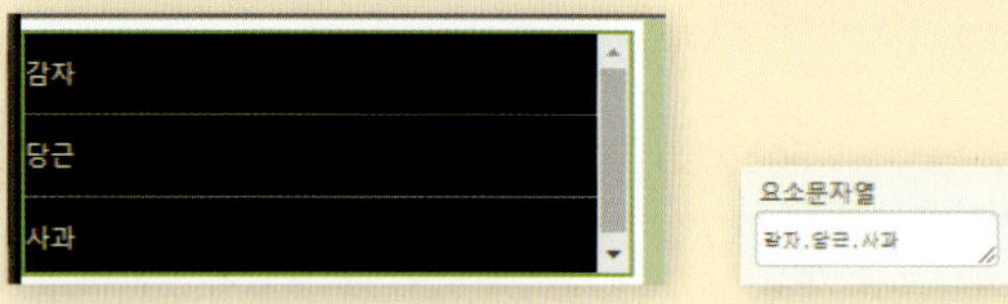

속성 중 "요소문자열"에서 콤마로 구분된 문장을 리스트의 데이터로 사용할 수 있습니다.

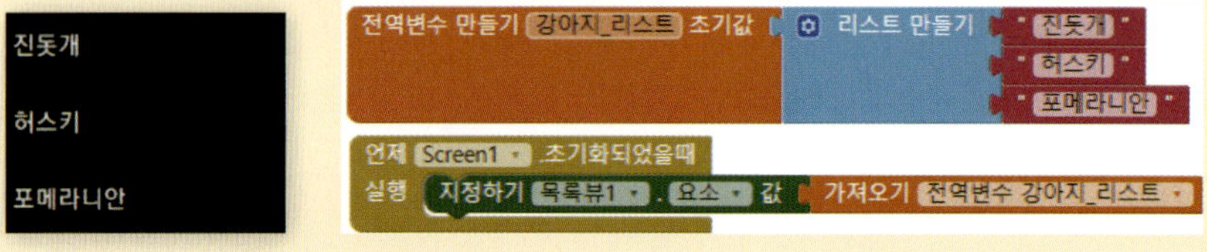

코딩으로 "요소"값에 리스트를 지정하여 리스트를 표현할 수도 있습니다.

리스트는 항목을 선택했을 때 선택된 항목을 데이터로 사용할 수 있습니다. 리스트에 추가될 때는 항목별로 번호가 붙기 때문에 항목번호, 항목 데이터를 사용할 수 있습니다.

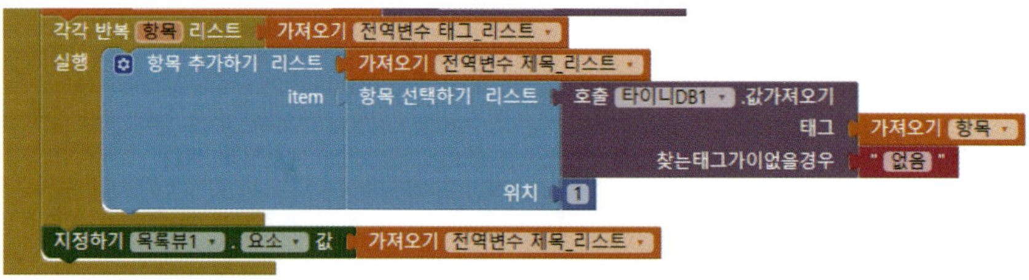

모든 반복이 끝나면 목록뷰 요소로 "제목_리스트"를 지정하여 리스트에 출력합니다.

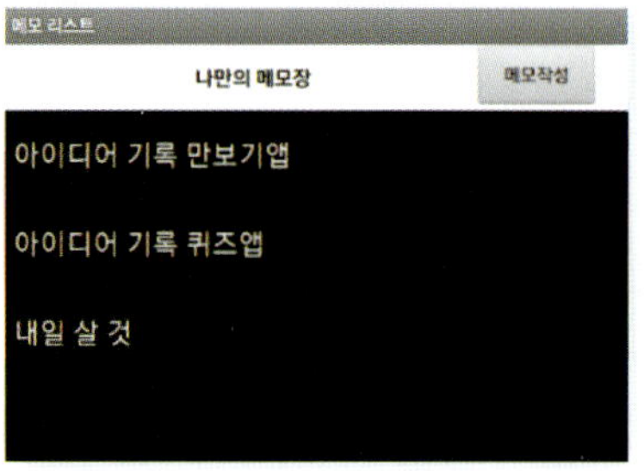

AI 컴패니언 및 에뮬레이터로 확인해보면 저장한 메모가 잘 나오는 것을 볼 수 있습니다. 이제 선택한 항목을 메모 화면에서 내용과 함께 볼 수 있도록 코딩해야 합니다.

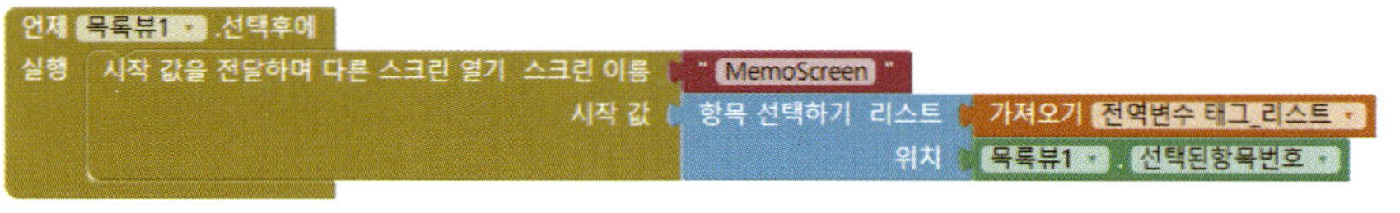

제어 블록에 "시작 값을 전달하며 다른 스크린 열기" 블록이 있습니다. 다른 스크린을 열 때 데이터를 하나 전달할 수 있는 블록입니다. 목록뷰에서 선택한 항목번호와 같은 태그값을 보내도록 위와 같이 코딩합니다.

태그_리스트	
1	2020년 12월25일 12:23:55
2	2020년 12월25일 12:36:02
3	2020년 12월25일 12:44:18

제목_리스트	
1	아이디어 기록 만보기앱
2	아이디어 기록 퀴즈앱
3	내일 살 것

리스트들의 정보는 위와 같이 저장되어 있습니다. 태그 위치와 제목 위치가 일치하므로 "선택된항목번호"를 사용해 "태그_리스트"의 값을 전달하면 해당 메모를 불러와 보여줄 수 있습니다.

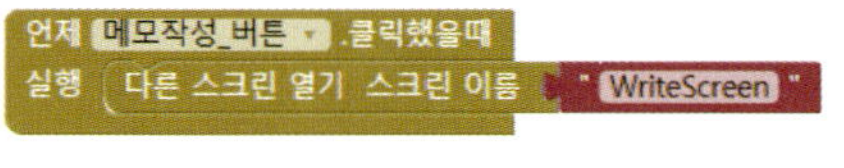

"메모작성_버튼"을 클릭했을 땐 코딩을 완료한 "WirteScreen"으로 이동하도록 합니다. 저장된 메모 리스트 보여주기 코딩을 완료하였습니다.

메모 보기 코딩

마지막으로 선택한 항목의 메모 내용을 보여주는 화면을 코딩합니다.

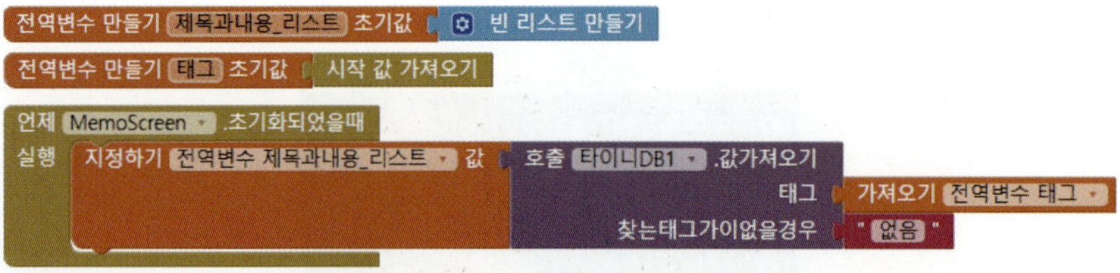

첫 번째로 메모의 제목과 내용이 저장될 "제목과내용_리스트" 리스트를 만듭니다. 다음으로 "태그" 변수를 만들고 앞에서 전달 받은 값인 시작값으로 초기화를 하여 날짜를 저장합니다. 화면이 초기화되었을 때 먼저 "제목과내용_리스트" 리스트에 해당 태그의 값인 제목과 내용을 불러옵니다.

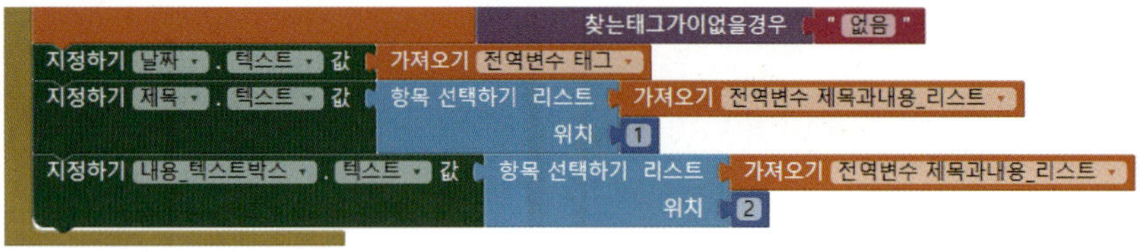

이제 순서대로 날짜, 제목, 내용을 지정합니다. 날짜는 태그값으로 지정하고 제목은 "제목과내용_리스트"의 첫 번째 항목, 두 번째 항목을 내용으로 지정합니다. 이제 마지막으로 "뒤로_버튼"과 "삭제_버튼"을 코딩하고 메모장 앱을 완료합니다.

"뒤로_버튼"을 클릭했을 땐 Screen1로 이동하도록 코딩합니다.

"삭제_버튼"을 클릭하면 먼저 사용자에게 한번 더 확인하는 선택대화창을 출력합니다. 여기서 "네"를 한 경우 메모를 삭제시키도록 합니다.

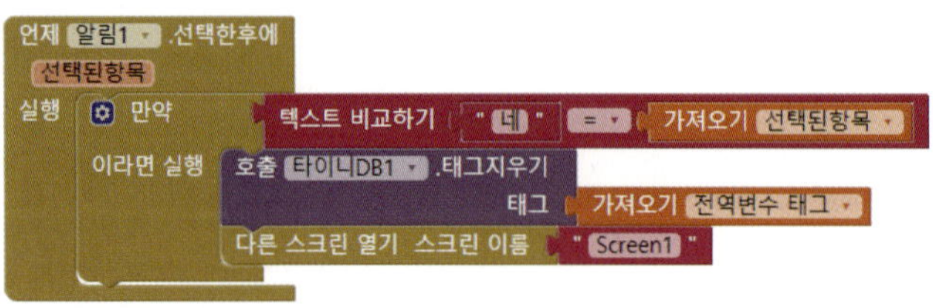

"네"를 클릭한 경우는 TinyDB에서 해당 태그값의 데이터를 삭제합니다. 그리고 바로 Screen1로 다시 이동합니다. 완성된 앱은 빌드를 하고 직접 스마트폰에서 실행해봅시다.

간단한 메모장 앱 코딩을 완료하였습니다.

완성코드(Screen1)

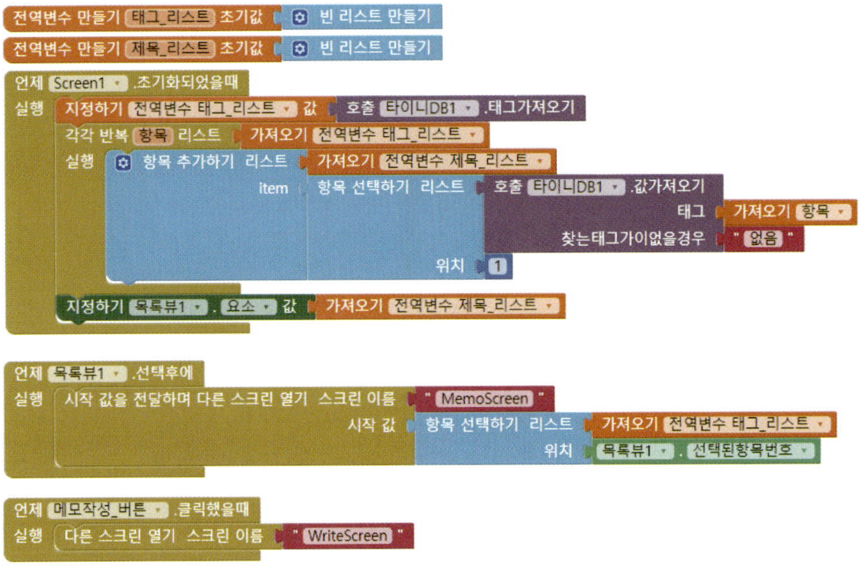

완성코드(WriteScreen)

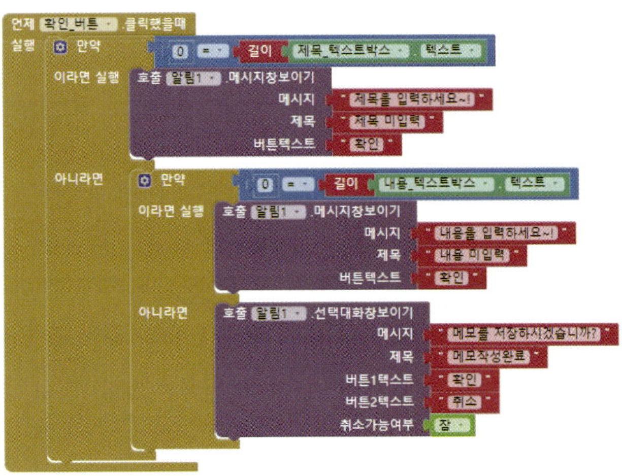

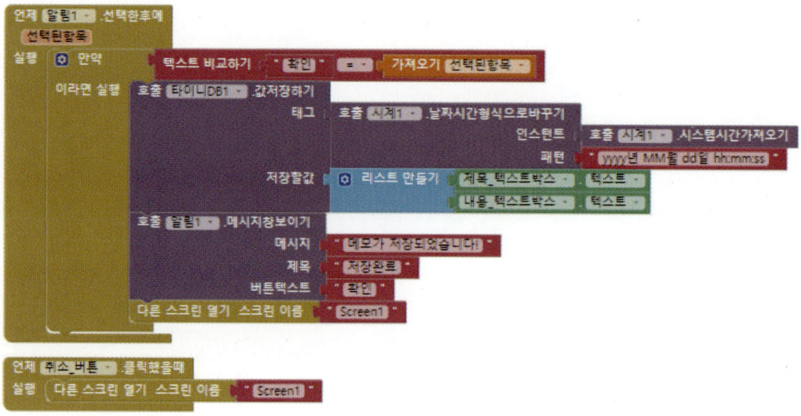

완성코드(MemoScreen)

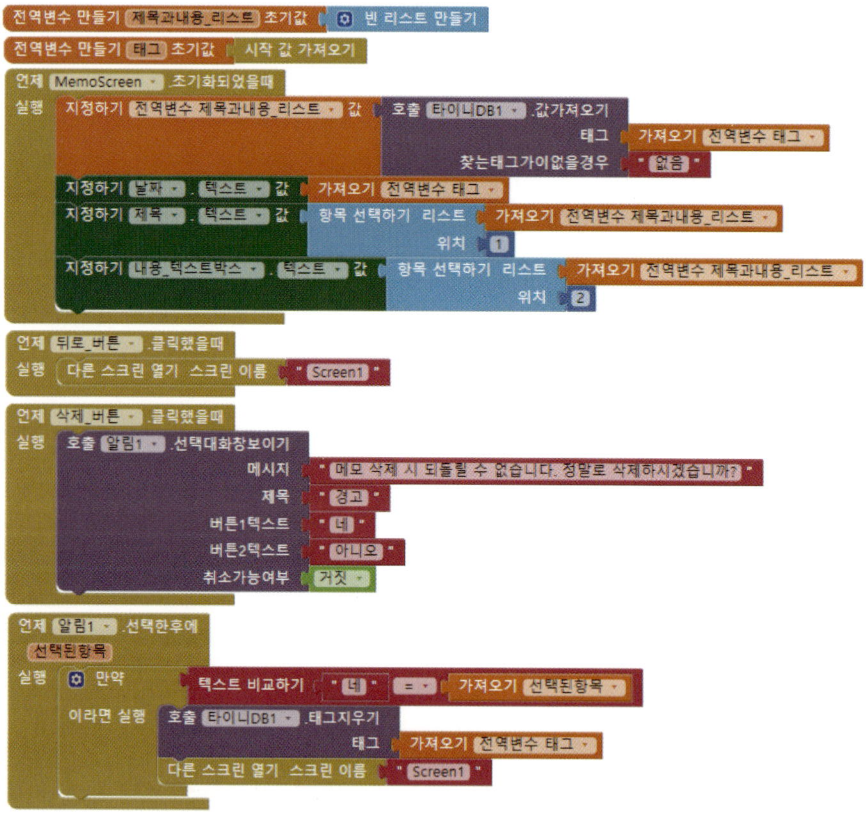

마무리

데이터베이스

이번 프로젝트를 통해 데이터를 영구적으로 저장하여 앱이 종료하더라도 지워지지 않는 저장소, 즉 데이터베이스를 사용해보았습니다. 우리가 구글, 네이버와 같은 웹사이트를 이용할 때 마주하는 모든 정보들은 이 데이터베이스에 저장되어 있다고 볼 수 있습니다. 이 데이터베이스의 개념을 간단히 사용해 보는 게 TinyDB이고 메모장 앱을 통해서 다뤄보았습니다.

사용자의 상호작용을 생각해보자

데이터베이스 사용과 함께 메모장을 개발하면서 중요하게 다뤄진 부분이 바로 알림 컴포넌트입니다. 메모를 추가하거나 삭제할 때 매번 물어보도록 코딩하였습니다. 만약 메모를 삭제할 때 묻지 않고 바로 지웠다면, 혹시나 실수로 클릭했음에도 메모는 삭제됩니다. 코딩에서는 이런 부분을 항상 생각하며 코딩해야 합니다.

06 만보기 앱 만들기

프로젝트 주제

지도를 활용하여 만보기 앱을 만들어봅니다. 지도를 활용해 만들 수 있는 앱이 많습니다. 이번 주제로 지도를 사용해보고 이해해보도록 합니다. 그리고 앱인벤터에서 제공하지 않는 기능을 확장기능을 활용해봅니다.

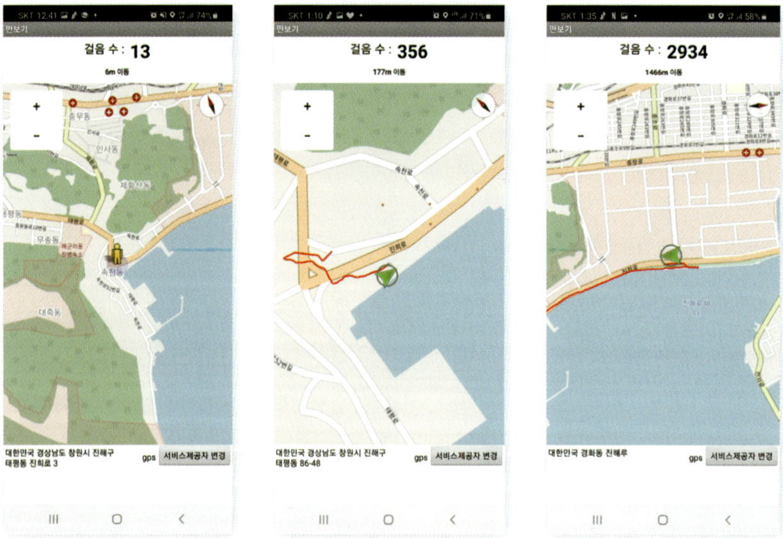

프로젝트 둘러보기

1. 실행 시 현재 위치를 지도에 표시하여 보여줍니다.
2. 스마트폰을 들고 움직이면 이동한 거리가 지도에 그려집니다.
3. 움직일 때마다 걸음 수와 이동 거리를 보여줍니다.
4. 5,000걸음일 때와 10,000걸음일 때 목소리로 알려줍니다.

사용되는 컴포넌트

이번 컴포넌트 중엔 확장기능 컴포넌트가 있습니다. 확장기능은 따로 추가해야 사용할 수 있습니다. 확장기능을 추가하는 방법은 프로젝트 개발 파트에서 다뤄보겠습니다.

이름	컴포넌트	기능
걸음수타이틀	걸음수타이틀	"걸음 수:" 텍스트 출력
걸음수	걸음수	만보기센서의 걸음 값 출력
이동거리	이동거리	만보기센서의 이동거리 값 출력
지도1	지도1	현재 위치의 지도 표시
선연결1	선연결1	사용자의 이동 내역을 선으로 표시
현재 위치주소	현재위치주소	현재 위치의 주소 출력
만보기1	만보기1	걸음수와 이동 거리 측정
음성변환1	음성변환1	텍스트를 음성으로 출력
위치센서1	위치센서1	현재 위치데이터를 실시간으로 수신
AppyKeepScreenOn1	AppyKeepScreenOn1	프로젝트 개발에서 설명

컴포넌트 설계

프로젝트 이름을 Pedometer으로 하여 새 프로젝트를 생성합니다.

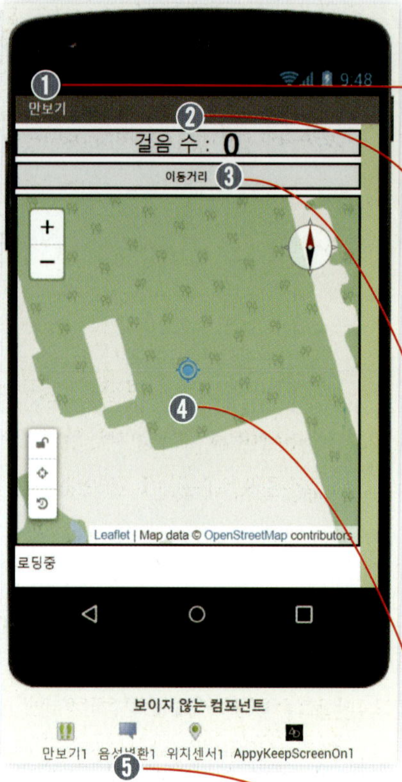

*AppyKeepScreenOn1 컴포넌트는 프로젝트 개발에서 추가합니다.

순서	추가하는 컴포넌트	내용
❶	Screen1	**Screen1** 제목: 만보기
❷	Screen1 수평배치1 걸음수타이틀 걸음수	**수평배치1** 수평정렬, 수직정렬: 가운데 높이: 5 퍼센트 너비: 부모 요소에 맞추기 **걸음수타이틀** 글꼴크기: 20 텍스트: 걸음 수 **걸음수** 글꼴굵게: 체크 글꼴크기: 30 텍스트: 0
❸	Screen1 수평배치1 걸음수타이틀 걸음수 수평배치2 이동거리	**수평배치2** 수평정렬, 수직정렬: 가운데 높이: 5 퍼센트 너비: 부모 요소에 맞추기 **이동거리** 글꼴굵게: 체크 글꼴크기: 12 텍스트: 이동거리
❹	Screen1 수평배치1 걸음수타이틀 걸음수 수평배치2 이동거리 지도1 선연결1	**지도1** 높이: 75 퍼센트 너비: 부모 요소에 맞추기 위치센서: 위치센서1 나침반보이기, 사용자보이기, 줌보이기: 체크 줌레벨: 15 **선연결1** 윤곽선색상: 빨강
❺	현재위치주소 만보기1 위치센서1 음성변환1 시계1	**현재위치주소** 텍스트: 위치 로딩중 **만보기1** 보폭: 0.5 **위치센서1** 시간간격: 0 **시계1** 타이머간격: 100

프로젝트 개발

앱이 실행되면 처음엔 무엇을 해야 하는지부터 순서대로 생각해보면서 그 순서에 맞춰 천천히 하나씩 개발하면 됩니다.

개발 순서는 다음과 같습니다.

1. 지도에 현재 위치 표시하기
2. 걸을 때마다 걸음 수, 이동 거리 출력
3. 5,000걸음 및 10,000걸음일 때 목소리로 알려주기
4. 걸을 때마다 현재 위치와 이동 내역 그리기

현재 위치 표시

1. 위치센서를 통해 현재 위치 정보를 가져온 뒤,
2. 지도에서 해당 위치로 이동해 보여줍니다.

먼저 위치센서와 지도 컴포넌트에 대해 간략히 알아봅시다.

위치센서

GPS(Global Positioning System)는 인공위성을 이용해 자신의 위치를 알 수 있는 시스템입니다. 위치 정보를 사용하는 앱에서는 GPS 기능을 켜두면 현재 위치 등의 정보를 받아올 수 있습니다.

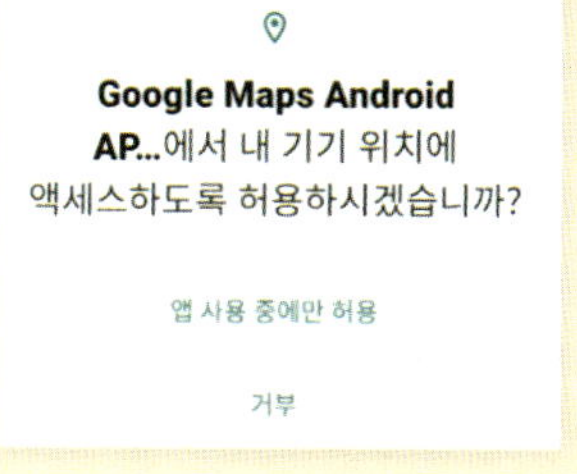

위치 정보는 중요한 개인정보이므로 이와 같은 기능은 권한을 허용해야 합니다. GPS를 사용하는 앱은 항상 액세스 허용 여부를 위와 같이 물어봅니다.

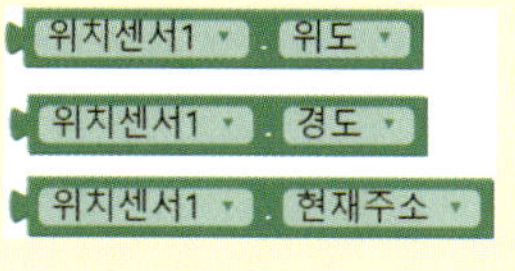

위치센서는 위치에 관한 많은 정보를 제공하고 있습니다. 그 중 위도, 경도, 현재주소 정보를 많이 사용합니다. 위도와 경도는 지도에서 정확한 위치를 나타내는 데이터이고, 현재 위치의 정확한 주소를 현재주소로 사용할 수 있습니다.

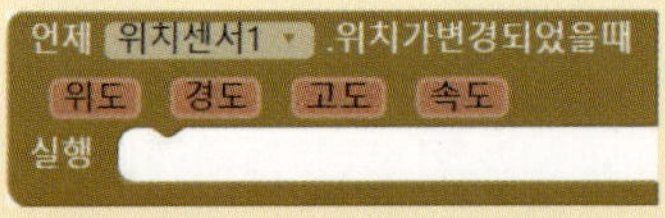

위치가변경되었을때 이벤트는 위치가 변할 때마다 실행됩니다. 위도, 경도, 고도, 속도 데이터를 사용할 수 있습니다.

지도

지도는 OpenStreetMap과 미국 지질 조사국에서 제공하는 데이터로 표현됩니다. 건물과 도로 등을 타일로 표현하여 사용자에게 지도 정보를 제공합니다. 지도 컴포넌트에서 사용할 수 있는 정보가 많은데 주요 속성과 팬하기 블록을 살펴보겠습니다.

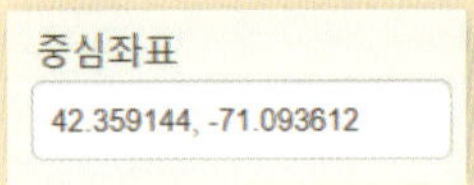

앱이 처음 실행될 때 지도의 중심으로 표현되는 좌표값입니다.

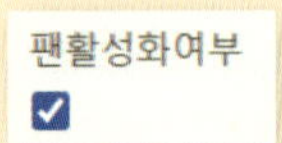

팬(Pan)은 "보여준다"라는 뜻입니다. 정해진 위치까지 마치 미끄러져 가듯 지도에서 이동해 해당 위치를 중심으로 하여 보여줍니다(Pan에는 방송 카메라 등으로 대상을 따라다니며 보여주는[찍다] 뜻이 있습니다).

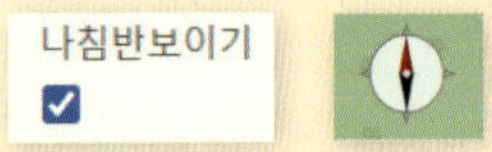

지도 오른쪽 위에 나침반이 출력됩니다.

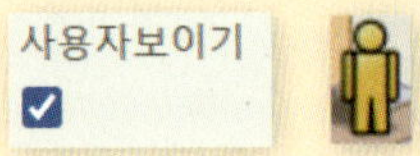

지도에서 현재 위치에 아이콘을 표시합니다.

지도 왼쪽 위에 줌버튼이 출력됩니다.

지정된 위도와 경도 위치로 줌레벨에 맞게 지도를 확대 또는 축소한 뒤 미끄러져가듯 이동합니다. 지도 블록은 이벤트 블록도 많고 지정하고 사용할 수 있는 속성값도 많습니다. 줌 하거나 지도 위를 클릭하는 등의 직관적인 이벤트 블록들이므로 지도를 사용한 앱을 만들게 된다면 쉽게 사용할 수 있습니다.

위치센서의 위치가변경되었을때 블록을 빈 곳으로 가져온 뒤 현재주소를 출력하도록 앞의 그림과 같이 코딩합니다.

AI 컴패니언 또는 USB 연결로 라이브 테스팅을 진행해보면 한참을 기다려야 "위치 로딩중"이 주소로 변경됩니다. 몇 가지 이유로 라이브 테스팅은 GPS 응답이 느립니다. 첫째 GPS는 건물 안에서 수신이 좋지 않습니다. 둘째 AI 컴패니언 앱의 GPS 응답이 느립니다. 따라서 이번 프로젝트는 코딩을 먼저하고 앱을 빌드한 뒤 스마트폰에 설치해서 확인하는 게 좋습니다.

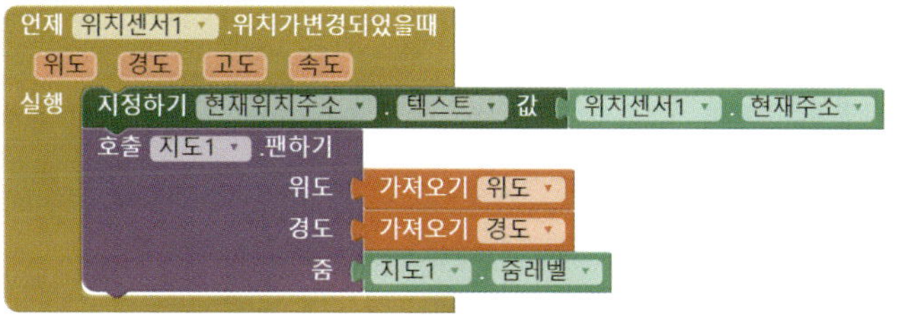

지도의 팬하기 블록을 주소 지정 다음에 결합합니다. 위치가변경되었을때 이벤트의 위도와 경도 데이터를 팬하기의 위도와 경도에 결합합니다. 줌은 줌레벨 속성값으로 지정합니다.

만보기 기능 구현

1. 걸음이 감지되면 걸음 수와 이동거리 증가
2. 걸음 수와 이동거리 출력
3. 5,000걸음, 10,000걸음일 때 음성으로 안내

만보기 기능은 앞의 순서로 코딩합니다. 만보기 컴포넌트는 아주 간단하여 별도로 설명 없이 바로 구현합니다.

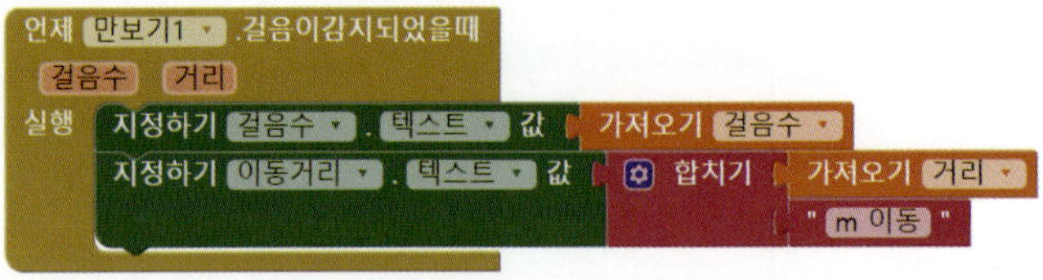

만보기에는 걸음이감지되었을때 이벤트가 있습니다. 걸음이 감지되면 걸음 수와 거리를 만보기에서 측정합니다. 누적된 데이터를 출력하면 끝입니다. 이동거리는 "거리" 값과 "m 이동"을 합쳐 "100m 이동"과 같이 출력될 수 있도록 합니다.

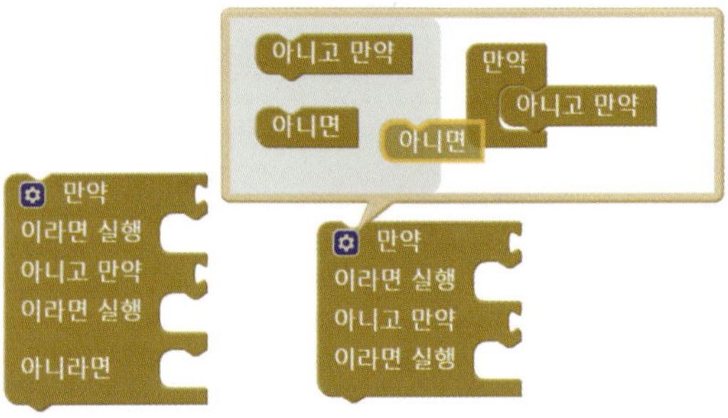

이제 5,000걸음 10,000걸음일 때 음성으로 알려주도록 코딩해봅시다. 정확히 5,000걸음, 10,000걸음일 때 할 수 있도록 조건 블록을 변경합니다. 왼쪽의 조건문 블록을 적당히 빈 곳에 두고 톱니바퀴를 눌러 "아니면"만 삭제하여 오른쪽 블록과 같이 만듭니다.

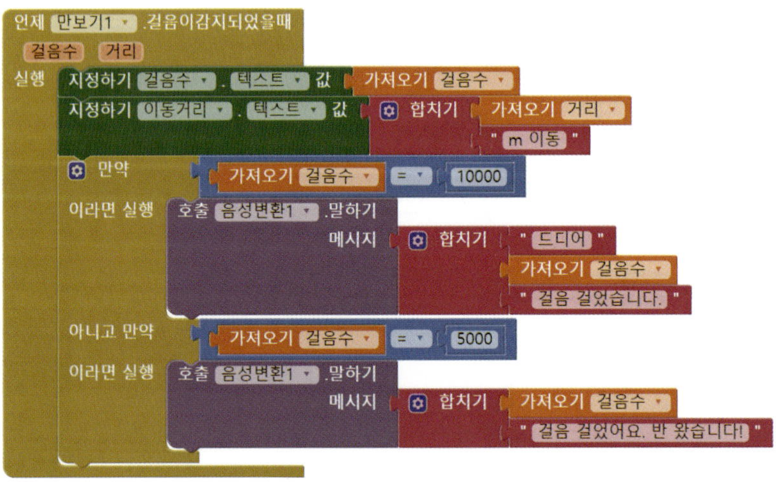

위와 같이 코딩해줍니다. 정확히 5,000걸음 10,000걸음이 되면 해당 메시지를 음성으로 말해줍니다. 만보기 알고리즘이 완성되었습니다.

마지막으로 만보기는 시작해야 걸음을 감지하기 때문에 앱이 처음 실행되면 만보기 기능을 시작합니다.

이동 내역 그리기

1. 위치가 변경될 때마다 위도, 경도 저장
2. 저장된 정보가 2개 이상일 때 선그리기

이동내역은 사용자가 움직일 때마다 실시간으로 변하는 위도 경도 값들을 계속 저장해야 합니다. 그리고 그 저장된 값들로 지도에 선으로 그려줍니다. 코딩하기 전에 선연결 컴포넌트를 간략히 알아봅시다.

선연결

원, 형상모음, 마커, 다각형, 사각형 컴포넌트들과 같이 지도 컴포넌트의 하위 요소로 사용할 수 있는 컴포넌트입니다. 선연결은 지도에 선을 그릴 때 쓰는 컴포넌트입니다.

선 그리기는 문자열좌표 속성값에 따라 그립니다. 경위도 정보를 토대로 각 지점들을 선으로 그리는 것입니다. 예시는 서울의 위치인(37.469... , 127.053...)과 부산(35.239... , 129.030...)을 연결하였습니다.

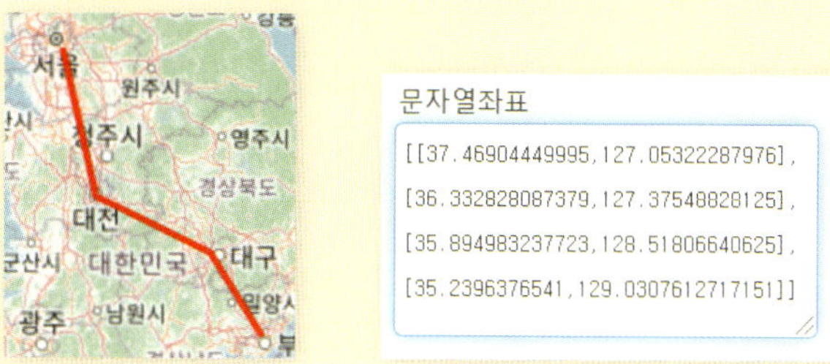

위 그림과 같이 여러 개를 연결할 수 있습니다. [[좌표],[좌표],[좌표],[좌표]....] 형식으로 사용되도록 정의되어 있으므로 이 규칙에 맞게 좌표 데이터를 지정하면 됩니다. 참고로 리스트를 문자열로 표현하면 위와 같은 형식입니다.

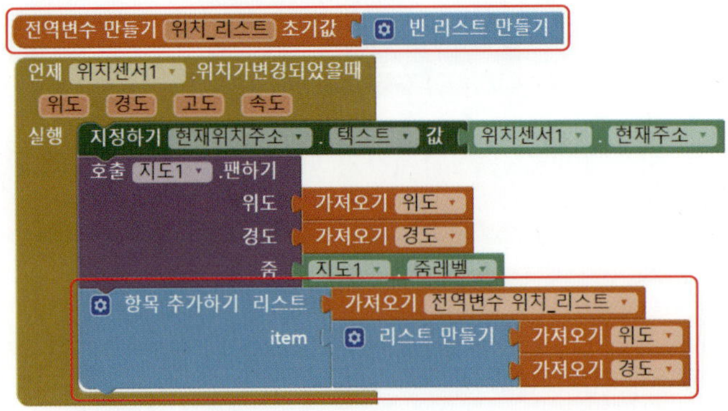

"위치_리스트"를 만들어줍니다. 그리고 위치가변경되었을때 팬하기 다음에 현재 위도와 경도 좌표위치를 "위치_리스트"에 저장합니다. 항목에 다중 데이터로 저장될 수 있게 "리스트 만들기"로 위도, 경도를 지정합니다.

위치_리스트		
1	1	위도
	2	경도
2	1	위도
	2	경도
3	1	위도
	2	경도

"위치_리스트"에 좌표 값들은 위 표와 같이 추가됩니다. 이를 문자열로 표현하면 [[위도, 경도], [위도, 경도], [위도, 경도]]로 출력됩니다. 따라서 선 그리기의 문자열좌표 속성값을 위치_리스트로 지정하면 됩니다.

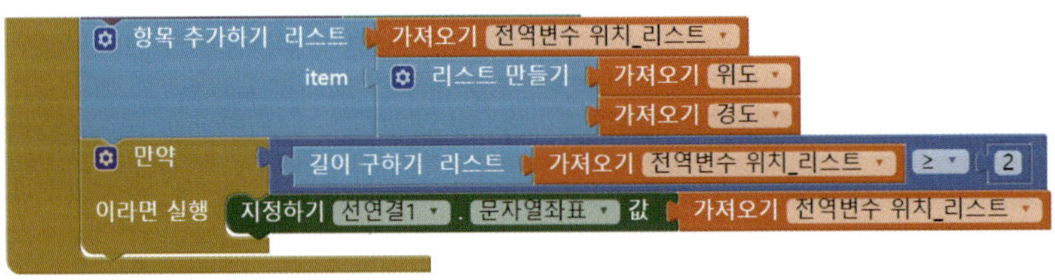

문자열좌표 속성값은 최소 2개의 좌표 값이 있어야 그릴 수 있으므로 조건으로 "위치_리스트" 길이가 2보다 클 때 문자열좌표 값으로 지정하도록 합니다.

확장기능 추가하기

마지막으로 화면이 계속 켜진 상태로 유지되도록 해봅시다. 스마트폰은 배터리 사용을 최적화하기 위해 아무것도 하지 않으면 화면이 자동으로 꺼지도록 설정되어 있습니다. 그런데 어떤 애플리케이션들은 사용 목적에 따라 화면이 꺼지지 않도록 하는데 이 기능은 텍스트 코딩에서는 쉽게 구현할 수 있는 기능이지만 앱인벤터에서는 이 기능을 제공하고 있지 않습니다(개발 중이었으나 구글 안드로이드 정책으로 서비스 제공 중지되었습니다).

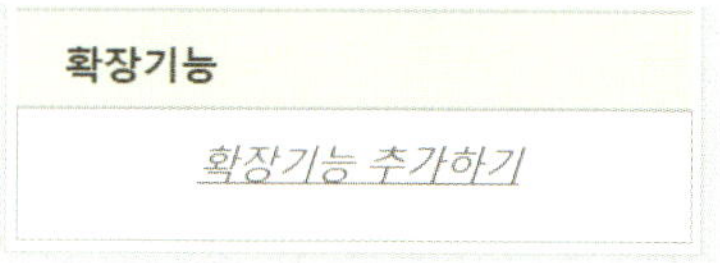

확장기능은 공식적으로 기능으로 지원하는 게 아닌, 비공식적으로 앱인벤터에서 지원하기도 합니다(Setting의 확장기능을 클릭하면 앱인벤터 확장기능 사이트로 접속) 또는 앱인벤터 사용자들이 만들고 공유하는 확장기능도 있습니다.

만보기 앱은 사용자들이 공유한 확장기능 중 하나를 추가해보겠습니다. 먼저 크롬으로 https://puravidaapps.com/extensions.php에 접속합니다. 이 사이트는 앱인벤터에서 사용 가능한 모든 확장기능을 정리해둔 사이트입니다.

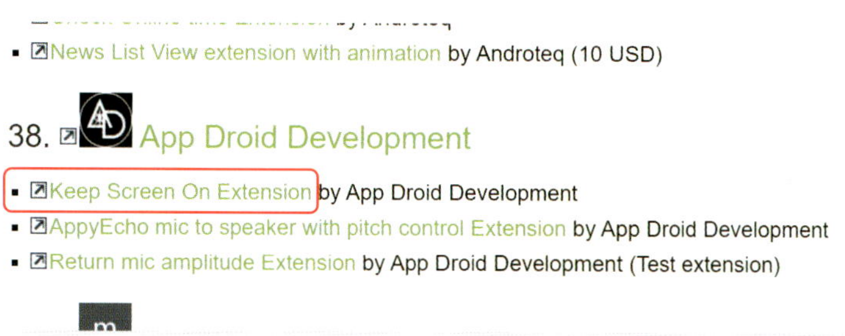

스크롤을 아래로 계속 내리면 38번 항목에 화면 유지 확장기능이 있습니다. "Keep Screen On Extension"을 클릭합니다.

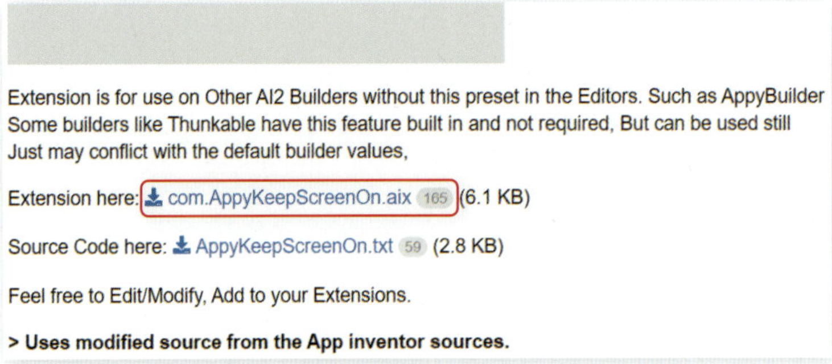

새 창으로 thunkable의 커뮤니티 사이트로 연결됩니다. 이 확장기능을 개발한 App Droid Development가 작성한 글이고 여기서 확장기능 파일을 다운로드 받을 수 있습니다.

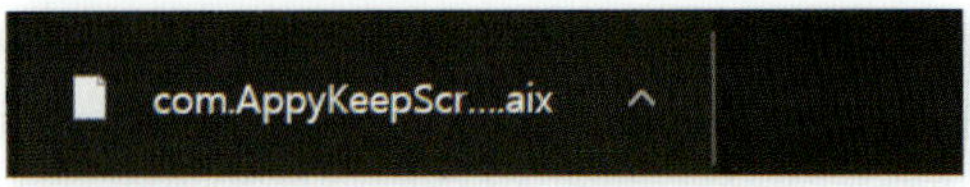

com.AppyKeepScreenOn.aix를 클릭하면 확장기능 파일이 다운로드 됩니다. 크롬의 경우 "다운로드" 폴더에 저장됩니다.

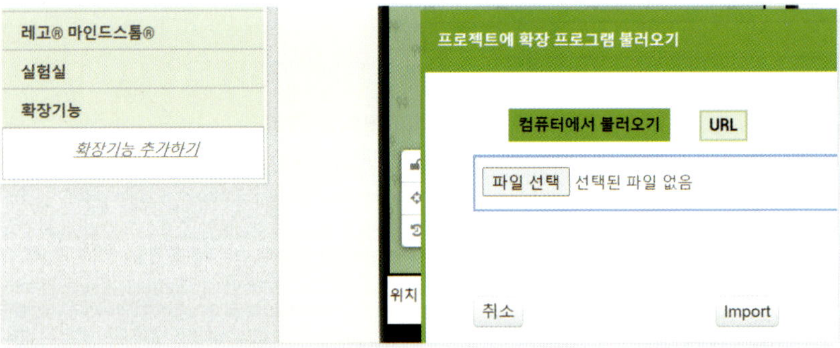

디자이너 화면으로 돌아간 뒤 확장기능에서 "확장기능 추가하기"를 클릭하면 프로젝트에 확장 프로그램 불러오기 창이 출력됩니다.

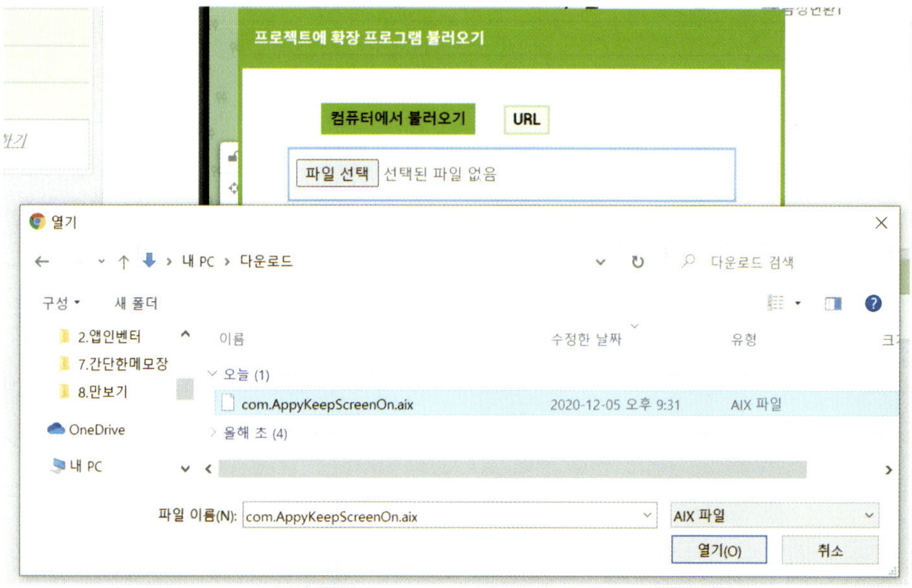

파일 선택을 클릭한 뒤, 다운로드 받은 com.AppyKeepScreenOn.aix 파일을 선택하고 열기를 클릭합니다.

Import를 클릭하고 잠시 기다리면 확장기능 항목에 AppyKeepScreenOn이 추가됩니다. 이제 이 확장기능을 만보기 앱에서 사용할 수 있습니다.

이 확장기능을 뷰어에 추가합시다. 보이지 않는 컴포넌트로 추가됩니다. 속성의 KeepScreenOn을 체크해주면 끝입니다. 이제 만보기 앱은 실행되었을 때 화면이 꺼지지 않고 지속해서 유지됩니다. 모든 기능이 끝났습니다. 이제 앱을 빌드해서 테스트해보겠습니다.

앱 빌드 후 테스트해보기

빌드를 한 뒤 스마트폰에 직접 설치하고 테스트를 해봅니다. GPS 수신이 잘되는 밖으로 이동해서 가볍게 산책을 해봅시다.

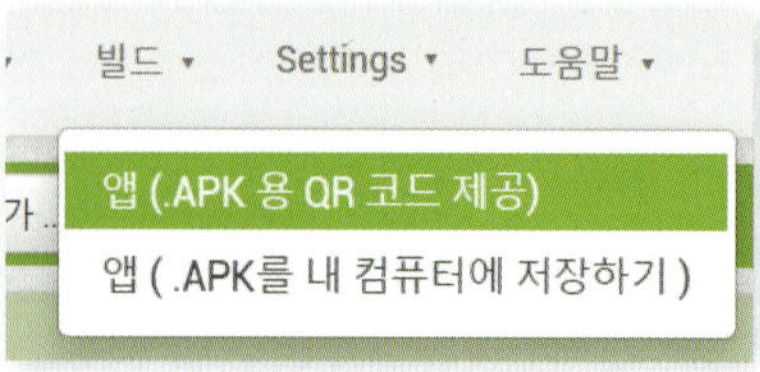

빌드로 apk를 생성하고 스마트폰에 설치합니다. 잘 안된다면 고양이와 강아지의 앱 빌드 파트를 참고하세요.

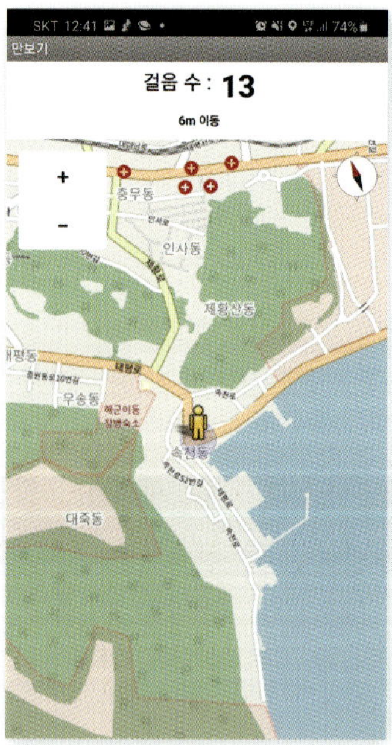

근처 산책로로 나와 앱을 실행시켰습니다. GPS를 수신할 수 있게 잠시 기다리면 현재 위치가 잘 잡힙니다. 가만히 서 있을 땐 사람 모양 아이콘으로 현재 위치가 표시됩니다. 파란색 원은 GPS의 오차 범위를 표시합니다. 이제 산책을 해보겠습니다.

이곳은 창원시 진해구의 진해루가 있는 해안도로입니다. 걷기 좋은 산책로가 있습니다. 약 1200걸음 걸었을 때입니다. 가운데 그림처럼 이동내역도 빨간 선으로 잘 나옵니다. 움직임이 있을 때는 오른쪽 그림처럼 화살표 모양 아이콘으로 현재 위치가 표시됩니다. 움직이는 방향에 따라 방향이 변합니다.

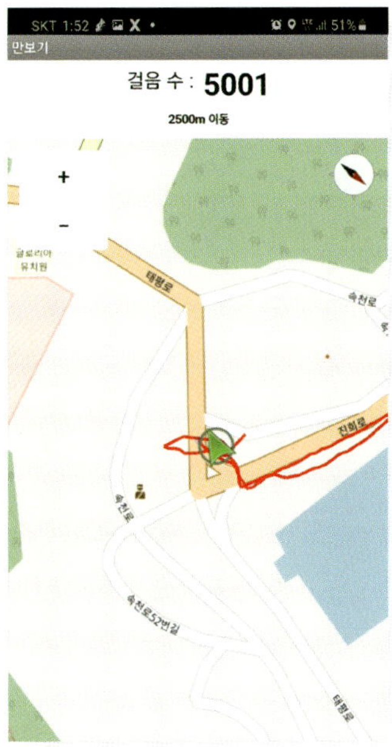

한참을 걸어가 “진해루”라는 곳에 도달했습니다. 약 2500걸음 걸었고 이동내역도 잘 표시되

고 만보기도 아주 잘 작동합니다. 컴돌이인 필자는 체력이 급속도로 감소하여 여기서 다시 돌아갔습니다. 출발 위치로 복귀하니 5000걸음이 달성되어 음성으로 이제 반 왔다면서 친절히 알려줍니다.

위치센서는 GPS를 이용하기 때문에 라이브 테스팅에선 확인이 잘 안되는데 앱으로 빌드하고 테스트 해보니 아주 잘됩니다.

만보기 앱 코딩을 완료하였습니다.

완성코드

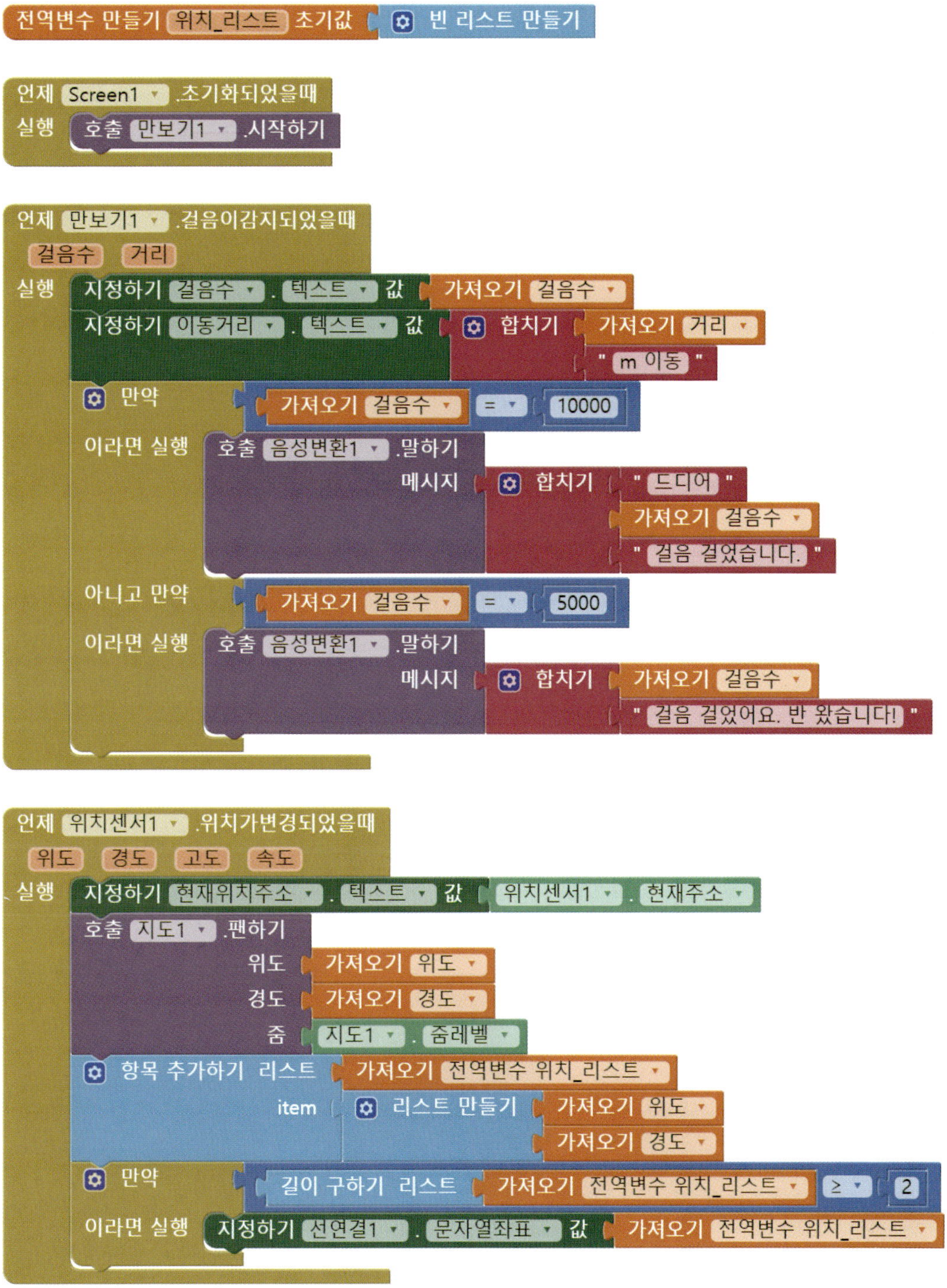
전역변수 만들기 위치_리스트 초기값 빈 리스트 만들기
언제 Screen1 .초기화되었을때
실행 호출 만보기1 .시작하기
언제 만보기1 .걸음이감지되었을때
걸음수 거리
실행 지정하기 걸음수 . 텍스트 값 가져오기 걸음수
지정하기 이동거리 . 텍스트 값 합치기 가져오기 거리
" m 이동 "
만약 가져오기 걸음수 = 10000
이라면 실행 호출 음성변환1 .말하기
메시지 합치기 " 드디어 "
가져오기 걸음수
" 걸음 걸었습니다. "
아니고 만약 가져오기 걸음수 = 5000
이라면 실행 호출 음성변환1 .말하기
메시지 합치기 가져오기 걸음수
" 걸음 걸었어요. 반 왔습니다! "
언제 위치센서1 .위치가변경되었을때
위도 경도 고도 속도
실행 지정하기 현재위치주소 . 텍스트 값 위치센서1 . 현재주소
호출 지도1 .팬하기
위도 가져오기 위도
경도 가져오기 경도
줌 지도1 . 줌레벨
항목 추가하기 리스트 가져오기 전역변수 위치_리스트
item 리스트 만들기 가져오기 위도
가져오기 경도
만약 길이 구하기 리스트 가져오기 전역변수 위치_리스트 ≥ 2
이라면 실행 지정하기 선연결1 . 문자열좌표 값 가져오기 전역변수 위치_리스트

더 해보기

만보기 앱을 만들면서 지도와 위치센서 컴포넌트를 사용해 GPS 기능으로 현재 위치를 계속 해서 표현하고 걸음 수와 이동거리를 만보기 컴포넌트를 통해 표현하였습니다. 지도는 사용해볼 컴포넌트가 많습니다. 이제 앱인벤터의 블록 사용법을 어느 정도 숙지하였고, 지도를 활용한 창의적인 아이디어를 고민해보고 자신만의 앱을 만들어 보는게 더 빠르게 앱인벤터를 흡수하는 방법이 될 것입니다.

앱을 다시 실행했을 때 데이터 이어서 표현하기

앞 장에서 데이터베이스를 사용하여 앱이 종료되어도 데이터를 유지하는 법을 배웠습니다. 만보기 앱에 데이터베이스를 적용해서 다시 앱을 실행했을 때 모든 데이터 내역이 이어서 표현될 수 있도록 코드를 업그레이드해 봅시다.

07 앵무새 앱 만들기

프로젝트 주제

했던 말을 따라 하는 앵무새 앱을 만들어봅니다. 앱을 사용할수록 말할 수 있는 단어와 문장이 늘어나도록 합니다. 이번 프로젝트를 통해 현재 앱에서 다른 앱을 실행하는 법을 배워봅니다.

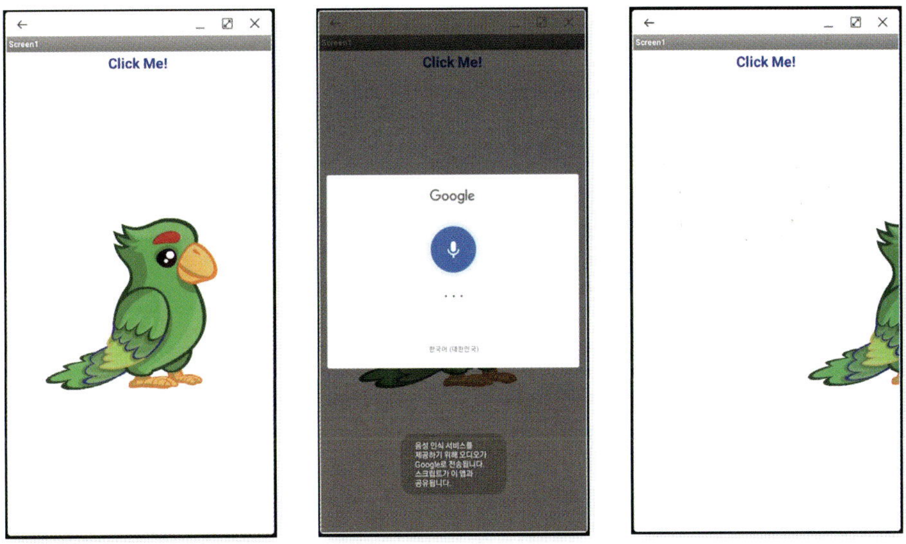

프로젝트 둘러보기

1. 앵무새를 클릭하면 음성인식 기능을 사용해 인식한 단어를 앵무새가 똑같이 말합니다.
2. 가끔 앵무새가 했던 말 중 하나를 말합니다.
3. 말할 때 앵무새가 오른쪽으로 미끄러져 갑니다.
4. 특정 단어를 인식하면 해당 앱을 실행합니다(카메라라고 말하면 카메라 앱 실행).

사용되는 컴포넌트

컴포넌트 설계는 간단히 합니다. 앵무새 앱은 종류별로 하나씩 사용하므로 별도로 이름 수정을 하지 않고 하겠습니다.

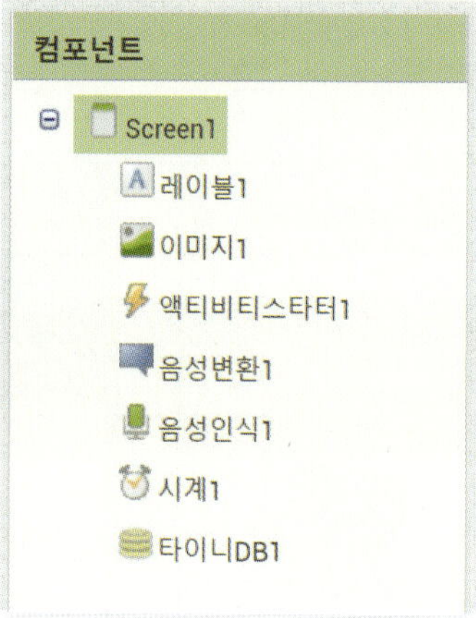

이름	컴포넌트	기능
레이블1	레이블1	"ClickMe1"텍스트 출력
이미지1	이미지1	앵무새 이미지 표시
액티비티스타터1	액티비티스타터1	다른 애플리케이션 실행
음성변환1	음성변환1	텍스트를 음성으로 출력
음성인식1	음성인식1	인식된 음성을 텍스트로 변환
시계1	시계1	랜덤하게 앵무새가 말하도록 할 타이머 기능
타이니DB1	타이니DB1	텍스트로 변환된 정보를 DB에 저장

컴포넌트 설계

프로젝트 이름을 ParrotSpeech로 하여 새 프로젝트를 생성합니다.

미디어 추가	내용
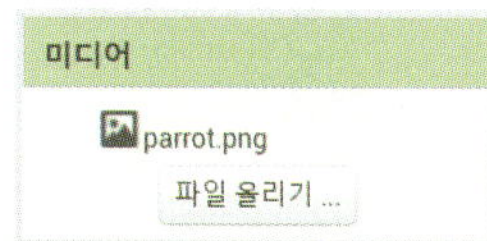	**parrot.png** 링크: http://infinitybooks.co.kr/b/appinventor.zip 또는 앵무새 사진을 검색해 다운로드 받은 후 추가

순서	추가하는 컴포넌트	내용
❶	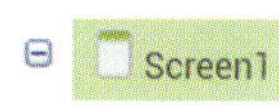	**Screen1** 수평정렬: 가운데
❷	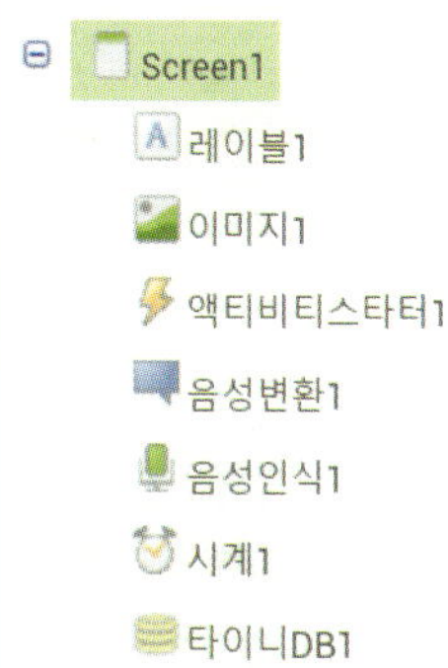	**레이블1** 글꼴크기: 25 텍스트: Click Me! 텍스트색상: 파랑 **이미지1** Clickable: 체크 사진: parrot.png **음성변환1** 피치: 2 말하기속도: 2 **시계1** 타이머활성화여부: 체크 해제 타이머간격: 3000 **타이니DB1** 네임스페이스: parrotDB

프로젝트 개발

개발 순서는 다음과 같습니다.

1. 앵무새를 클릭하면 음성인식 기능으로 인식하여 말을 따라 함
2. 가만히 있을 때 10% 확률로 했던 말 중 하나를 말함
3. 특정 단어를 말할 때 해당 애플리케이션을 실행(카메라, 유튜브, 만보기)

앵무새 말 따라하기 코딩

1. "앵무새단어_리스트"에 음성인식 결과를 저장합니다.
2. 음성인식 결과를 타이니DB에 저장합니다.
3. 음성인식 결과를 음성변환으로 똑같이 말합니다.

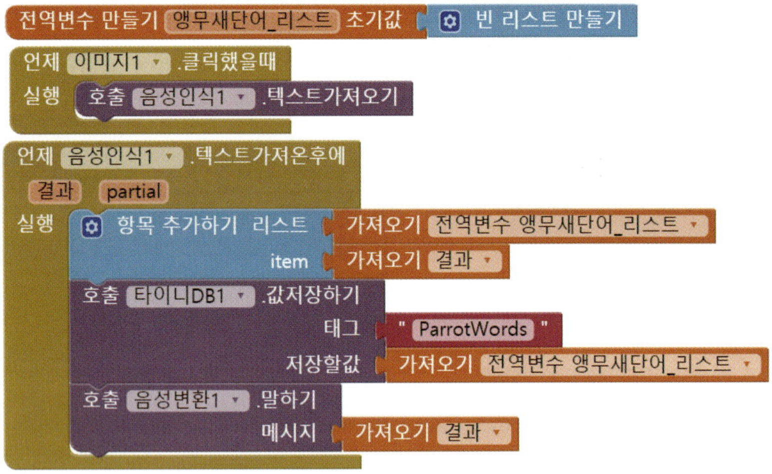

먼저 음성인식의 결과를 저장할 "앵무새단어_리스트"를 만듭니다. 다음으로 앵무새를 클릭하면 스마트폰의 음성인식 기능을 호출합니다. 그리고 텍스트를 가져온 뒤에 리스트에 결과를 추가하고, 타이니DB에 "ParrotWords" 태그로 리스트를 저장합니다. 마지막으로 말하기 기능으로 결과를 말하도록 합니다.

10% 확률로 했던 말 하기 코딩

타이머가작동했을때, 10% 확률 계산은 앞의 그림과 같이 코딩합니다. 임의의 분수는 Random fraction으로 0부터 1 사이로 무작위 값을 만듭니다. 예를 들어, 0.2312, 0.764 등의 값을 만들게 됩니다. 0.1보다 작거나 같으면 10%라 볼 수 있습니다.

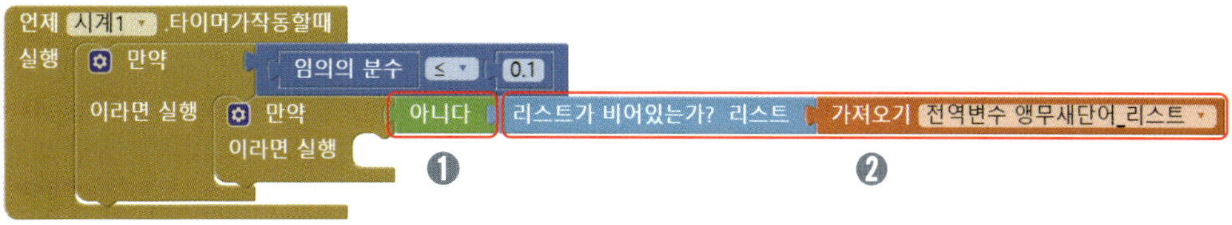

앵무새가 했던 말을 또 하는 것은 이전에 어떤 말을 들었고 그걸 기억하고 있어야 합니다. 저장된 말이 있는지 확인하고 말하게 해야 합니다. 한 번 더 조건을 확인합니다. 먼저 "앵무새단어_리스트"가 비어있는지 확인합니다. 그리고 "아니다" 논리 블록을 결합해 "앵무새단어_리스트가 비어있지 않다면"이란 말이 되도록 코딩합니다.

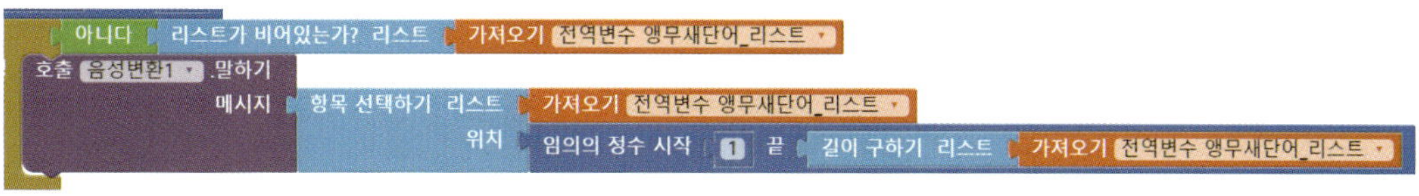

"앵무새단어_리스트가 비어있지 않다면" 저장된 말 중 하나를 하도록 위와 같이 코딩합니다. 리스트에서 랜덤 위치 번째의 단어를 말하도록 합니다.

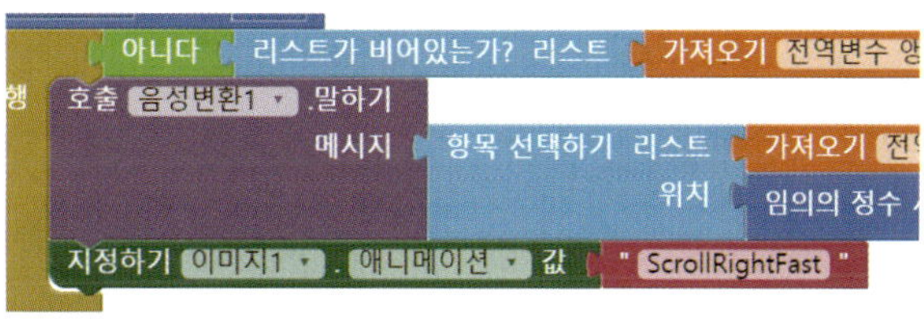

마지막으로 앵무새가 오른쪽으로 이동하는 애니메이션을 추가합니다.

이미지(애니메이션)
이미지 컴포넌트는 간단한 애니메이션을 표현할 수 있습니다.

`ScrollRightSlow`, `ScrollRight`, `ScrollRightFast`, `ScrollLeftSlow`, `ScrollLeft`, `ScrollLeftFast`, and `Stop`.

총 7개의 간단한 애니메이션이 있습니다. 왼쪽, 오른쪽으로 이동하는 애니메이션이며 Slow, Fast, 기본 속도로 움직이게 할 수 있습니다.

마지막으로 앱이 처음 실행되었을 때 타이니DB에서 앵무새단어 리스트를 불러옵니다. 찾는태그가없는경우는 빈 리스트를 반환하게 합니다. 그리고 타이머활성화여부를 참으로 하여 타이머가 동작하게 하여 10% 확률로 했던 말을 하도록 합니다.

다른 애플리케이션 실행(카메라, 유튜브, 만보기) 코딩

앵무새가 특정 단어를 들으면 해당 앱을 실행하게 합니다.

1. "카메라" 단어를 들으면 스마트폰의 카메라 앱실행
2. "만보기" 단어를 들으면 만보기 앱 실행 (설치한 상태여야 합니다.)
3. "유튜브 고양이" 문장을 들으면 유튜브 앱에서 재밌는 고양이 영상 실행
4. "유튜브 강아지" 문장을 들으면 유튜브 앱에서 귀여운 강아지 영상 실행
5. "유튜브 앵무새" 문장을 들으면 유튜브 앱에서 웃기는 앵무새 영상 실행

다른 앱을 실행하는 건 액티비티스타터 컴포넌트로 합니다. 간략히 알아봅시다.

액티비티스타터

액티비티는 안드로이드 애플리케이션의 구성 요소 중 하나입니다. 우리가 지금까지 만든 앱들은 물론 모든 안드로이드 앱은 액티비티라는 구성요소에 UI 정보를 담고 있습니다.

액티비티스타터는 간단히 말해 다른 앱의 액티비티를 실행시켜 앱을 동작시키는 것입니다.

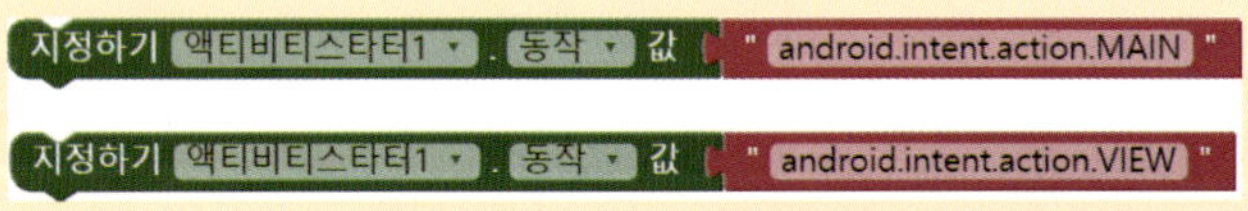

동작(Activity) 속성에 어떤 동작을 하는지를 지정할 수 있습니다. 안드로이드의 기본 앱은 intent로 호출할 수 있는데 안드로이드에서 intent는 다른 액티비티를 어떤 방식으로 호출할 때 사용하는 개념입니다.

android.intent.action.MAIN

전달하는 데이터 없이 해당 앱 실행

android.intent.action.VIEW

어떤 데이터를 전달하며 앱 실행(지도, 웹 등 어떤 정보에 대해 보여주고자 할 때 사용)

android.intent.action.WEB_SEARCH

웹검색에 사용

android.intent.action.SEND

공유하기 기능을 사용할 때 데이터를 전달하며 앱 실행(메일, SNS 등)

액티비티스타터로 앱을 실행하는 방법 중 대표적으로 많이 사용하는 방법은 아래와 같습니다.

앱인벤터로 직접 개발한 앱 실행

1. 앱인벤터 프로젝트를 .aia 파일로 다운로드합니다.
2. .aia 파일을 압축풀기 합니다(.zip으로 확장자를 변경하거나 한 뒤에 해야 함).
3. youngandroidproject 폴더에서 project.properties 파일을 메모장으로 엽니다.
4. 파일 내용 중 main= 부분을 찾습니다.
5. CATandDOG 프로젝트를 예로 들면, main=appinventor.ai_아이디.CATandDOG.Screen1입니다.

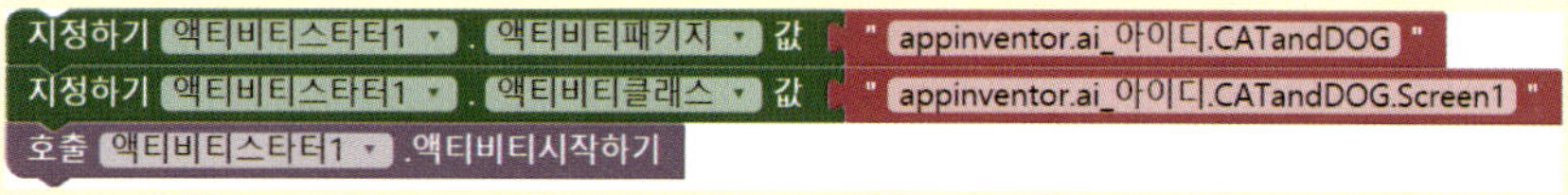

6. 패키지와 클래스를 위와 같이 설정하고 액티비티시작을 호출합니다.

카메라 앱 실행

삼성 폰: com.sec.android.app.camera

LG 폰: com.lge.camera

웹브라우저를 실행해 지정된 키워드를 검색

클래스는 한 줄로 보이지 않아 합치기로 표현했습니다.

지정된 위치 값으로 지도 앱 실행

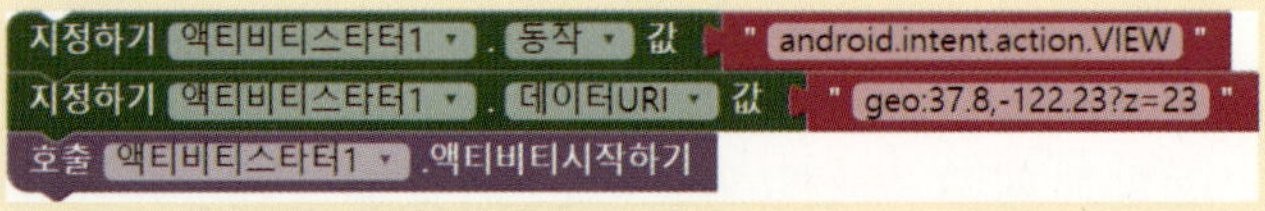

geo는 위도와 경도 값이고 z는 줌 레벨입니다.

유튜브를 실행해 동영상 재생

만약 에러가 뜬다면 패키지와 클래스를 공백으로 하면 됩니다.

먼저 카메라 단어를 들었을 때 카메라를 실행할 수 있도록 액티비티스타터로 호출하는 것을 함수로 만들겠습니다.

함수명을 "카메라촬영"으로 하여 위와 같이 코딩합니다. 필자의 스마트폰은 삼성 폰이므로 com.sec.android.app.camera입니다(자신의 스마트폰 카메라의 패키지명을 정확히 확인하고 싶다면 package manager라는 앱을 설치하고 카메라를 검색하면 패키지명을 확인할 수 있습니다).

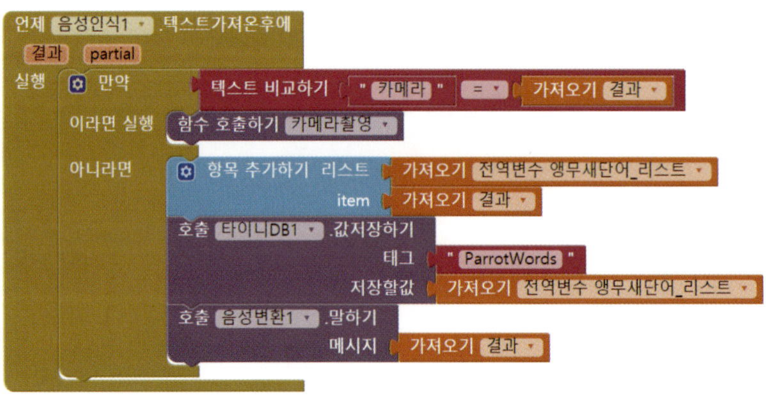

텍스트가져온후에 이벤트를 수정합니다. 만약 아니라면 블록을 추가하여 만약 조건에 결과가 "카메라"라면 카메라촬영 함수를 호출하고 아니라면 "앵무새단어_리스트"에 결과를 추가합니다.

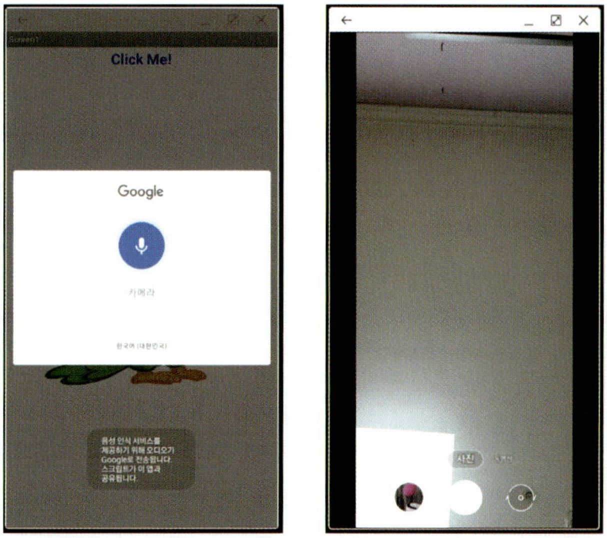

여기서 라이브 테스팅으로 연결하고 앵무새를 클릭한 뒤 "카메라"를 말해보면 카메라 앱이 잘 실행됨을 볼 수 있습니다.

이제 만보기 앱을 실행하는 걸 해봅시다. 먼저 내 프로젝트로 돌아간 뒤 만보기 프로젝트를 열고 프로젝트 메뉴에서 "선택된 프로젝트(.aia)를 내 컴퓨터로 내보내기"를 클릭합니다.

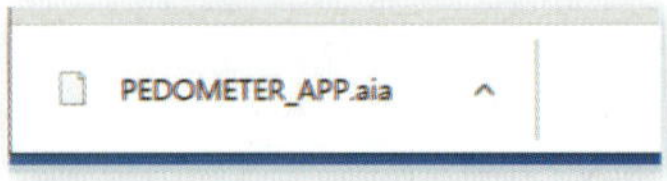

다운이 완료되면 다운로드 폴더로 이동합니다. Pedometer.aia 파일을 선택하고 마우스 우클릭 후 이름 바꾸기를 합니다. 맨 끝 .aia를 .zip로 변경합니다.

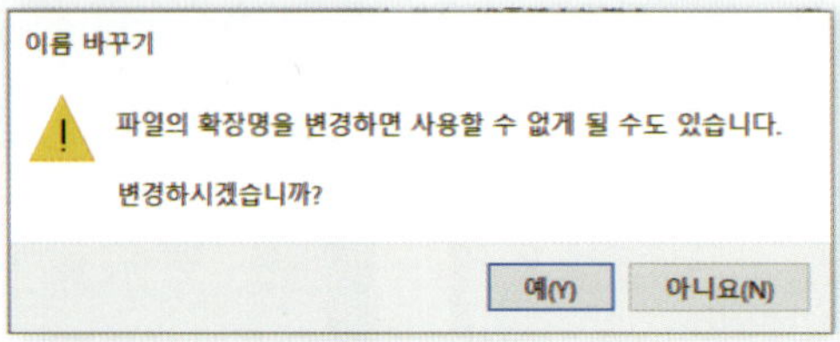

예(Y)를 눌러줍니다.

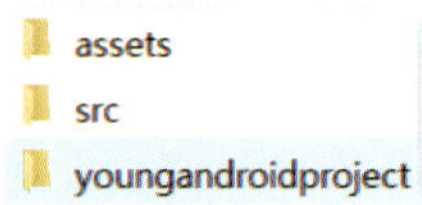

만보기 프로젝트 폴더 안에는 3개의 폴더가 있는데 youngandroidproject 폴더로 들어갑니다. project.properties 파일이 있습니다. 마우스 우클릭 후 연결 프로그램을 클릭합니다.

메모장을 클릭하고 확인을 클릭합니다. 만약 메모장이 안 보인다면 추가 앱을 클릭하면 됩니다.

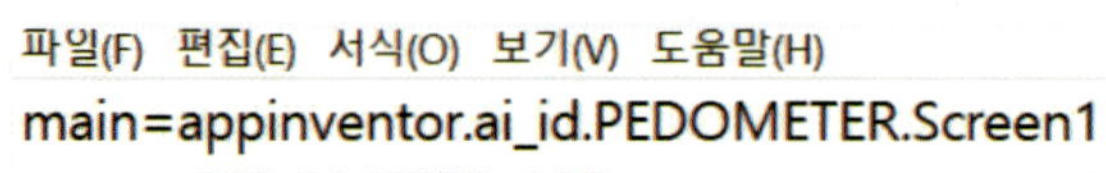

맨 위쪽의 main=appinventor.ai_id.Pedomter.Screen1 이라고 되어 있는 항목이 클래스명입니다. Screen1을 제외하고 패키지명이므로 이 내용으로 액티비티스타터에서 호출하면 됩니다.

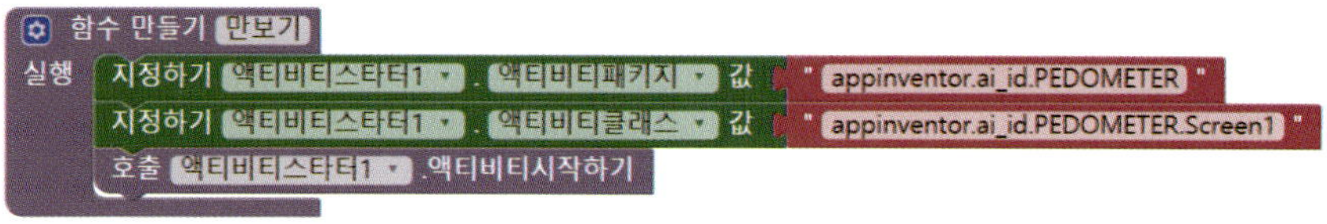

만보기 함수를 만듭니다. 패키지와 클래스에 앞에서 확인한 내용으로 작성해줍니다(id와 프로젝트명은 본인의 것으로 나옵니다. 위 그림처럼 바꾸지 마세요!).

텍스트가져온후에 이벤트의 조건을 수정합니다. 톱니바퀴를 누르고 아니고 만약을 추가해줍니다.

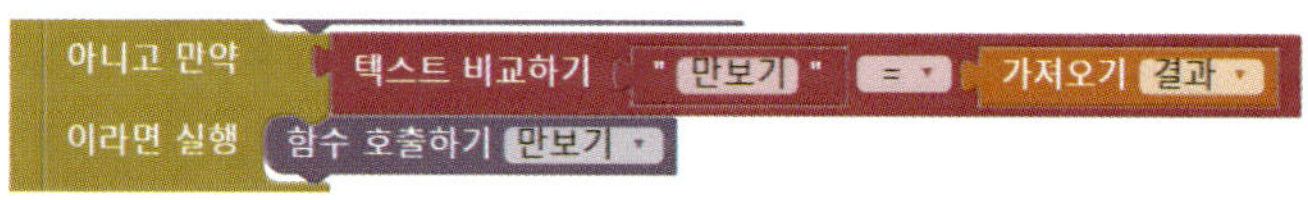

결과가 만보기라면 만보기 함수를 호출합니다. 라이브 테스팅으로 확인하면 잘 될 것입니다.

다음은 유튜브 코딩을 해봅시다. 유튜브 재생은 고양이, 강아지, 앵무새 영상을 "유튜브 고양이", "유튜브 강아지", "유튜브 앵무새"로 말하면 재생할 것입니다.

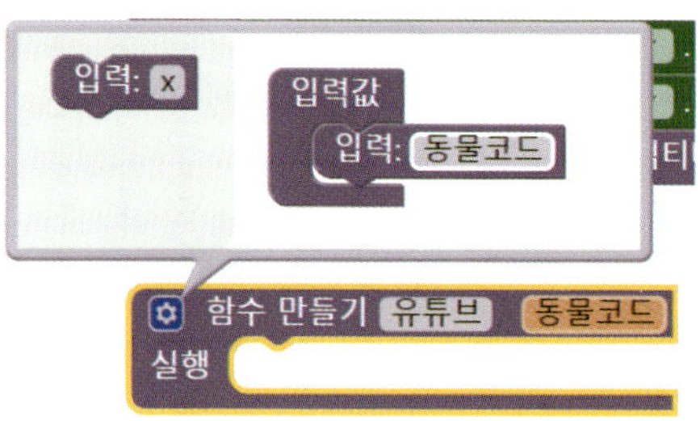

먼저 유튜브 함수를 만들어주고 톱니바퀴를 클릭한 뒤 입력값을 추가합니다. 이름은 동물코드로 변경합니다.

유튜브 리스트를 만들어줍니다. 순서대로 고양이, 강아지, 앵무새 영상의 주소입니다.

함수를 위와 같이 코딩합니다. 이 함수는 입력값으로 동물코드를 받습니다. 동물코드는 위에서 만든 리스트 중 하나의 값이 들어오게 될 것입니다. 따라서 앵무새라면 https://www.youtube.com/watch?v=YVajZVqZrLk가 될 것입니다.

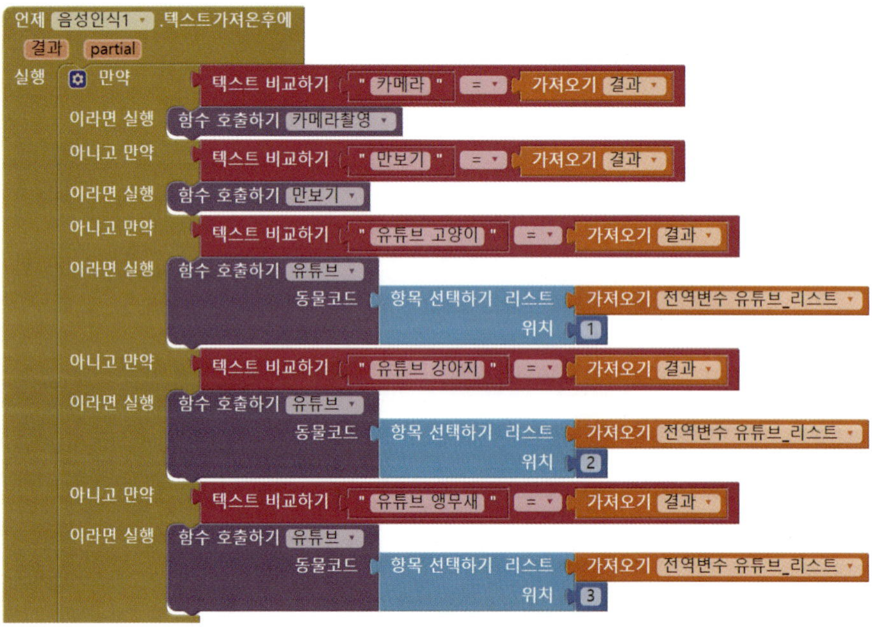

마찬가지로 텍스트가져온후에 이벤트의 조건에 아니고 만약을 3개 더 추가합니다. "유튜브 고양이"라고 했을 땐 유튜브 함수를 호출하면서 동물코드에 유튜브_리스트의 1번째 항목을 지정하듯이 강아지와 앵무새도 코딩합니다.

라이브 테스팅으로 "유튜브 고양이"라고 말하면 유튜브 재생이 잘 됩니다. 앵무새 앱 코딩을 완료하였습니다.

완성코드

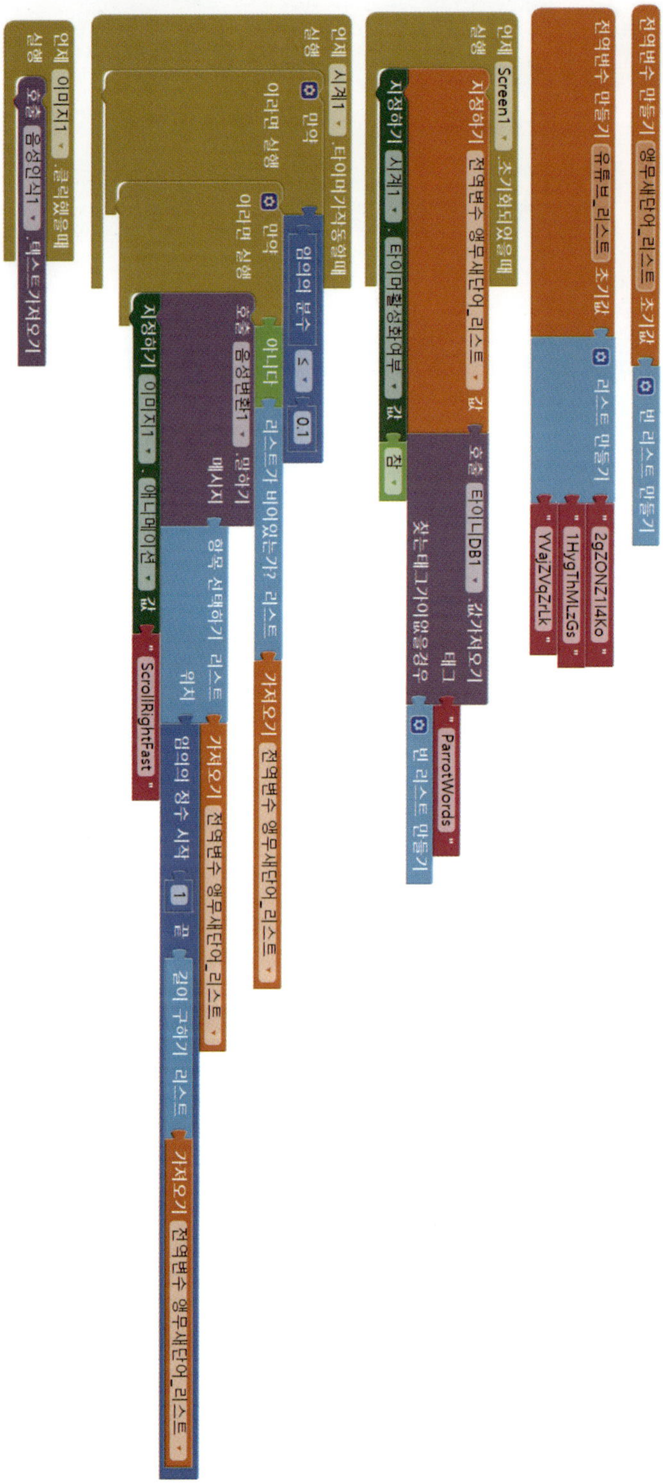

전역변수 만들기 앵무새단어_리스트 초기값
빈 리스트 만들기
전역변수 만들기 유튜브_리스트 초기값
리스트 만들기
2gZONZ14Ko
1HygThMLzGs
YVajZVqZrLk
언제 Screen1 .초기화되었을때
실행
지정하기 전역변수 앵무새단어_리스트 값
호출 타이니DB1 .값가져오기
태그
ParrotWords
찾는태그가없을경우
빈 리스트 만들기
지정하기 시계1 . 타이머활성화여부 값
참
언제 시계1 .타이머가작동할때
실행
만약
임의의 분수
≤
0.1
이라면 실행
만약
아니다
리스트가 비어있는가? 리스트
가져오기 전역변수 앵무새단어_리스트
이라면 실행
호출 음성변환1 .말하기
메시지
항목 선택하기 리스트
가져오기 전역변수 앵무새단어_리스트
위치
임의의 정수 시작
1
끝
길이 구하기 리스트
가져오기 전역변수 앵무새단어_리스트
지정하기 이미지1 . 애니메이션 값
ScrollRightFast
언제 이미지1 .클릭했을때
실행
호출 음성인식1 .텍스트가져오기

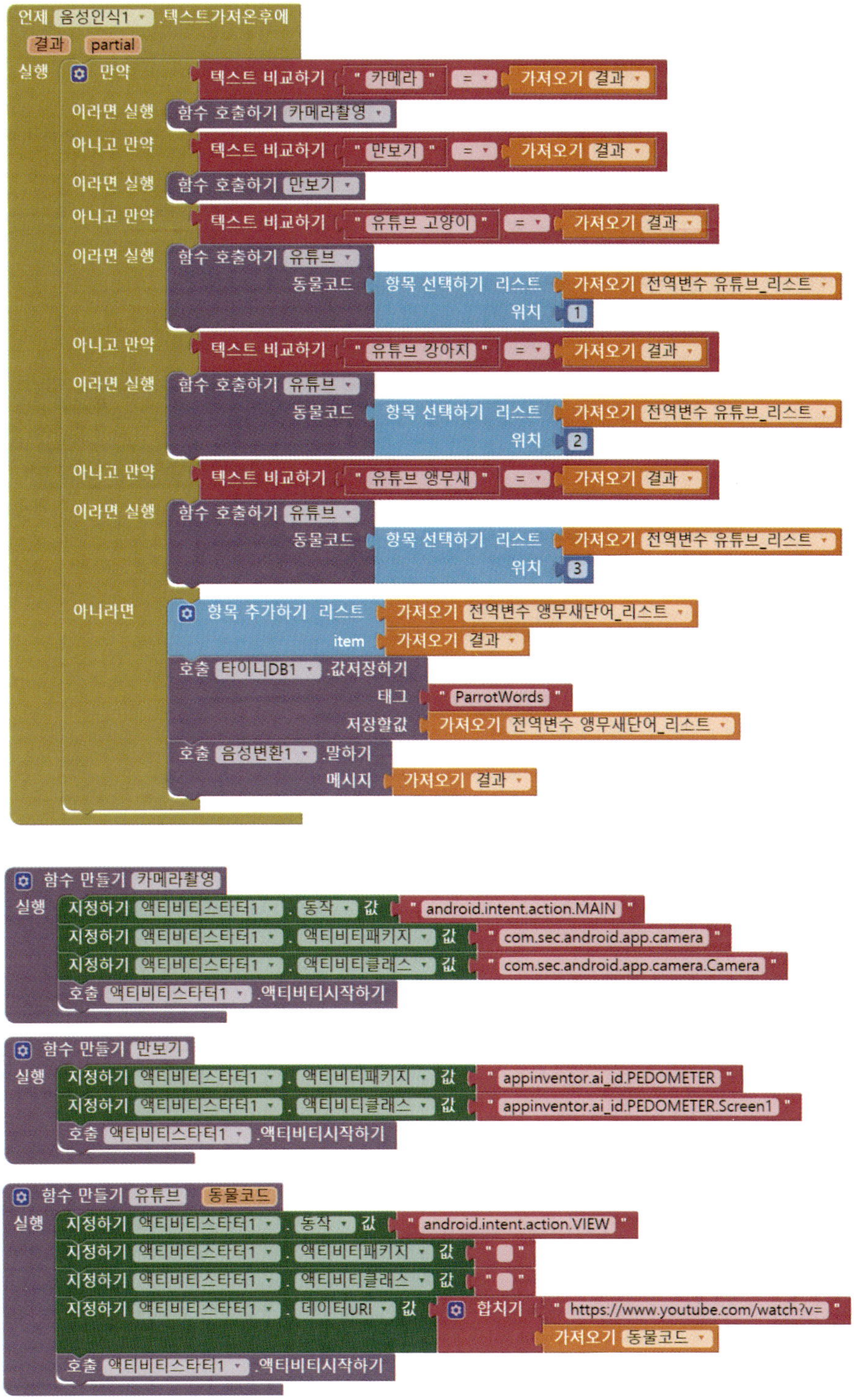
언제 음성인식1 .텍스트가져온후에
결과 partial
실행 만약 텍스트 비교하기 " 카메라 " = 가져오기 결과
이라면 실행 함수 호출하기 카메라촬영
아니고 만약 텍스트 비교하기 " 만보기 " = 가져오기 결과
이라면 실행 함수 호출하기 만보기
아니고 만약 텍스트 비교하기 " 유튜브 고양이 " = 가져오기 결과
이라면 실행 함수 호출하기 유튜브
동물코드 항목 선택하기 리스트 가져오기 전역변수 유튜브_리스트
위치 1
아니고 만약 텍스트 비교하기 " 유튜브 강아지 " = 가져오기 결과
이라면 실행 함수 호출하기 유튜브
동물코드 항목 선택하기 리스트 가져오기 전역변수 유튜브_리스트
위치 2
아니고 만약 텍스트 비교하기 " 유튜브 앵무새 " = 가져오기 결과
이라면 실행 함수 호출하기 유튜브
동물코드 항목 선택하기 리스트 가져오기 전역변수 유튜브_리스트
위치 3
아니라면 항목 추가하기 리스트 가져오기 전역변수 앵무새단어_리스트
item 가져오기 결과
호출 타이니DB1 .값저장하기
태그 " ParrotWords "
저장할값 가져오기 전역변수 앵무새단어_리스트
호출 음성변환1 .말하기
메시지 가져오기 결과
함수 만들기 카메라촬영
실행 지정하기 액티비티스타터1 . 동작 값 " android.intent.action.MAIN "
지정하기 액티비티스타터1 . 액티비티패키지 값 " com.sec.android.app.camera "
지정하기 액티비티스타터1 . 액티비티클래스 값 " com.sec.android.app.camera.Camera "
호출 액티비티스타터1 .액티비티시작하기
함수 만들기 만보기
실행 지정하기 액티비티스타터1 . 액티비티패키지 값 " appinventor.ai_id.PEDOMETER "
지정하기 액티비티스타터1 . 액티비티클래스 값 " appinventor.ai_id.PEDOMETER.Screen1 "
호출 액티비티스타터1 .액티비티시작하기
함수 만들기 유튜브 동물코드
실행 지정하기 액티비티스타터1 . 동작 값 " android.intent.action.VIEW "
지정하기 액티비티스타터1 . 액티비티패키지 값 " "
지정하기 액티비티스타터1 . 액티비티클래스 값 " "
지정하기 액티비티스타터1 . 데이터URI 값 합치기 " https://www.youtube.com/watch?v= "
가져오기 동물코드
호출 액티비티스타터1 .액티비티시작하기

더 해보기

앵무새 앱 프로젝트까지 하면서 앱인벤터 코딩이 어느 정도 익숙해졌으리라 생각합니다. 이번 프로젝트를 통해서 다른 앱을 실행하는 법을 배웠습니다. 앵무새 앱에 부족한 부분들을 생각해보고 추가적인 아이디어 구현을 해보시기 바랍니다.

다양한 애니메이션 효과 추가

이미지 스프라이트에서 사용할 수 있는 애니메이션이 몇 가지 더 있었습니다. 확률로 구현하여 다양한 애니메이션을 하도록 코드를 수정해봅시다.

다른 앱 실행 추가

액티비티스타터로 지도나 웹 검색 등 다른 기능도 할 수 있음을 설명하였습니다. 다른 앱을 실행하는 명령을 앵무새에 추가해봅시다.

08 번역기 만들기

프로젝트 주제

간단한 번역기 앱을 만들어 봅니다. 얀덱스 컴포넌트를 사용하여 몇 가지 나라의 언어로 번역될 수 있도록 만듭니다.

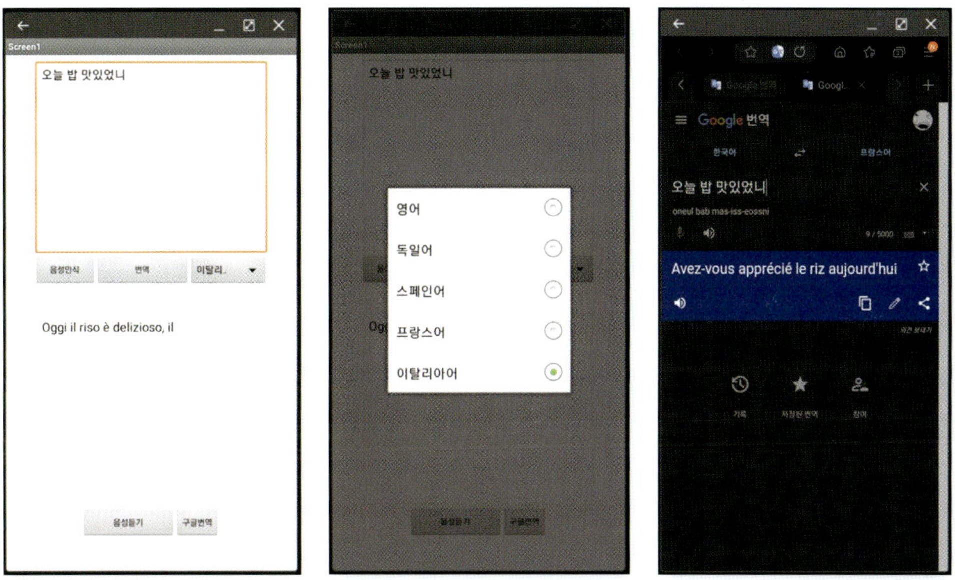

프로젝트 둘러보기

1. 번역할 내용을 텍스트로 입력하거나 음성인식으로 입력합니다.
2. 번역할 나라를 선택하고 번역 버튼을 클릭하여 번역 결과를 확인합니다.
3. 번역된 결과는 음성듣기로 들어볼 수 있습니다.
4. 구글번역으로 연결해 번역 결과를 더 자세히 확인할 수 있습니다.

사용되는 컴포넌트

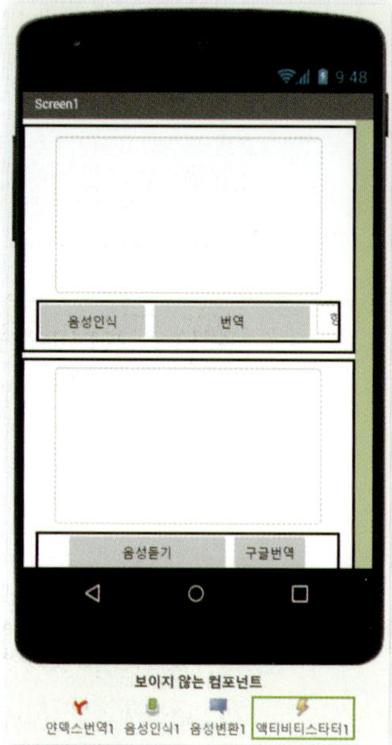

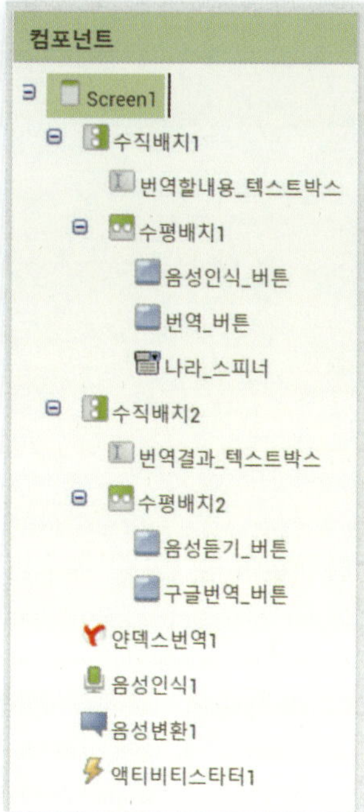

이름	컴포넌트	기능
번역할내용_텍스트박스	번역할내용_텍스트박스	번역할 내용을 입력
음성인식_버튼	음성인식_버튼	음성인식 기능 실행
번역_버튼	번역_버튼	번역기능 실행
나라_스피너	나라_스피너	번역할 언어를 선택
번역결과_텍스트박스	번역결과_텍스트박스	번역 결과를 텍스트로 출력
음성듣기_버튼	음성듣기_버튼	번역 결과를 음성으로 출력
구글번역_버튼	구글번역_버튼	구글 번역으로 이동
얀덱스번역1	얀덱스번역1	얀덱스 API를 사용하여 번역
음성인식1	음성인식1	번역할 내용을 음성인식으로 인식
음성변환1	음성변환1	번역 결과를 음성으로 읽어주는 기능
액티비티스타터1	액티비티스타터1	구글 번역으로 연결할 액티비티스타터

컴포넌트 설계

프로젝트 이름을 YanTranslate로 하여 새 프로젝트를 생성합니다.

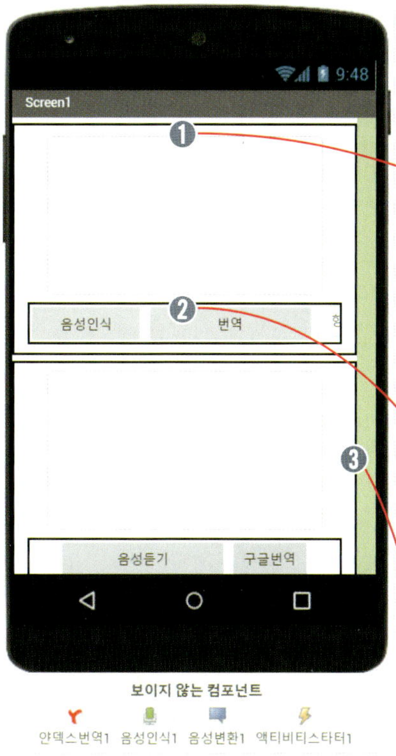

순서	추가하는 컴포넌트	내용
1	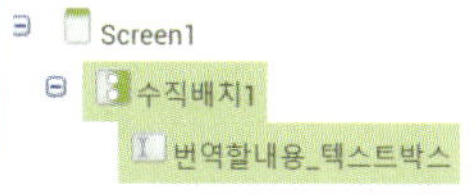	**수직배치1** 수평정렬, 수직정렬: 가운데 높이: 50 퍼센트 너비: 부모 요소에 맞추기 **번역할내용_텍스트박스** 글꼴크기: 20 높이: 35 퍼센트 너비: 80 퍼센트 힌트: 번역할 내용을 입력하세요. 여러줄: 체크
2	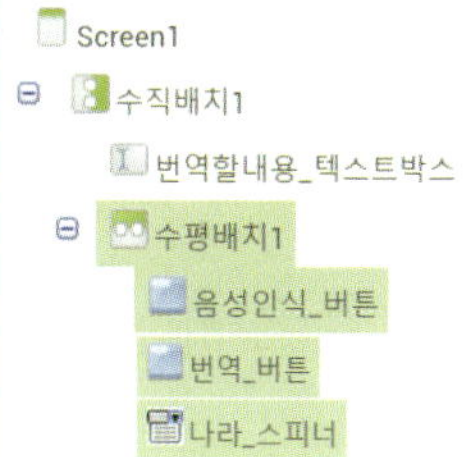	**수평배치1** 수평정렬, 수직정렬: 가운데 너비: 90 퍼센트 **음성인식_버튼** 너비: 100 픽셀 텍스트: 음성인식 **번역_버튼** 너비: 150 픽셀 텍스트: 번역 **나라_스피너** 요소문자열: 영어,독일어,스페인어,프랑스어,이탈리아어 너비: 125 픽셀
3	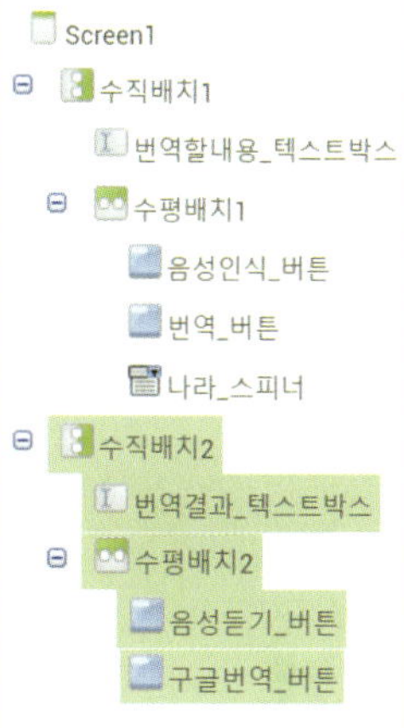	**수직배치2** 수평정렬, 수직정렬: 가운데 높이: 50 퍼센트 너비: 부모 요소에 맞추기 **번역결과_텍스트박스** 글꼴크기: 20 높이: 35 퍼센트 너비: 80 퍼센트 힌트: 번역한 내용이 출력됩니다. 여러줄: 체크 ReadOnly: 체크 **수평배치2** 수평정렬, 수직정렬: 가운데 너비: 90 퍼센트 **음성듣기_버튼** 너비: 150 픽셀 **텍스트: 음성듣기** 구글번역_버튼 텍스트: 구글번역
4		

프로젝트 개발

개발 순서는 다음과 같습니다.

1. 번역 버튼을 클릭하면 입력된 텍스트를 얀덱스 번역으로 번역 요청
2. 음성인식 및 음성변환 기능 구현
3. 구글번역 버튼을 클릭하면 액티비티스타터로 구글 번역으로 이동

얀덱스 번역 코딩

1. 스피너에서 선택한 언어로 번역언어코드 값으로 설정
2. 번역언어코드에 맞춰 번역 요청
3. 번역 결과를 텍스트박스에 출력

먼저 번역언어코드를 저장할 변수를 만들고 "en"으로 초기값을 지정합니다. 다음으로 스피너에서 선택한 언어와 번역언어코드가 매칭될 수 있는 리스트를 만듭니다. 스피너 순서와 똑같이 만들어줍니다.

> 얀덱스 번역 컴포넌트에서 지원하는 번역언어코드는 아래 링크에서 확인할 수 있습니다.
>
> https://yandex.com/dev/translate/doc/dg/concepts/api-overview.html

스피너는 리스트처럼 항목을 선택할 수 있는 컴포넌트입니다. 스피너요소와 언어코드_리스트의 순서가 일치하므로 리스트에서 항목번호로 선택한 값을 번역언어코드 변수로 지정해줍니다. 다음으로 음성변환의 언어를 번역언어코드 값으로 지정합니다.

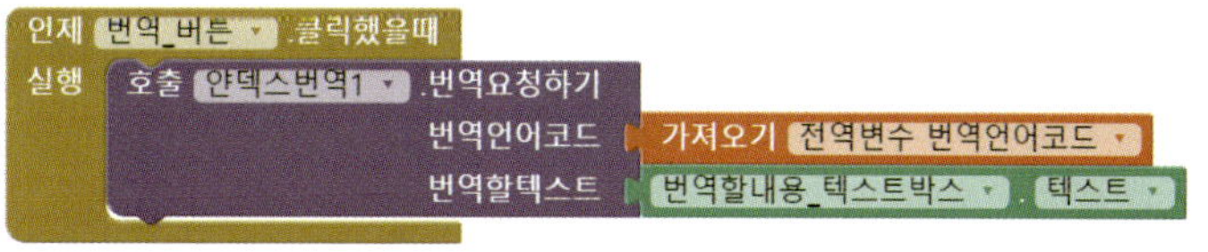

번역_버튼을 클릭하면 얀덱스 번역을 요청합니다. 번역언어코드는 설정된 변수 값으로, 번역할텍스트는 입력된 텍스트박스의 내용으로 지정합니다.

성공적으로 번역 결과를 받으면 "번역을받았을때" 이벤트가 동작되며 번역 값으로 반환됩니다. 번역결과_텍스트박스에 출력합니다.

라이브 테스팅으로 연결한 뒤 번역 버튼을 클릭하면 잠시 뒤 번역결과가 잘 출력되는 것을 확인할 수 있습니다.

음성인식 및 음성변환 코딩

1. 음성인식 결과를 텍스트박스에 출력
2. 음성듣기로 번역 결과를 소리로 출력

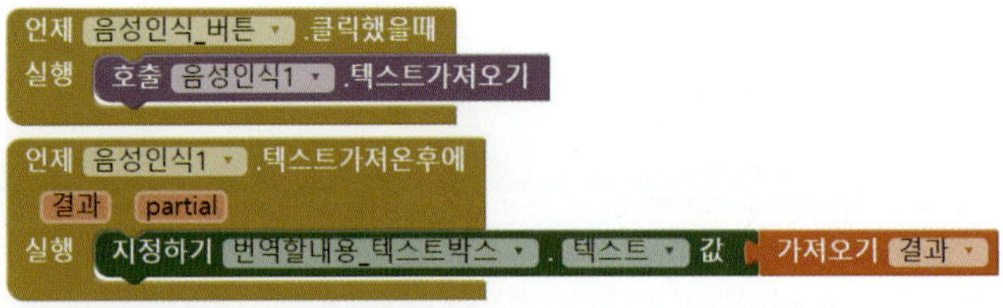

음성인식 기능은 이제 쉽게 구현할 수 있습니다. 위와 같이 코딩합니다.

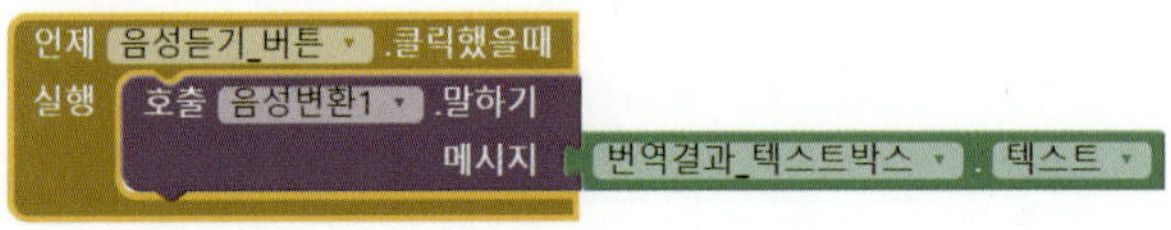

음성변환도 마찬가지로 쉽게 코딩해 줍니다.

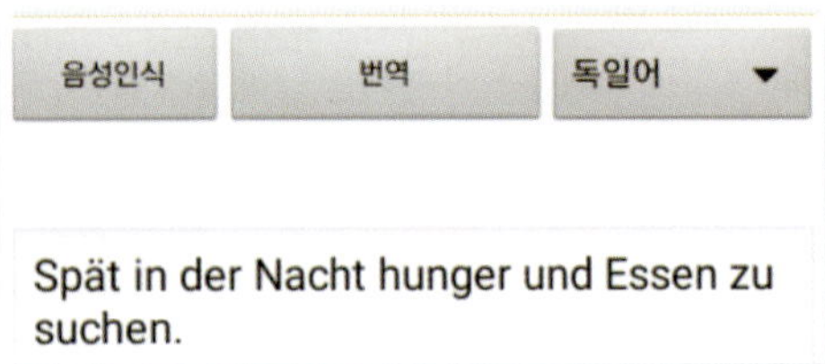

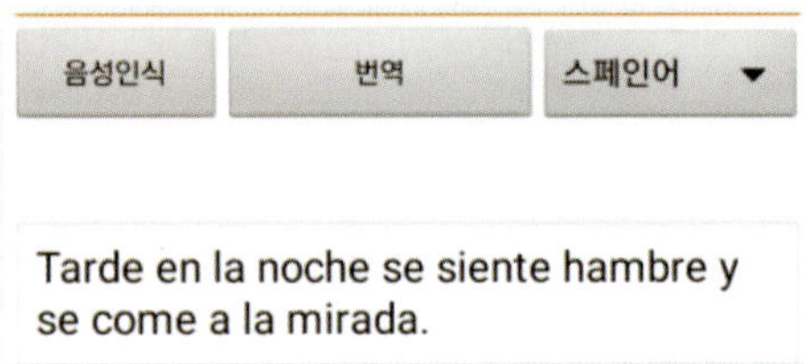

이제 라이브 테스팅으로 나라를 바꿔가며 번역해봅니다. 결과를 음성듣기로 들어보면 나라가 바뀌어도 기본 목소리 그대로여서 억양이 어색합니다. 앱인벤터의 음성변환 컴포넌트의 언어 속성은 기본값(한국어), de(독일), en(영어), es(스페인어), fr(프랑스어), it(이탈리아어)를 지정할 수 있지만, 실제로는 한국어와 영어만 사용 가능하기 때문입니다. (기기마다 차이가 있을 수 있습니다.)

구글 번역 코딩

앵무새 앱에서 배운 액티비티스타터로 구글 번역을 실행하도록 코딩합니다. 먼저 구글 번역 사이트로 이동해 번역할 땐 어떤 URL인지 확인해봅시다. 크롬으로 translate.google.com으로 접속합니다.

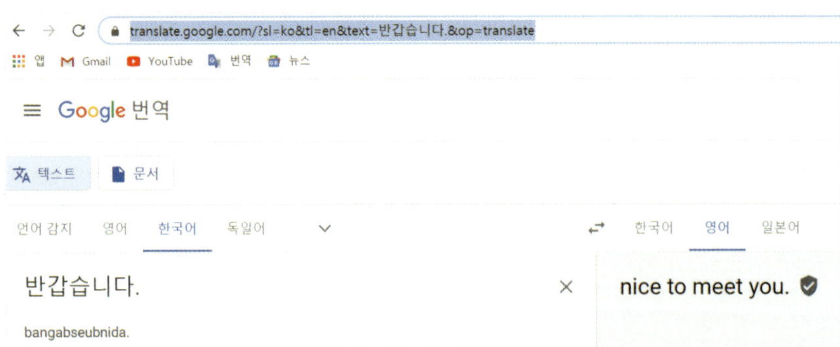

언어는 한국어, 번역할 언어는 영어로 설정하고 "반갑습니다."를 입력했습니다. 상단 주소창을 보면 눈여겨볼 데이터가 있습니다.

1. sl=ko - sl은 Select Language의 약자 ko는 Korea의 앞 두 글자
2. tl=en - tl은 Translate Language의 약자 en은 English의 앞 두 글자
3. text=반갑습니다. - text는 번역할 문장

따라서 tl에 번역언어코드를, text에는 번역할 문장을 지정해 액티비티스타터를 실행하면 됩니다.

동작은 새로운 창을 여는 것이므로 android.intent.action.VIEW로 지정합니다. 구글 번역 사이트로 이동이므로 액티비티패키지와 액티비티클래스는 지정하지 않아도 됩니다. 데이터 URI를 위 그림과 같이 텍스트 합치기로 조합해 줍니다.

라이브 테스팅으로 구글 번역 버튼을 클릭합니다. 구글 번역 앱이 설치되어 있다면 위와 같이 연결 프로그램 창이 나옵니다. 그렇지 않다면 인터넷으로 바로 연결될 것입니다. 구글 번역 앱을 실행하면 데이터 URI의 값이 넘어가지 않으므로 인터넷을 통해 실행시킵니다.

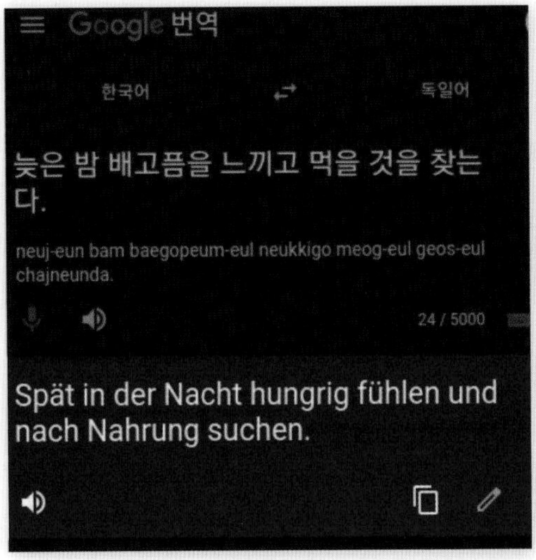

구글 번역 사이트로 잘 접속되고 지정한 문장을 해당 언어로 잘 번역합니다. 여기서 듣기를 하면 그 나라에 맞는 억양으로 들을 수 있습니다.

번역기 코딩을 완료하였습니다.

완성코드

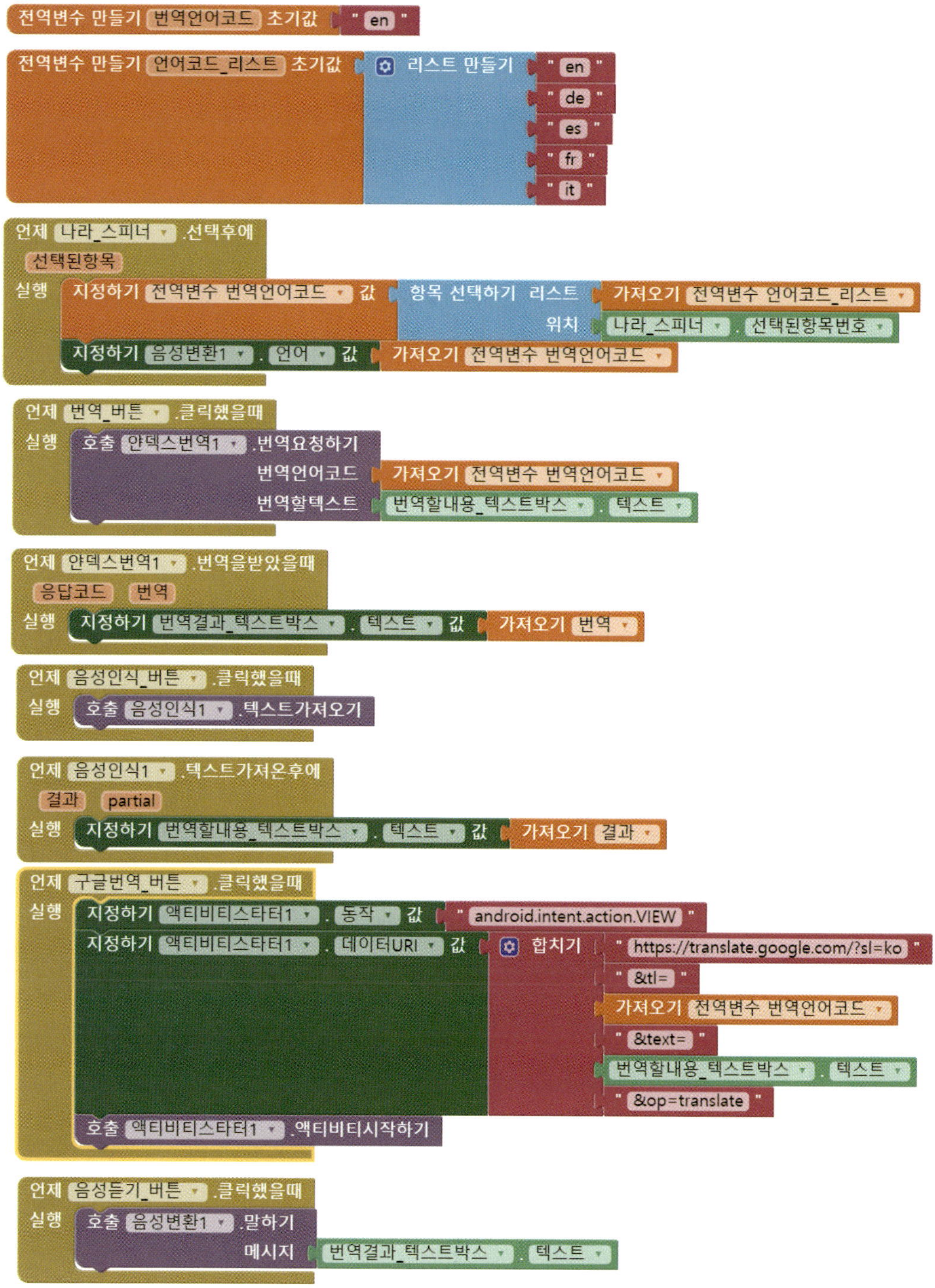
전역변수 만들기 번역언어코드 초기값 " en "
전역변수 만들기 언어코드_리스트 초기값 리스트 만들기 " en " " de " " es " " fr " " it "
언제 나라_스피너 .선택후에
선택된항목
실행 지정하기 전역변수 번역언어코드 값 항목 선택하기 리스트 가져오기 전역변수 언어코드_리스트
위치 나라_스피너 . 선택된항목번호
지정하기 음성변환1 . 언어 값 가져오기 전역변수 번역언어코드
언제 번역_버튼 .클릭했을때
실행 호출 얀덱스번역1 .번역요청하기
번역언어코드 가져오기 전역변수 번역언어코드
번역할텍스트 번역할내용_텍스트박스 . 텍스트
언제 얀덱스번역1 .번역을받았을때
응답코드 번역
실행 지정하기 번역결과_텍스트박스 . 텍스트 값 가져오기 번역
언제 음성인식_버튼 .클릭했을때
실행 호출 음성인식1 .텍스트가져오기
언제 음성인식1 .텍스트가져온후에
결과 partial
실행 지정하기 번역할내용_텍스트박스 . 텍스트 값 가져오기 결과
언제 구글번역_버튼 .클릭했을때
실행 지정하기 액티비티스타터1 . 동작 값 " android.intent.action.VIEW "
지정하기 액티비티스타터1 . 데이터URI 값 합치기 " https://translate.google.com/?sl=ko "
" &tl= "
가져오기 전역변수 번역언어코드
" &text= "
번역할내용_텍스트박스 . 텍스트
" &op=translate "
호출 액티비티스타터1 .액티비티시작하기
언제 음성듣기_버튼 .클릭했을때
실행 호출 음성변환1 .말하기
메시지 번역결과_텍스트박스 . 텍스트

더 해보기

번역기 만들기 프로젝트는 이전 프로젝트들보다 분량이 짧습니다. 그 이유는 기능적인 부분에서 생략한 것이 많습니다. 예를 들어, 번역할 텍스트가 입력되지 않았을 때 예외처리를 하지 않아 아무것도 입력하지 않고 번역을 하면 오류가 발생합니다. 이와 같은 예외 상황이 어떤 게 있을지 고민해 보고 코드를 수정해서 번역기 앱의 완성도를 높일 수 있도록 합니다.

09 퀴즈게임 만들기

프로젝트 주제

퀴즈를 등록하고 퀴즈를 풀 수 있는 앱을 만듭니다. 퀴즈게임 앱을 설치한 기기에서 누구든지 퀴즈를 등록하고 등록된 문제들을 풀 수 있습니다.

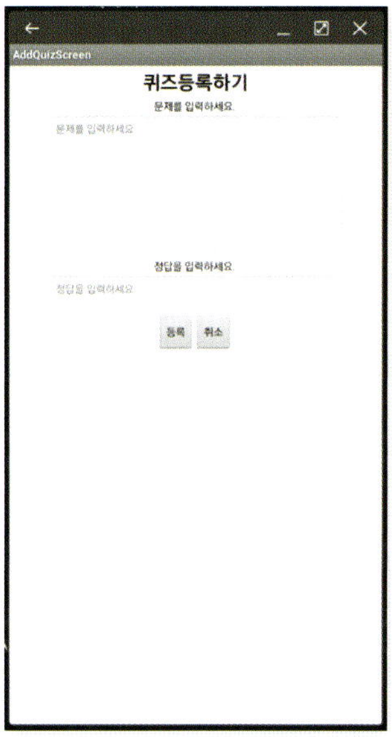

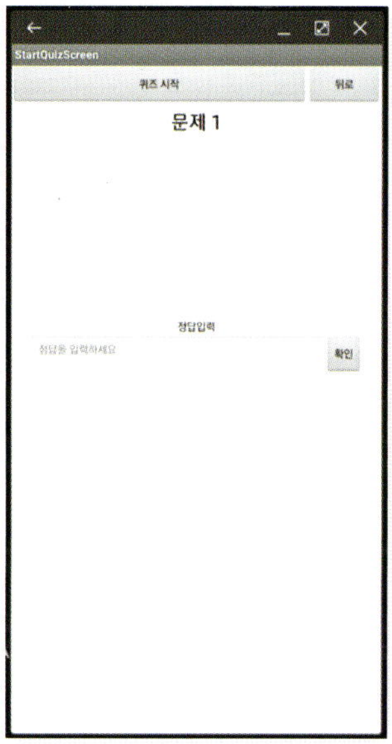

프로젝트 둘러보기

1. 퀴즈 등록 화면에서 퀴즈를 등록할 수 있습니다.
2. 클라우드DB에 문제와 정답을 등록합니다.
3. 퀴즈 풀기 화면에서 클라우드DB에 저장된 퀴즈를 풀 수 있습니다.

사용되는 컴포넌트

총 3개의 화면을 만들 것입니다. 따라서 컴포넌트 구성도 화면별로 살펴보겠습니다.

Screen1

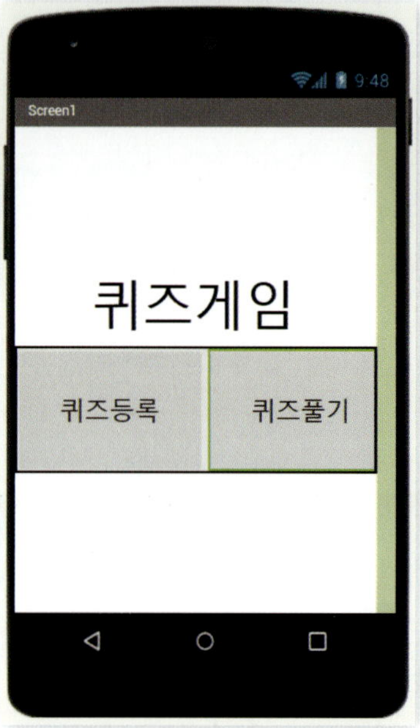

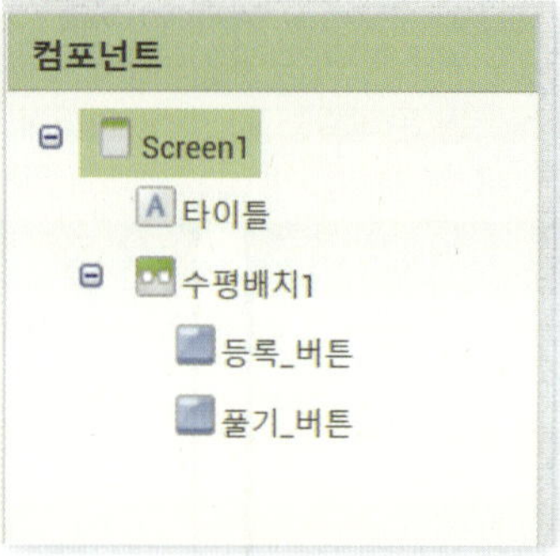

이름	컴포넌트	기능
타이틀	타이틀	"퀴즈게임" 텍스트
등록_버튼	등록_버튼	퀴즈등록 화면으로 이동
취소_버튼	풀기_버튼	퀴즈풀기 화면으로 이동

AddQuizScreen

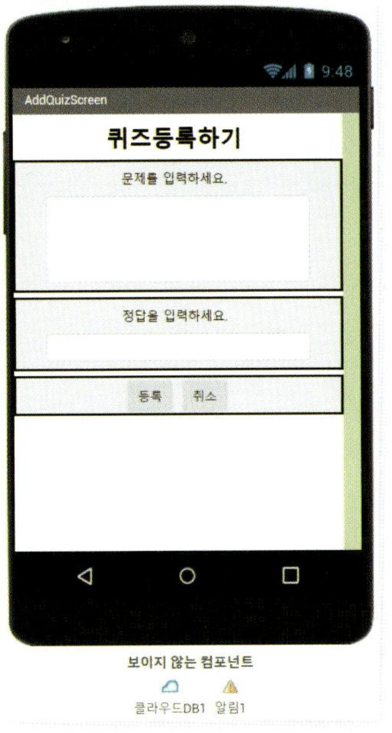

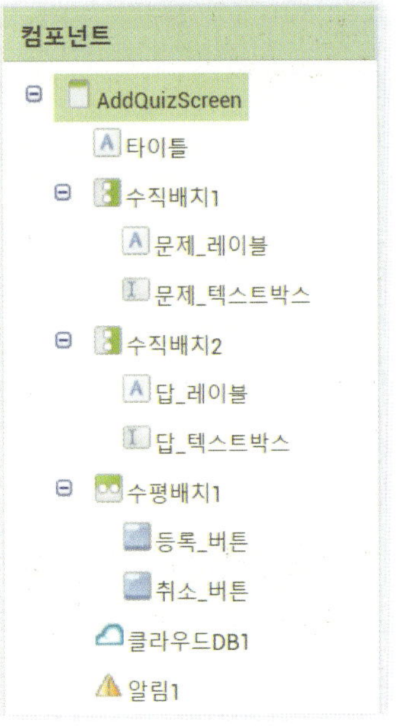

이름	컴포넌트	기능
타이틀	타이틀	"퀴즈등록하기" 텍스트
문제_레이블	문제_레이블	"문제를 입력하세요." 텍스트
문제_텍스트박스	문제_텍스트박스	문제를 입력하는 텍스트박스
답_레이블	답_레이블	"정답을 입력하세요." 텍스트
답_텍스트박스	답_텍스트박스	문제의 정답을 입력하는 텍스트박스
등록_버튼	등록_버튼	입력한 퀴즈를 DB에 등록하는 버튼
취소_버튼	취소_버튼	이전 화면으로 돌아가는 버튼
클라우드DB1	클라우드DB1	클라우드 저장소로 퀴즈 정보를 저장
알림1	알림1	퀴즈 등록 시 알림

StartQuizScreen

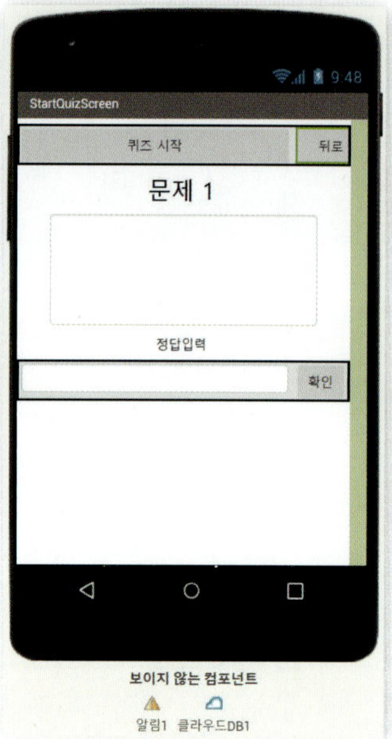

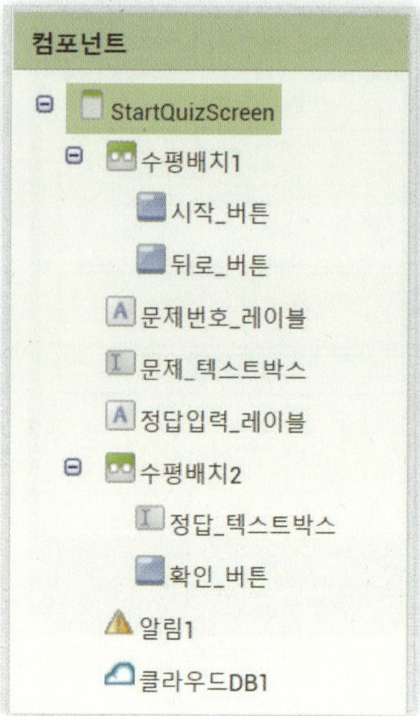

이름	컴포넌트	기능
시작_버튼	시작_버튼	퀴즈 정보를 받아와 퀴즈 풀기 시작
뒤로_버튼	뒤로_버튼	이전 화면으로 돌아가는 버튼
문제번호_레이블	문제번호_레이블	"문제(번호)" 텍스트 출력
문제_텍스트박스	문제_텍스트박스	불러온 퀴즈의 문제를 출력하는 텍스트박스
정답입력_버튼	정답입력_레이블	"정답입력" 텍스트 출력
정답_텍스트박스	정답_텍스트박스	퀴즈의 정답을 입력하는 텍스트박스
확인_버튼	확인_버튼	정답 유무를 확인하는 버튼
알림1	알림1	정답 유무 알림
클라우드DB1	클라우드DB1	퀴즈 정보를 불러올 클라우드 DB

컴포넌트 설계

프로젝트 이름을 QuizGame으로 하여 새 프로젝트를 생성합니다.

Screen1 컴포넌트 설계

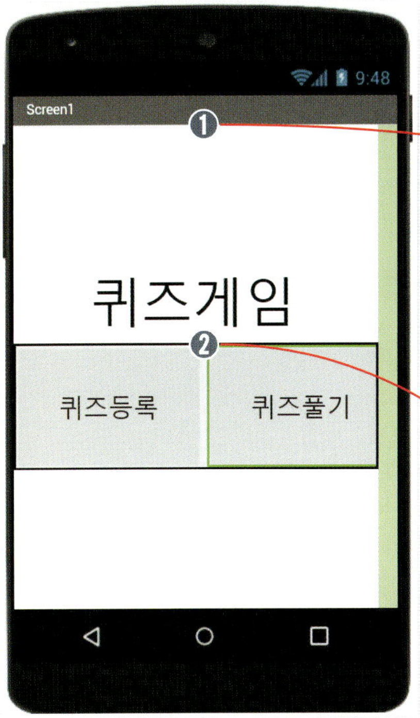

순서	추가하는 컴포넌트	내용
❶	Screen1 타이틀	**Screen1** 수평정렬: 가운데 수직정렬: 가운데 **타이틀** 글꼴크기: 50 텍스트: 퀴즈게임
❷	Screen1 타이틀 수평배치1 등록_버튼 풀기_버튼	**수평배치1** 수평정렬: 가운데 너비: 부모 요소에 맞추기 **등록_버튼** 높이: 100 픽셀 너비: 50 퍼센트 텍스트: 퀴즈등록 **풀기_버튼** 높이: 100 픽셀 너비: 50 퍼센트 텍스트: 퀴즈풀기

AddQuizScreen 컴포넌트 설계

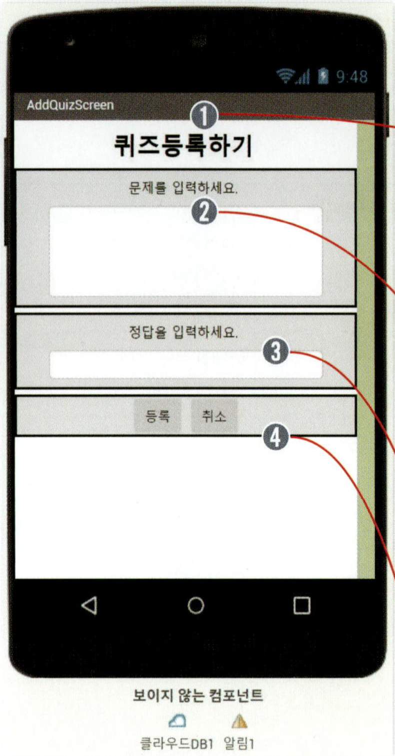

순서	추가하는 컴포넌트	내용
❶	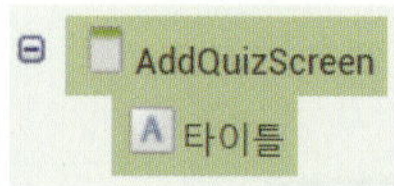	**AddQuizScreen** 수평정렬: 가운데 **타이틀** 글꼴굵게: 체크 글꼴크기: 25 텍스트: 퀴즈등록하기
❷	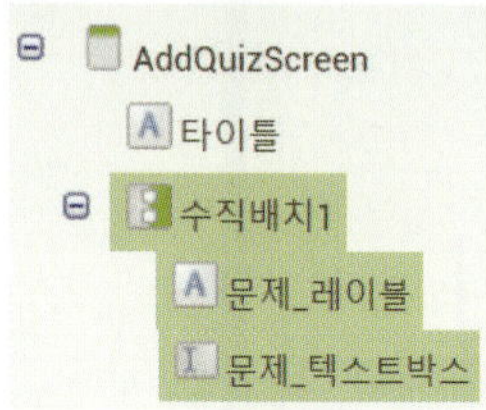	**수직배치1** 수평정렬: 가운데 너비: 부모 요소에 맞추기 **문제_레이블** 텍스트: 문제를 입력하세요. **문제_텍스트박스** 높이: 20 퍼센트 너비: 80 퍼센트 힌트: 문제를 입력하세요. 여러줄: 체크
❸	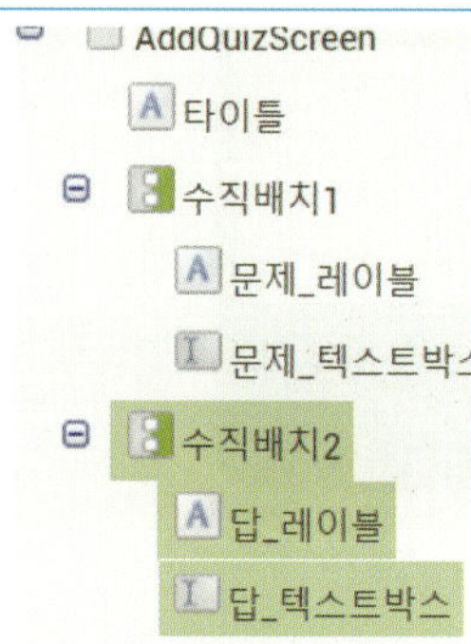	**수직배치2** 수평정렬: 가운데 너비: 부모 요소에 맞추기 **답_레이블** 텍스트: 정답을 입력하세요. **답_텍스트박스** 너비: 80 퍼센트 힌트: 정답을 입력하세요.
❹	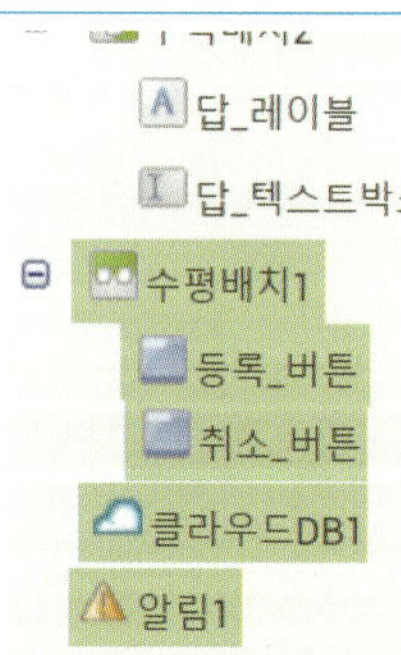	**수평배치1** 수평정렬: 가운데 너비: 부모 요소에 맞추기 **등록_버튼** 텍스트: 등록 **취소_버튼** 텍스트: 취소

StartQuizScreen 컴포넌트 설계

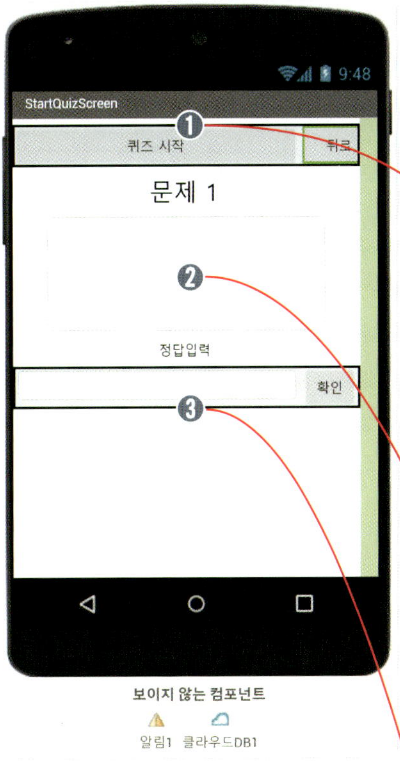

순서	추가하는 컴포넌트	내용
❶	StartQuizScreen 수평배치1 시작_버튼 뒤로_버튼	**StartQuizScreen** 수평정렬: 가운데 **수평배치1** 수평정렬: 가운데 너비: 부모 요소에 맞추기 **시작_버튼** 활성화: 체크해제 너비: 80 퍼센트 텍스트: 퀴즈 시작 **뒤로_버튼** 너비: 20 퍼센트 텍스트: 뒤로
❷	StartQuizScreen 수평배치1 시작_버튼 뒤로_버튼 문제번호_레이블 문제_텍스트박스 정답입력_레이블	**문제번호_레이블** 글꼴크기: 25 텍스트: 문제 1 **문제_텍스트박스** 높이: 25 퍼센트 너비: 80 퍼센트 여러줄: 체크 ReadOnly: 체크 **정답입력_레이블** 텍스트: 정답입력
❸	StartQuizScreen 수평배치1 시작_버튼 뒤로_버튼 문제번호_레이블 문제_텍스트박스 정답입력_레이블 수평배치2 정답_텍스트박스 확인_버튼 알림1 클라우드DB1	**수평배치2** 수평정렬: 가운데 너비: 부모 요소에 맞추기 **정답_텍스트박스** 너비: 80 퍼센트 힌트: 정답을 입력하세요 **확인_버튼** 텍스트: 확인

프로젝트 개발

개발 순서는 다음과 같습니다.

1. 클라우드DB를 사용하여 퀴즈 등록
2. 클라우드DB를 사용하여 퀴즈 풀기
3. 메인화면에서 퀴즈등록과 퀴즈풀기 화면으로 이동

퀴즈 등록 코딩

1. 문제와 답을 입력했는지 확인
2. 클라우드DB에 퀴즈 등록

퀴즈는 quiz+문제번호 태그로 문제와 정답 리스트를 값으로 저장

quiz1: ["문제", "정답"]

quiz2:["올해 년도는?","2020"]

> **클라우드DB**
> 타이니DB와 사용법이 크게 다르지 않습니다. 저장되는 장소가 타이니DB는 기기 자체에 저장되고, 클라우드DB는 앱인벤터에서 제공하는 클라우드 데이터베이스에 저장됩니다. 따라서 네트워크 사용이 가능해야 하며 단일 사용자가 아닌, 다수의 사용자가 DB를 사용할 수 있습니다.

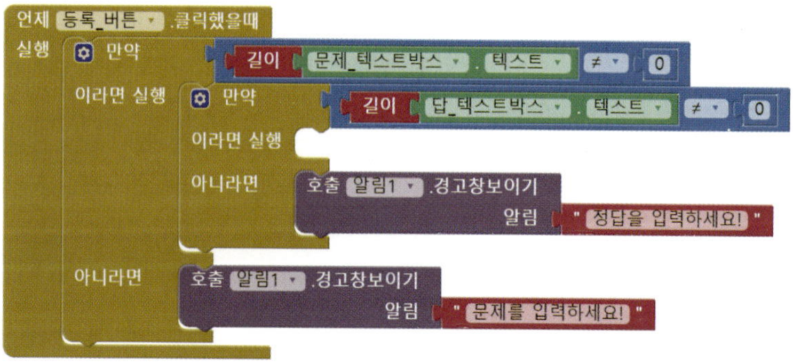

먼저 등록_버튼을 클릭하면 문제와 답 텍스트박스가 공백인지를 확인합니다. 텍스트박스의 길이가 0이 아니라면 사용자가 입력했다는 의미입니다. 아니라면 경고창보이기로 입력을 해야 한다고 알려줍니다.

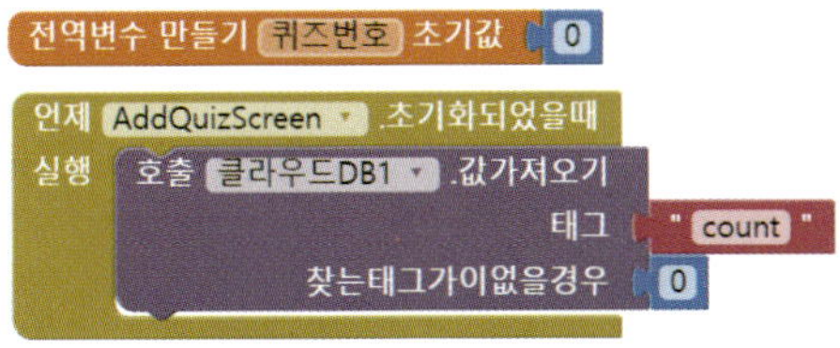

퀴즈문제는 "quiz + 문제번호"로 클라우드DB에 저장해야 합니다. 따라서 먼저 퀴즈번호 변수를 만들어주고 화면이 초기화되었을 때 "count" 태그의 값을 가져오도록 합니다. 찾는 태그가 없을 경우 0을 반환하도록 합니다. "count"는 퀴즈가 저장될 때마다 증가시켜 문제 개수를 세는 용도로 사용합니다.

값을받았을때 퀴즈번호 변수에 값에 1을 더한 값을 지정해줍니다. 다음 문제를 저장하기 위해서입니다.

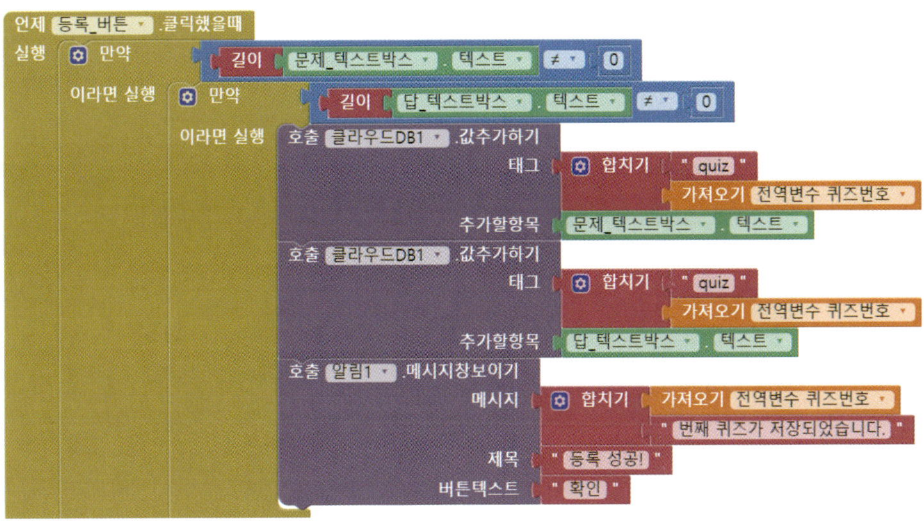

등록_버튼 이벤트에 문제와 답이 입력되어 있으면 위와 같이 코딩해줍니다. 클라우드DB에 값을 추가하는데 태그를 텍스트 합치기로 "quiz"와 "퀴즈번호"를 합쳐줍니다. 이렇게 하면 quiz1에 ["문제"]가 먼저 저장되고, 다시 값추가하기로 답을 추가하여 quiz1에는 ["문제", "정답"]이 저장됩니다. 알림으로 잘 저장되었음을 알려줍니다(값추가하기는 계속해서 리스트처럼 추가합니다).

이어서 count를 증가하도록 값저장하기로 퀴즈번호를 저장합니다. 그리고 퀴즈번호 변수를 1만큼 증가시켜 문제를 이어서 추가할 수 있게 합니다.

마지막으로 취소 버튼을 클릭하면 메인화면으로 이동합니다.

퀴즈 풀기 코딩

1. 문제 개수를 클라우드DB에서 받아온 뒤 시작버튼 활성화
2. 시작버튼을 클릭하면 문제 제출
3. 확인 버튼을 클릭하면 정답 유무를 알려주고 계속 문제를 제출

먼저 변수 3개를 만들어줍니다.

퀴즈개수 변수: 클라우드DB에 등록된 퀴즈 개수인 count를 받아옴

문제번호 변수: 문제 번호를 출력에 사용

퀴즈정답 변수: 가져온 문제의 정답을 저장하여 사용자의 입력과 비교에 사용

그리고 화면이 초기화되었을때 count 값을 불러오도록 합니다.

값을받았을때 만약 아니라면 블록으로 먼저 태그가 count일 때를 코딩합니다. 퀴즈개수 변수에 값을 지정하고 시작 버튼을 활성화합니다.

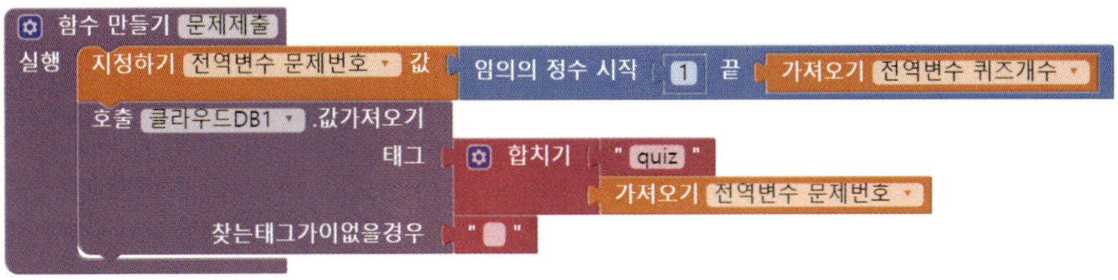

다음으로 문제제출 함수를 만듭니다. 문제번호를 랜덤하게 정해줍니다. 그리고 값가져오기로 quiz+문제번호에 해당하는 문제와 정답을 가져오도록 합니다.

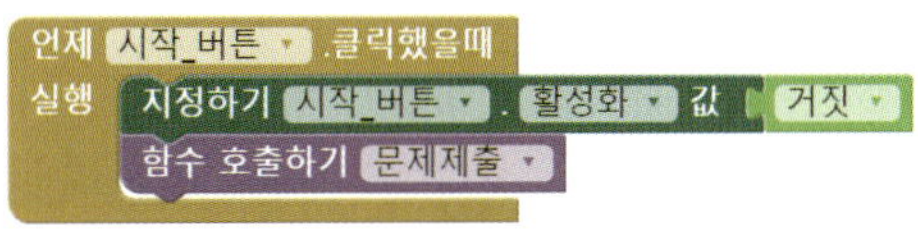

시작 버튼을 클릭하면 버튼을 비활성화시키고 문제풀기를 시작합니다.

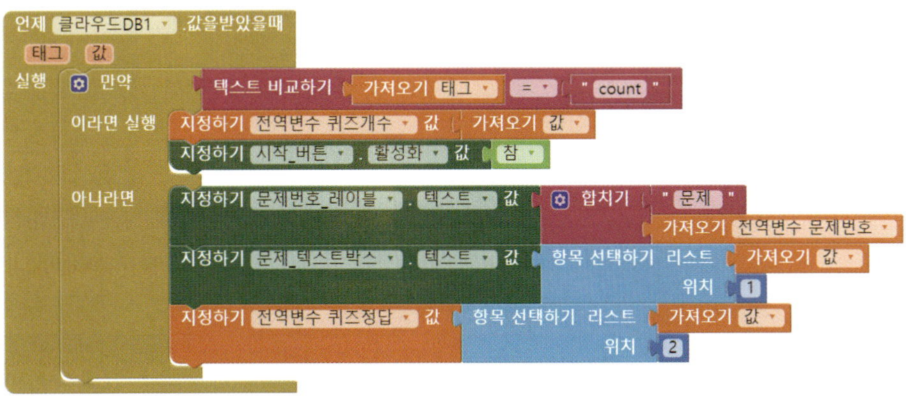

값을받았을때의 만약에서 아니라면은 문제를 가져온 것이므로 문제번호를 문제 + 문제번호로 지정, 문제_텍스트박스에 가져온 값의 1번째 항목으로 문제를 출력하고 퀴즈정답 변수에 2번째 항목인 정답을 저장해둡니다.

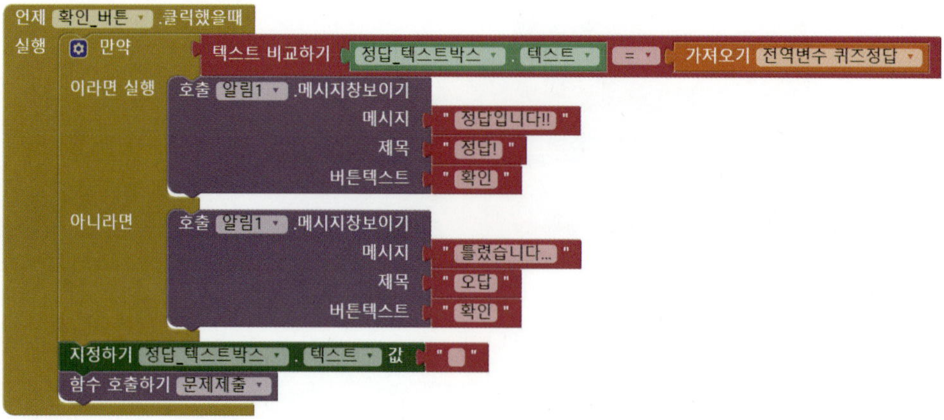

정답을 입력한 사용자가 확인을 누르면 정답 유무를 알려주도록 위와 같이 코딩합니다. 알림이 끝나면 문제제출을 다시 하여 퀴즈를 계속하도록 합니다.

마지막으로 뒤로 버튼을 클릭하면 메인화면으로 이동합니다.

메인화면 코딩(완성코드 - Screen1)

메인화면인 Screen1은 각 버튼을 클릭했을 때 퀴즈등록과 퀴즈풀기 화면으로 이동하게 코딩하면 끝입니다.

퀴즈게임 코딩을 완료하였습니다.

완성코드(AddQuizScreen)

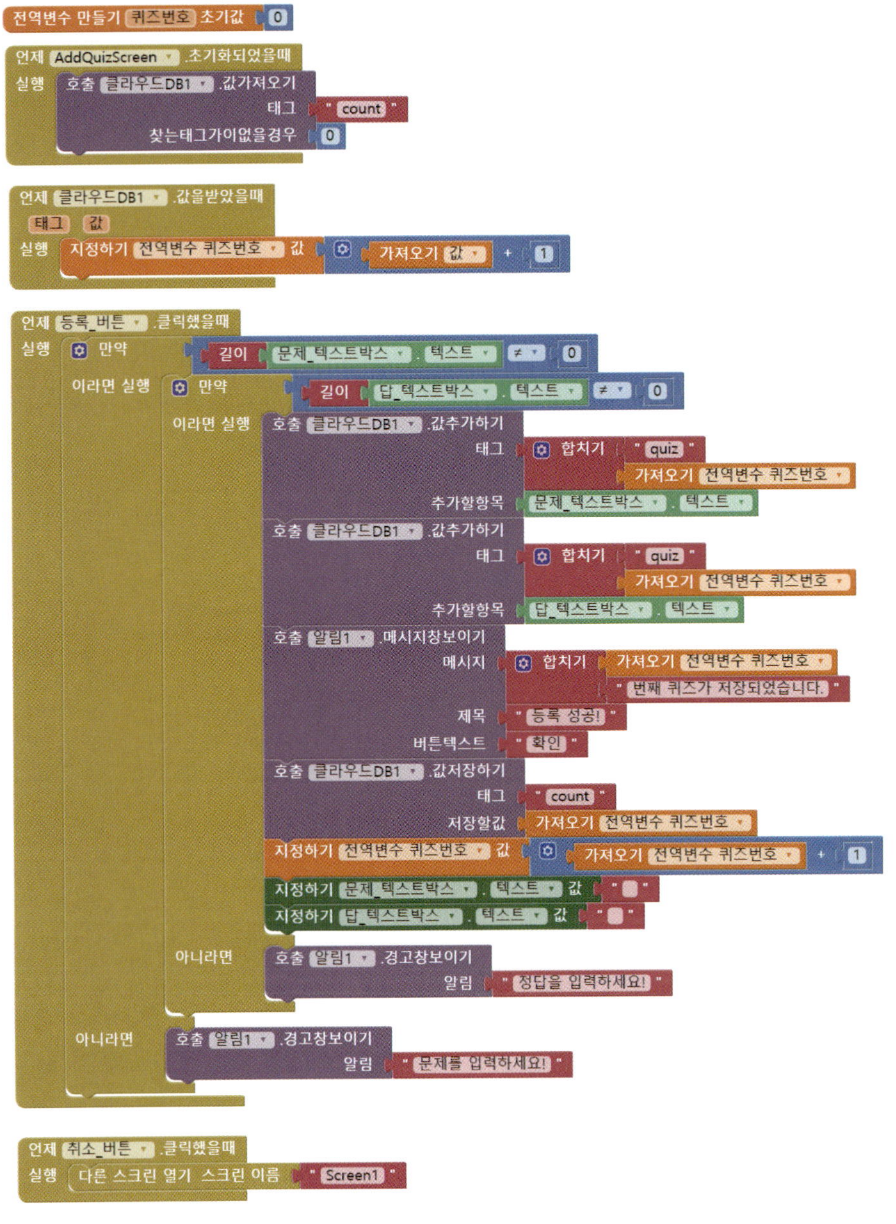

완성코드(StartQuizScreen)

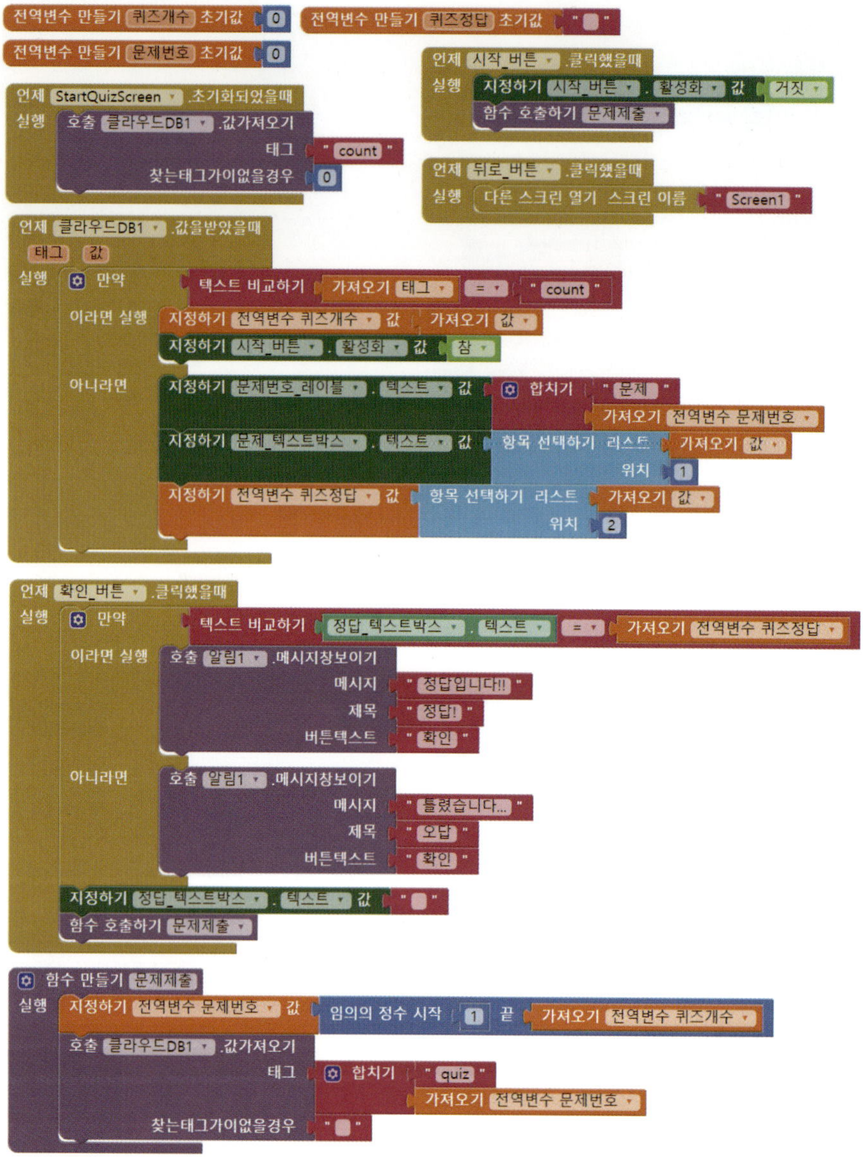

더 해보기

퀴즈게임의 완성도를 더 높여보도록 합시다. 지금 퀴즈게임은 문제를 끊임없이 냅니다. 점수를 추가해서 퀴즈를 얼마나 맞추는지 코딩합시다. 클라우드DB를 사용해서 다수의 사용자가 즐길 수 있을 만큼 다양한 정보를 더 추가해보는 것도 좋습니다. 예를 들어, 닉네임을 지정할 수 있도록 변경하고 점수와 함께 데이터베이스에 저장해 랭킹을 표현할 수도 있을 것입니다. 다양한 아이디어를 구상해보고 퀴즈게임을 더욱더 업그레이드시켜 봅시다.

PART 03

고급예제

진짜 앱을 만들어 봅시다!

9개의 예제들을 통해 앱인벤터 앱 개발에 어느 정도 숙련되었을 것입니다. 이번 장에서는 하나의 큰 주제를 구현해보며 앱인벤터를 마스터해보겠습니다! 이번 프로젝트는 양이 많으므로 천천히 진행하시기 바랍니다.

01 남북 번역기 만들기

아이디어 구상

가장 먼저 할 단계는 아이디어 구상입니다. 어떤 앱을 만들 건지 고민해야 하는데 애플리케이션, 즉 소프트웨어는 사람이 하기 어렵거나 불편한 점 등을 해소해 주고자 만들어졌습니다. 가령 우리가 익히 쓰는 한글 2020, 마이크로소프트 오피스 등의 문서작업 프로그램은 과거 회사나 공공기관 및 정부 기관 등에서 서류작업에 시간이 많이 드는 불편함을 해소해 주고자 만들어졌습니다.

위 그림은 CAD가 없었을 시절 회사에서 일했던 모습입니다. CAD라는 소프트웨어는 도면 등을 벡터로 그릴 수 있는 편리한 소프트웨어인데, 컴퓨터가 없던 시절엔 사진에서 볼 수 있듯이 손으로 그리는 일을 했습니다. 대부분의 소프트웨어는 이와 같은 불편함을 해소하기 위해, 편리함을 주기 위해 만들어졌습니다.

TV를 보다 떠오른 아이디어

아주 큰 인기를 끌었던 드라마 중 북한을 소재로 한 드라마가 있습니다. "패러글라이딩을 하다가 불시착으로 북한에..."라는 내용의 드라마였습니다. 북한에서 일어나는 에피소드를 다루며 인기를 끌었던 드라마였습니다. 그리고 비교적 최근 평양의 모습을 담은 다큐멘터리도 방영했었는데 해당 다큐멘터리에서 보면 북한도 스마트폰을 사용하는 것을 볼 수 있었습니다. TV를 시청하다가 문득 "북한말 번역"이라는 주제가 떠올랐습니다.

아리랑이라는 운영체제를 쓴다고 하지만 실제론 안드로이드 운영체제를 쓰는 똑같은 스마트폰입니다. 평양의 사람들은 이 스마트폰을 사용합니다. 설치된 애플리케이션들을 보면 우리가 쓰는 문자메시지는 "통보문", 사진첩은 "서고" 등으로 단어들이 우리에겐 많이 어색함을 알 수 있습니다. 언젠가 통일이 된다면 같은 또래의 아이들이 SNS 등으로 소통할 때 서로 전달하는 단어가 어색하지 않게 도움이 되면 좋겠다고 생각했고, 위와 같은 정보를 토대로 구상해본 아이디어가 "남북 번역기"입니다.

알고리즘 생각해보기

아이디어가 정해졌으니 구현하기에 앞서 먼저 해야 할 것은 어떻게 구현할 것인지, 핵심 기능의 알고리즘이 어떻게 되는지 알고리즘 설계를 해야 합니다. 어려운 설계가 아니라 간단하게 어떤 과정으로 구현할 것인지를 글로 나타내거나 도식화하여 표현해보는 것입니다. 그렇다면 여기서 구글 번역은 어떻게 하는 건지 한번 봅시다.

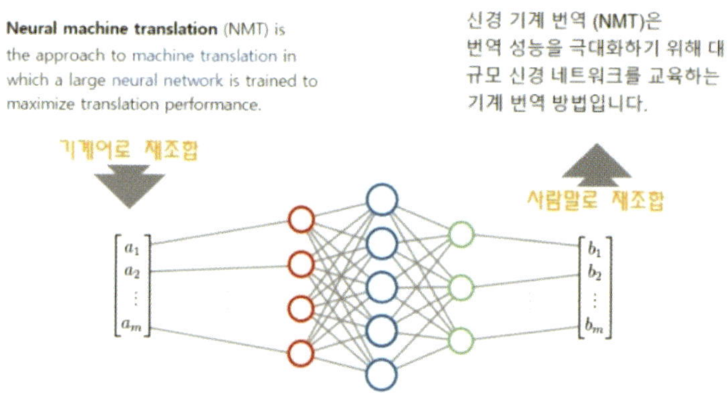

인공신경망이란 딥러닝 기술로 입력된 언어를 기계어로 분리한 뒤... 내용이 참 어렵습니다. 언어들의 문법체계가 가지각색이므로 구글 번역은 인공신경망이라는 고급 기술을 사용해 번역합니다. 우리는 이런 내용을 몰라도 됩니다! 간단하게 봅시다.

"오늘 아이스크림을 먹었어."

구글 번역기처럼 복잡한 기술을 적용하거나 할 필요가 없습니다. 사실 북한말이나 우리말이나 문법 구조는 똑같기 때문입니다. 사용하는 단어들이 많이 다를 뿐입니다.

"오늘 아이스크림을 먹었어." → "오늘 얼음보숭이를 먹었어."

* 북한정보포털의 남북 언어 비교 자료를 인용하였습니다.

문장에서 아이스크림 단어를 북한말인 얼음보숭이로만 변경해주면 되는 것입니다. 이 알고리즘을 더 구체적으로 만들기 전에 필요한 것은 북한말 데이터입니다. 어디서 준비할 수 있을지 알아봅시다.

북한말 용어 자료 준비

알고리즘을 구체화하기 전에 필요한 것은 북한말 용어입니다. 기반 자료가 있어야 번역을 할 수 있기 때문입니다. 통일부 소속의 북한정보포털 사이트에 접속해봅시다.

북한과 관련된 각종 정보를 제공하는 공공기관 사이트입니다. 여기서 테마를 클릭합니다.

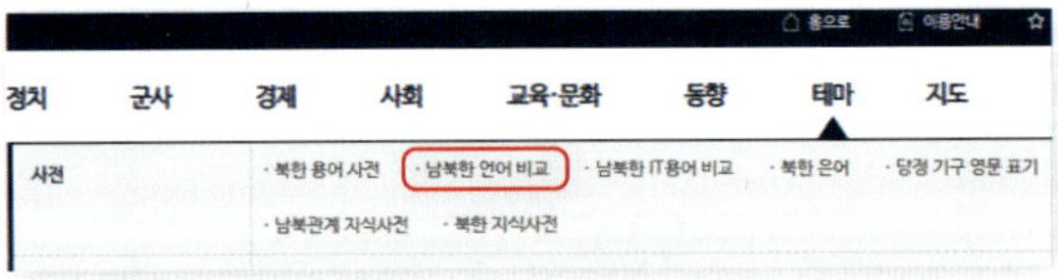

사전 메뉴에 북한 용어 사전, 남북한 언어 비교 등 많은 사전 데이터가 있습니다. 이 중 남북한 언어 비교를 클릭합니다.

우리말과 북한말 각각 용어를 비교해놓은 데이터를 볼 수 있습니다. 남북 번역기에 딱 필요한 데이터입니다! 여기서 중요하게 봐야 할 부분은 우측 상단의 남북한 언어 비교 엑셀 파일입니다. 이 엑셀 데이터를 어떻게 앱인벤터에서 사용 가능할지 알아봅시다.

파일

파일 컴포넌트는 파일을 저장하고, 검색, 불러오는 기능을 합니다. 저장하기로 파일을 저장할 때 기본 경로는 /sdcard/AppInventor/data에 저장됩니다. 경로를 /로만 지정할 경우 최상위 폴더인 /sdcard에 저장됩니다.

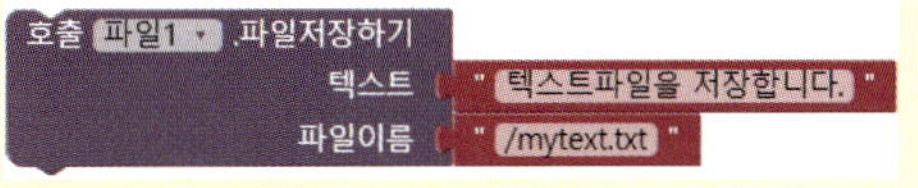

불러오기 기능을 통해 리스트 형태로 데이터를 불러올 수 있는 파일형식이 CSV파일 입니다. CSV는 “,”로 구분된 파일 데이터로 리스트로 사용하기 좋습니다. 불러오기 호출로 파일을 읽어오면 리스트 블록의 “CSV표를 리스트로 바꾸기” 블록으로 리스트로 변환할 수 있습니다(좌표 데이터처럼 다중 리스트 형태로 저장됩니다).

파일 이름 앞에 “/”는 상위 경로인 /sdcard입니다.

“//”는 해당 애플리케이션의 패키지 경로에서 파일을 불러옵니다.

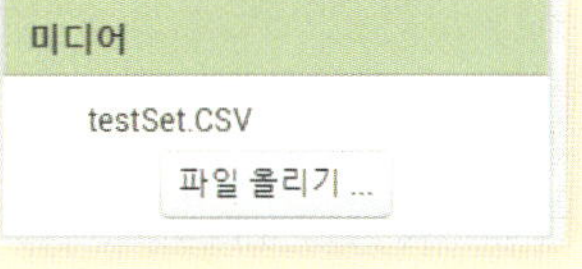

프로젝트의 미디어로 업로드한 파일은 “//”로 불러옵니다.(파일 이름은 알파벳, 숫자 및 기호(“-”, “_”, “.”, “!”, “~”, “*”, “(”, “)”)만 가능합니다.

파일을 읽어올 수 있는 파일 컴포넌트가 있음을 확인했습니다. 그리고 파일 컴포넌트에서 CSV 파일이 리스트 형태로 사용할 수 있다 하였습니다. 엑셀의 기능 중 CSV 파일로 저장하는 기능이 있으므로 남북한 언어 비교 엑셀 파일을 CSV로 만들 수 있습니다! 자료 준비가 될 것 같습니다. 이제 알고리즘을 더 구체적으로 만들어 봅시다.

번역 알고리즘 순서

알고리즘 순서를 생각해봅시다. "오늘 아이스크림을 먹었어." 문장에서 먼저 아이스크림이란 단어를 찾아야 합니다. 정확한 단어를 찾기 위해서는 한 글자씩 분해해야 합니다.

입력된 문장	
1	오
2	늘
3	
4	아
5	이
6	스
7	크
8	림
9	을
10	
11	먹
12	었
13	어
14	.

❶ 단어 | 오

❷ 단어 | 오늘

❸ 남북한 언어 비교에서 **오늘** 단어 찾기

❹ 없으면 넘어감

❺ 단어 | 아

❻ 단어 | 아이

❼ 단어 | 아이스크림

❽ 남북한 언어 비교에서 **아이스크림** 단어 찾기

❾ 얼음보숭이로 대체

입력된 문장을 모두 한 글자씩 나눈 뒤에 위와 같은 알고리즘 순서로 맨 처음 글자부터 하나씩 합쳐 나갑니다. 그리고 단어 하나가 완성될 때 남북한 언어 비교 데이터에서 북한말 용어를 찾아 대체하는 알고리즘입니다.

이제 개발해봅시다. 고양이와 강아지 프로젝트처럼 컴포넌트 설계부터 상세히 진행하겠습니다.

컴포넌트 설계(Screen1)

프로젝트 이름을 "KoreaTranslate"로 하여 새 프로젝트를 시작합니다.

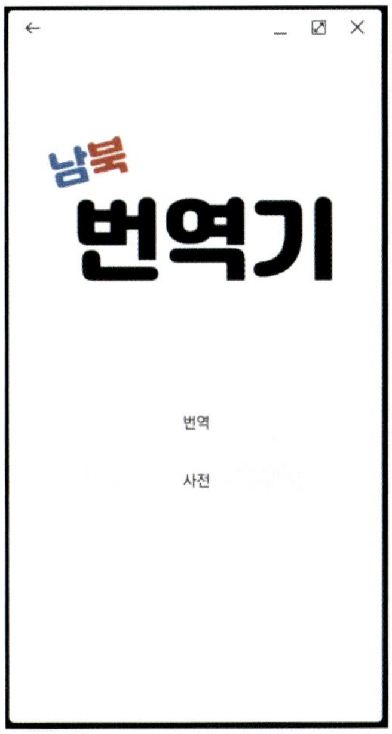

*기기설정을 따르므로 위 디자인과 다를 수 있습니다.

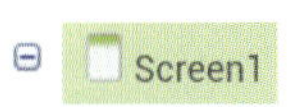

수평정렬	앱이름	스크린닫기 애니메이션	스크린열기 애니메이션	크기조정	제목보이기
가운데	남북 번역기	줌	줌	고정형	체크해제

Screen1의 속성값을 위와 같이 수정합니다. 스크린 애니메이션은 스크린 전환 시 효과입니다. 테마 속성의 장치 기본값은 애플리케이션을 해당 기기의 설정에 맞춰 표현합니다.

링크(http://infinitybooks.co.kr/b/appinventor.zip)에서 logo.png 파일을 다운받고 미디어에 업로드 합니다.

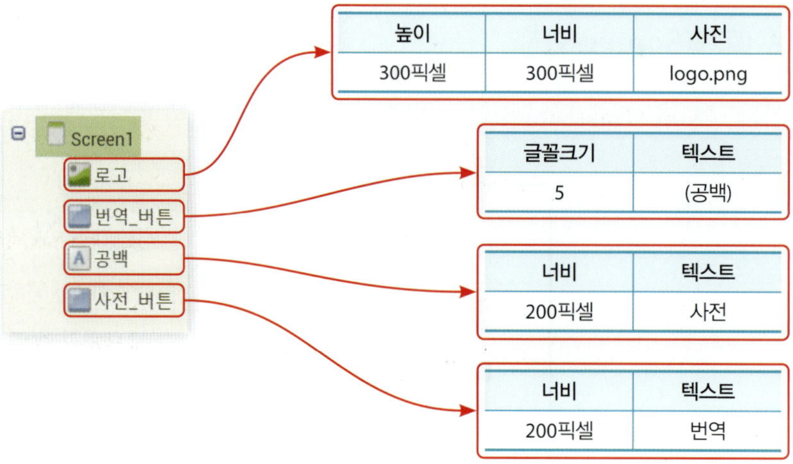

이미지, 버튼 컴포넌트들을 추가하고 이름을 위 그림과 같이 수정합니다. 각 컴포넌트의 속성값도 오른쪽과 같이 변경합니다. 공백 레이블은 앱인벤터에 컴포넌트 간 간격을 벌리는 속성값이 없어 레이블을 추가하고 텍스트를 공백으로 하여 간격을 벌리게 하였습니다.

코딩

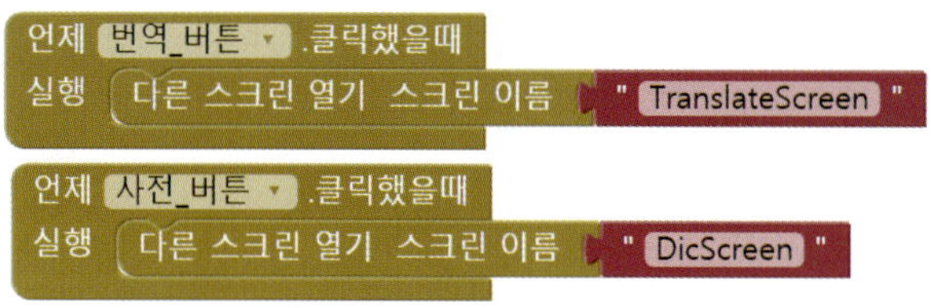

메인화면의 코딩을 미리 해둡시다. TranslateScreen는 번역화면, DicScreen는 용어사전 화면입니다.

컴포넌트 설계(TranslateScreen)

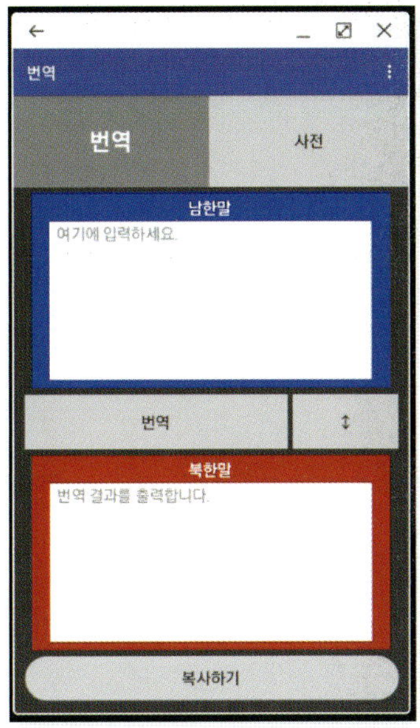

위와 같은 화면을 디자인할 것입니다. 순서대로 천천히 잘 따라 하면 됩니다.

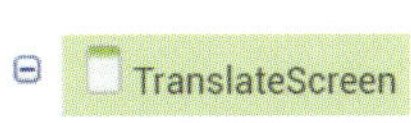

수평정렬	스크롤가능여부	제목	배경색
가운데	체크	번역	어두운 회색

스크린 추가로 TranslateScreen을 추가합니다. 속성을 위와 같이 변경합니다.

탭_수평배치

수평정렬	높이	너비
가운데	75픽셀	부모

번역탭

배경색	글꼴굵게	글꼴크기	높이	너비	모양	텍스트	텍스트색상
회색	체크	20	부모	부모	직사각형	번역	흰색

사전탭

높이	너비	모양	텍스트
부모	부모	직사각형	사전

탭_경계

높이	너비
5픽셀	부모

앱에서 탭을 표현하는 것처럼 될 수 있게 컴포넌트를 추가합니다. 속성을 앞의 그림과 같이 변경합니다.

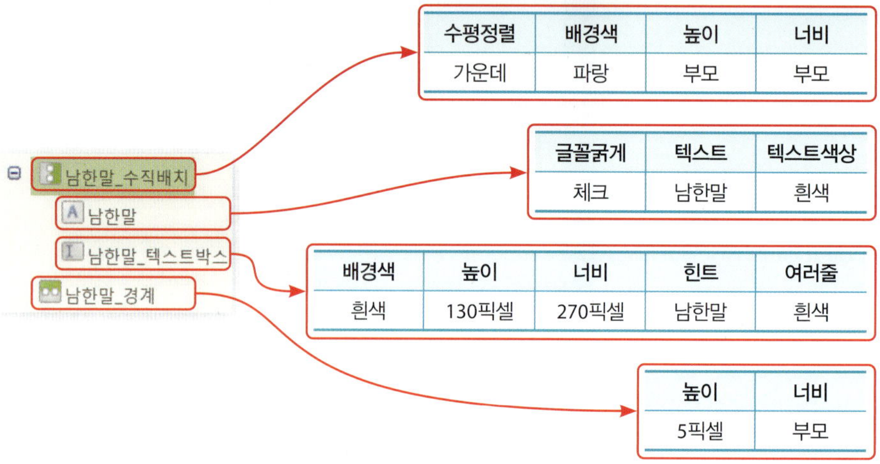

남한말 입력 부분을 위와 같이 추가합니다.

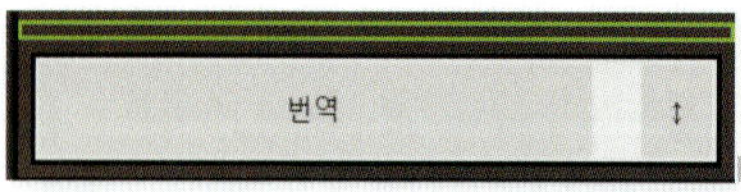

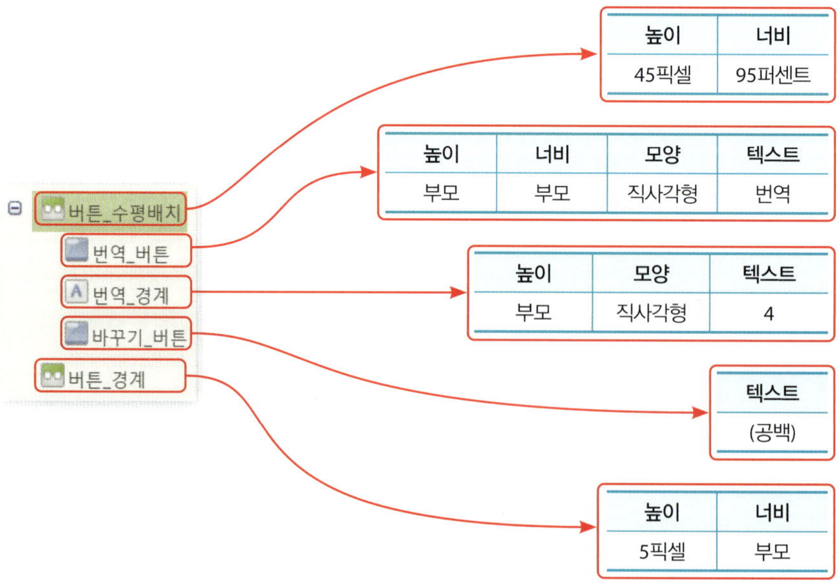

번역 버튼, 남한말 입력값과 북한말 입력값을 서로 교체하는 버튼을 앞의 그림과 같이 추가합니다.

수평정렬	배경색	높이	너비
가운데	사용자지정(#c90000ff)	부모	부모

글꼴굵게	텍스트	텍스트색상
체크	남한말	흰색

배경색	높이	너비	힌트	여러줄
흰색	130픽셀	270픽셀	남한말	흰색

높이	너비
5픽셀	부모

남한말 부분과 같은 방법으로 북한말 부분을 만들어줍니다.

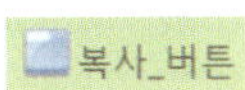

높이	너비
5픽셀	부모

최하단에 복사하기 버튼을 추가합니다.

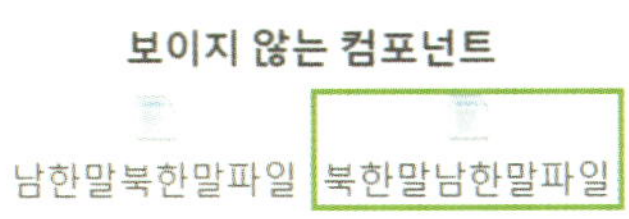

파일 컴포넌트 2개를 추가하고 TranslateScreen의 컴포넌트 설계를 완료합니다.

자료 준비

본격적으로 코딩을 시작하기 전에, 남북 언어 비교 파일을 앱인벤터에서 사용할 수 있도록 CSV 파일로 변환해야 합니다.

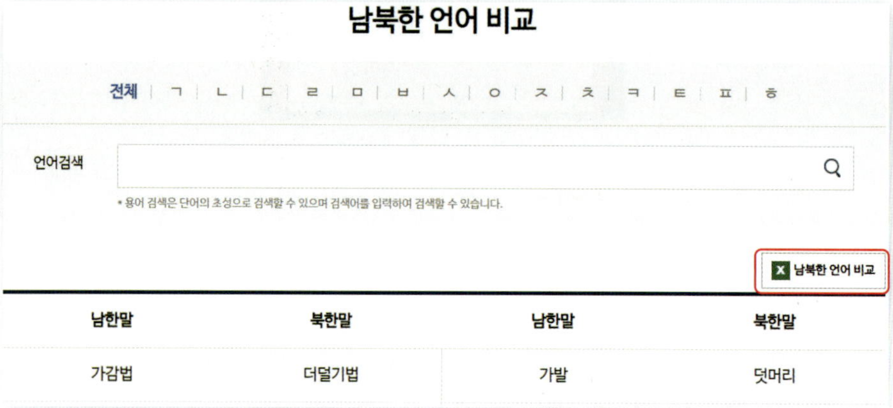

https://nkinfo.unikorea.go.kr/nkp/term/skNkLangCompare.do로 접속하여 남북한 언어 비교 엑셀 파일을 다운로드합니다(단어를 검색하지 않고 클릭해야 합니다).

	A	B	C	D
1	남한말	북한말	남한말	북한말
2	가감법	더덜기법	가발	덧머리
3	가사	집안거두매	가시광선	보임광선
4	가연성	불탈성	가연성 가스	불탈가스
5	가용성	풀림성	가위바위보	가위주먹
6	가을뿌림	가을붙임	각색	옮겨지음
7	각선미	다리매	각주	아래붙임
8	각질	뿔질	간통 사건	부화사건
9	갈고리눈	갈구리눈	감광제	빛느낌약

다운로드 받은 파일을 엑셀로 열어보면 위와 같은 형식으로 되어 있습니다. 우리는 이 엑셀을 조금 편집해 2차원 데이터 형태로 만들어야 합니다.

511	후광	빛너울	훈제	내굴찜
512	휴일	휴식날	휴화산	멎은화산
513	흙손	바르기흙손	흡수성	포수성

맨 밑으로 이동하여 "포수성" 셀을 클릭합니다. 그리고 Shift를 계속 누르고 있습니다(맨 아래의 "근로인테리"는 비교 단어가 없으므로 제외합니다).

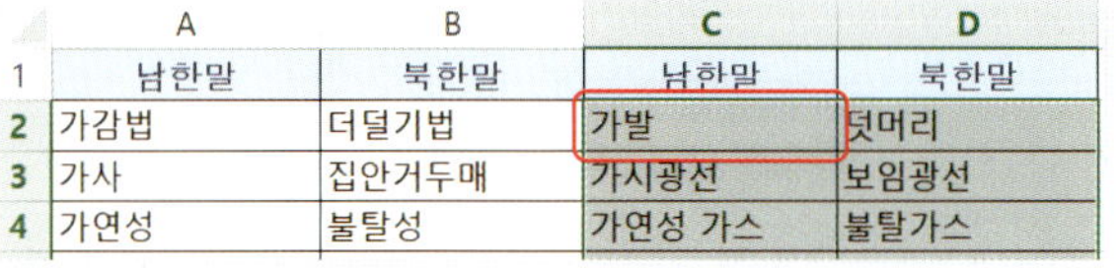

맨 위로 올라가 가발 셀을 클릭합니다. 그러면 가발 셀부터 포수성 셀까지 모두 선택됩니다. 그대로 Ctrl + X로 잘라내기를 합니다.

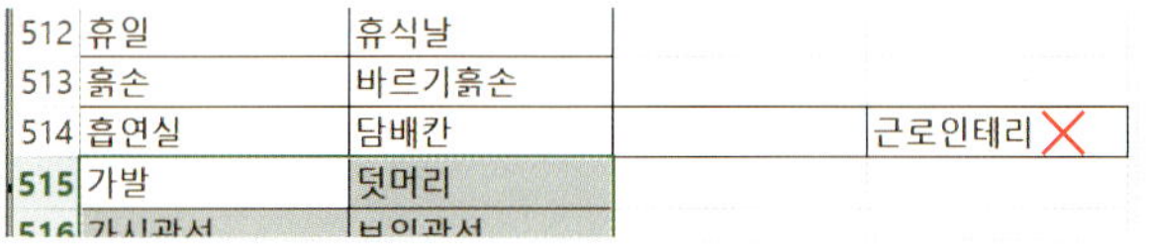

맨 아래로 내려가 마지막 행의 빈칸을 클릭 후 Ctrl+V로 붙여넣기를 하여 잘라낸 셀들을 맨 아래에 이어 붙입니다. 근로인테리 단어는 삭제합니다.

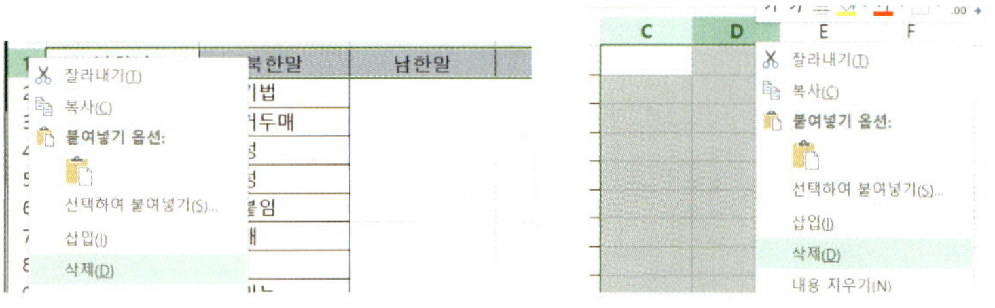

다시 맨 위로 올라가 1번 행에서 마우스 우클릭을 하고 삭제를 통해 1행 전체를 삭제합니다. 그리고 데이터가 있었던 C, D열도 전체 삭제를 합니다(C, D열을 삭제하지 않으면 빈 데이터가 생깁니다).

파일 - 내보내기 메뉴로 이동해 CSV(쉼표로 분리)를 클릭하고 다른 이름으로 저장해줍니다.

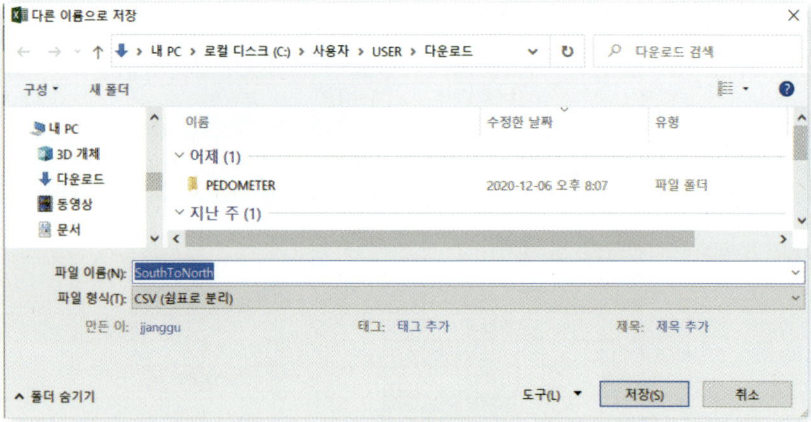

앱인벤터에서 한글파일은 미디어에 추가할 수 없으므로 파일 이름은 SouthToNorth로 합니다. 파일형식을 CSV로하고 저장해줍니다(만약 파일 형식에 CSV-UTF8이 있다면 CSV-UTF8로 저장합니다!)

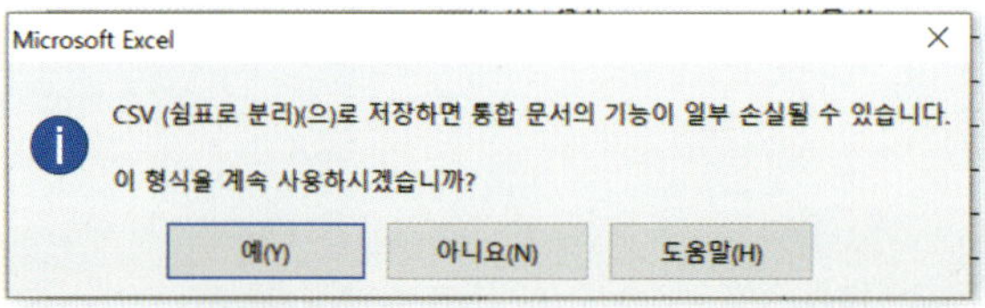

예(Y)를 클릭하면 CSV 파일이 잘 저장됩니다. 마지막으로 한 가지만 더 수정해야 합니다.

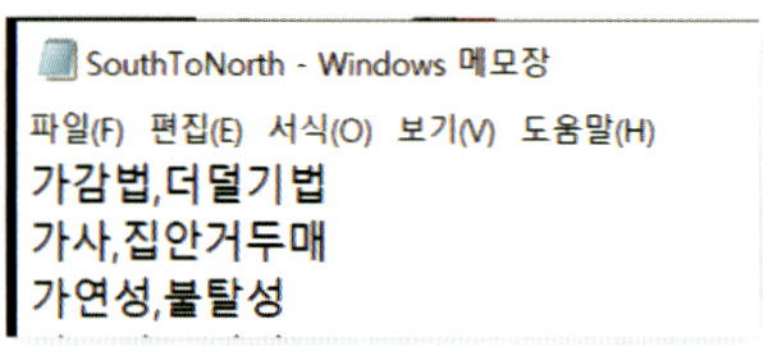

엑셀이 구버전일 경우 CSV-UTF8로 저장 형식이 없습니다. 따라서 그냥 CSV로 저장하면 문자열 인코딩을 ANSI라는 코드로 저장하는데 앱인벤터는 UTF8 인코딩이어서 파일이 깨져버립니다. 따라서 메모장에서 UTF8로 저장해야 합니다.

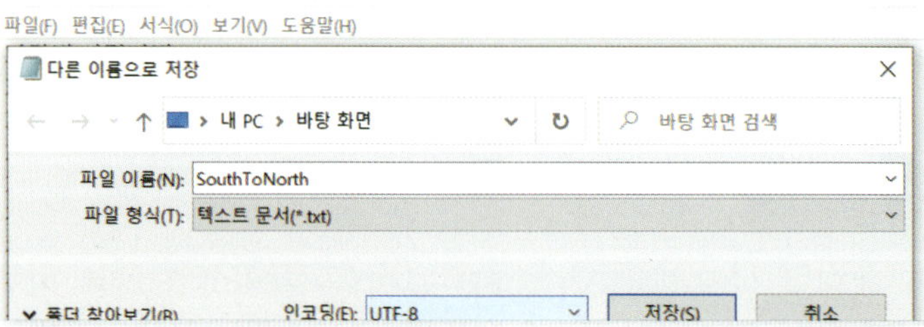

파일 - 다른 이름으로 저장을 하고 맨 아래의 인코딩을 UTF-8로 하여 다시 저장합니다. (또는 변환된 파일을 링크주소(SouthToNorth.CSV)에서 받을 수 있습니다.)

이제 미디어에 파일 올리기로 변환한 CSV 파일을 업로드합니다.

번역 기능 코딩

이제 번역 기능 코딩을 시작합니다. 천천히 하나씩 만들어 봅시다.

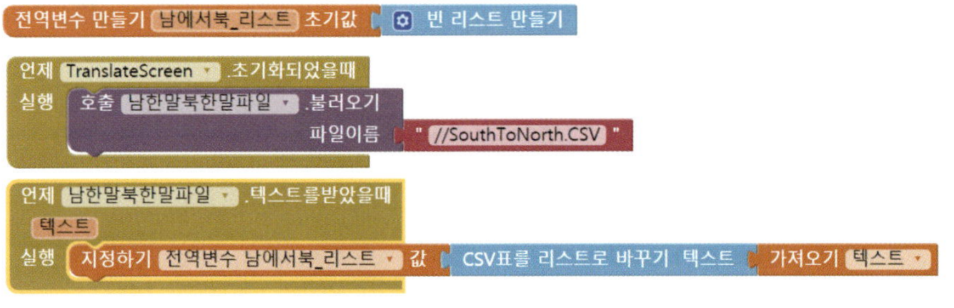

맨 처음 해야 할 것은 업로드한 파일을 번역 화면이 초기화되었을 때 리스트에 모두 불러와야 합니다. 파일을 불러오고 CSV표를 리스트로 바꾸기 블록을 통해 SouthToNorth.CSV 파일을 리스트로 변환합니다.

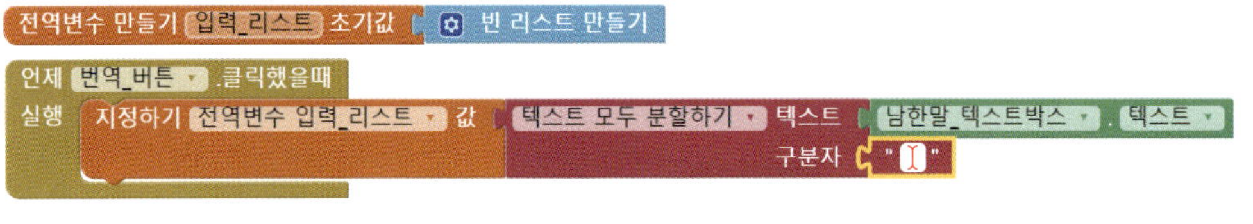

사용자는 번역할 문장이나 단어를 입력 후 번역_버튼을 클릭할 것입니다. 알고리즘에서 살펴봤듯이 맨 처음 해야 하는 건 한 글자 한 글자씩 분해하는 것입니다. 글자를 저장할 "입력_리스트" 리스트를 만들고 번역 버튼을 클릭하면 모두 분할하기로 리스트에 저장합니다. 구분자에 공백(스페이스키)을 하면 안됩니다! 아무것도 없어야 합니다.

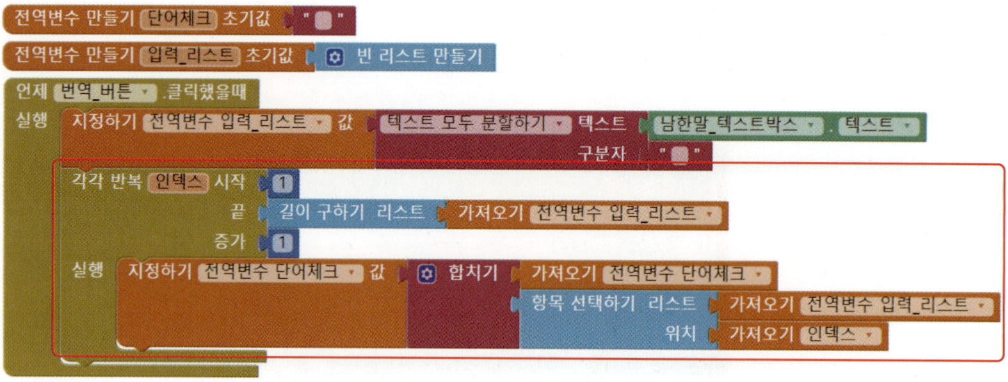

알고리즘 순서대로 단어를 하나씩 합칠 단어체크 변수를 만듭니다. 그리고 입력_리스트 전체를 순서대로 반복하는 반복문을 만듭니다. 그리고 단어체크 변수에 합치기로 순서대로 하나씩 합쳐 나가도록 합니다.

단어가 번역되면 저장할 "번역된단어" 변수를 만들어줍니다. 그리고 모든 변수와 리스트는 보기 편하도록 코드의 맨 위로 이동시켜주었습니다.

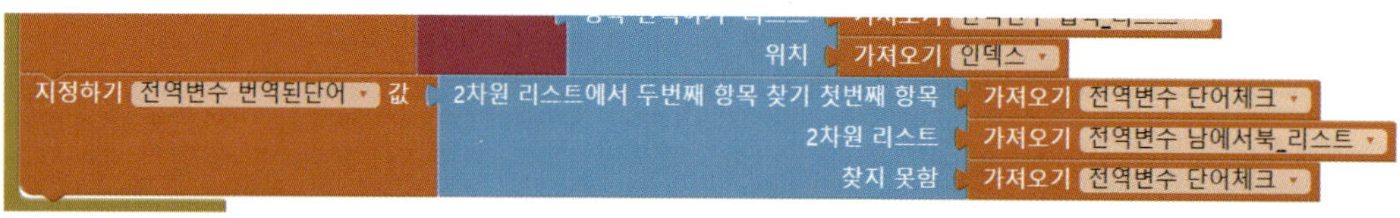

번역 버튼에 이어서 번역된단어에 2차원 리스트에서 두 번째 항목을 찾는 블록으로 항목은 "단어체크", 2차원 리스트는 "남에서북_리스트", 찾지 못함에 "단어체크"를 지정합니다. 번역되면 대치된 단어가 "번역된단어" 변수에 저장되고 그렇지 않으면 그대로 저장됩니다.

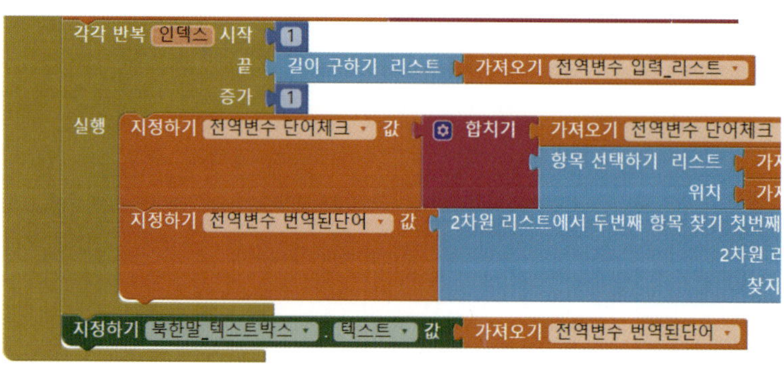

모든 반복이 끝나면 북한말_텍스트박스에 번역된 단어가 나오도록 지정합니다. 여기서 라이브 테스팅으로 테스트해봅시다.

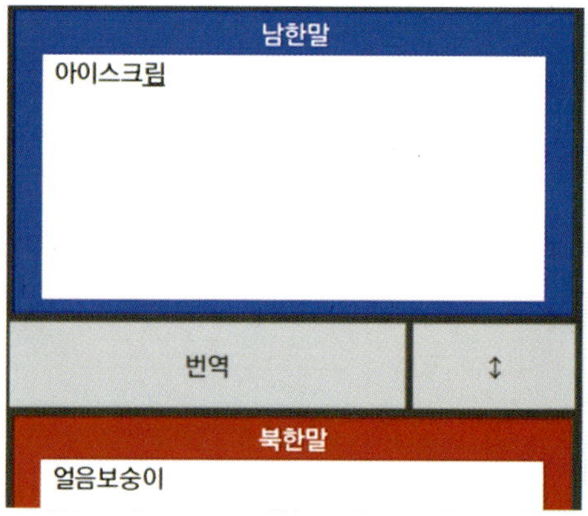

아이스크림을 입력하고 번역해보니 얼음보숭이로 잘 나옵니다! 번역이 잘 되고있습니다.

입력_리스트	
1	아
2	이
3	스
4	크
5	림

알고리즘을 보면 입력_리스트에는 위와 같이 단어가 한 글자씩 저장될 것입니다. 그리고 반복 횟수마다 "남에서북_리스트"에 있는지 검사를 합니다. 아이스크림이라는 단어가 되었을 때 일치하는 데이터가 있으므로 번역된 단어에는 "얼음보숭이"가 마지막으로 저장됩니다.

번역_버튼을 클릭했을 땐 새로운 번역을 할 수 있도록 데이터를 모두 초기화합니다. 별도로 데이터 초기화 함수를 만들어 코드를 보기 쉽게 만듭니다.

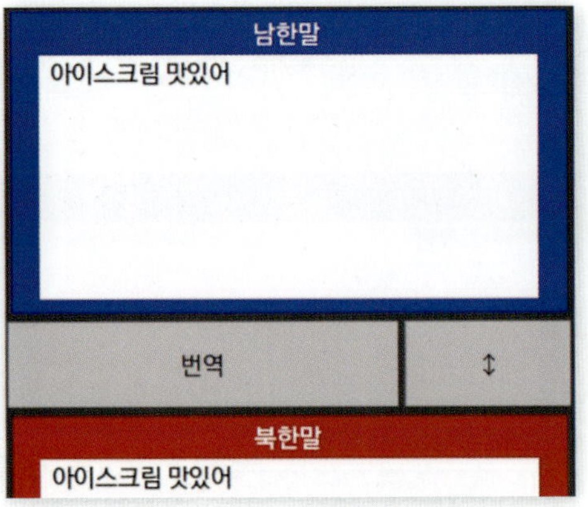

이제 문장을 번역하게 해봅시다. "아이스크림 맛있어" 문장이 번역되지 않습니다. 그러나 다시 "아이스크림" 만 번역하면 잘됩니다.

지금의 코드는 한 단어만 번역 가능합니다. "아이스크림 맛있어"는 순서대로 번역하면서 "아이스크림"일 때 "얼음보숭이"를 "번역된단어" 변수에 저장합니다. 그러나 "아이스크림(띄어쓰기 공백)"이 되는 순간 남에서북_리스트에는 없는 단어가 되어 얼음보숭이가 사라지고 결국 마지막엔 "아이스크림 맛있어" 그대로 저장됩니다.

번역된 단어를 따로 저장해야 합니다!! 문장을 저장하기 위해선 번역결과를 저장할 리스트가 필요하고 번역이 완료된 단어는 리스트에 추가하는 작업을 해야 합니다.

번역 결과를 저장할 "결과_리스트"를 만들고 초기화 함수에도 추가합니다.

단어 번역에 이어서 코딩합니다. 만약에 "번역된단어"와 "단어체크"가 다를 경우는 무언가 번역이 된 후입니다. 따라서 "결과_리스트"에 "번역된단어"를 추가하고 "단어체크"와 "번역된 단어" 변수를 초기화하여 이어서 검사할 수 있게 합니다.

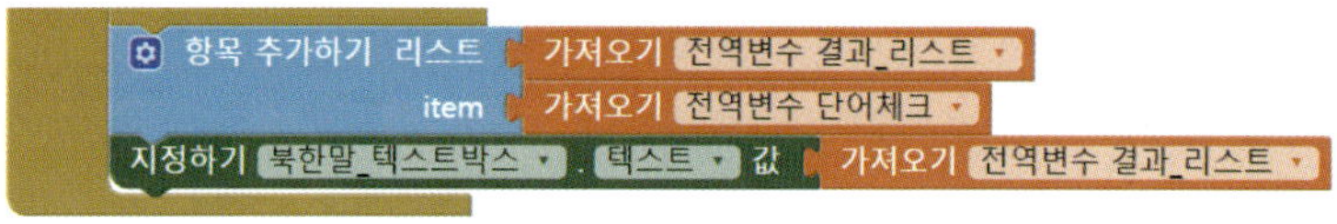

반복문이 끝나고 마지막으로 번역되지 않은 “단어체크”를 추가해 “결과_리스트”를 결과로 출력해봅시다.

결과_리스트를 출력해보니 “얼음보숭이 맛있어”로 잘 번역되어 나옵니다. 그런데 문장을 거꾸로 해서 했더니 또 번역이 안됩니다. 이유는 띄어쓰기(공백) 때문입니다. “먹었어”까지 검사한 뒤 띄어쓰기부터 시작이므로 결국엔 “(공백)아이스크림”이 되기 때문입니다. 공백을 따로 구분하고 단어만 번역될 수 있게 해야 합니다.

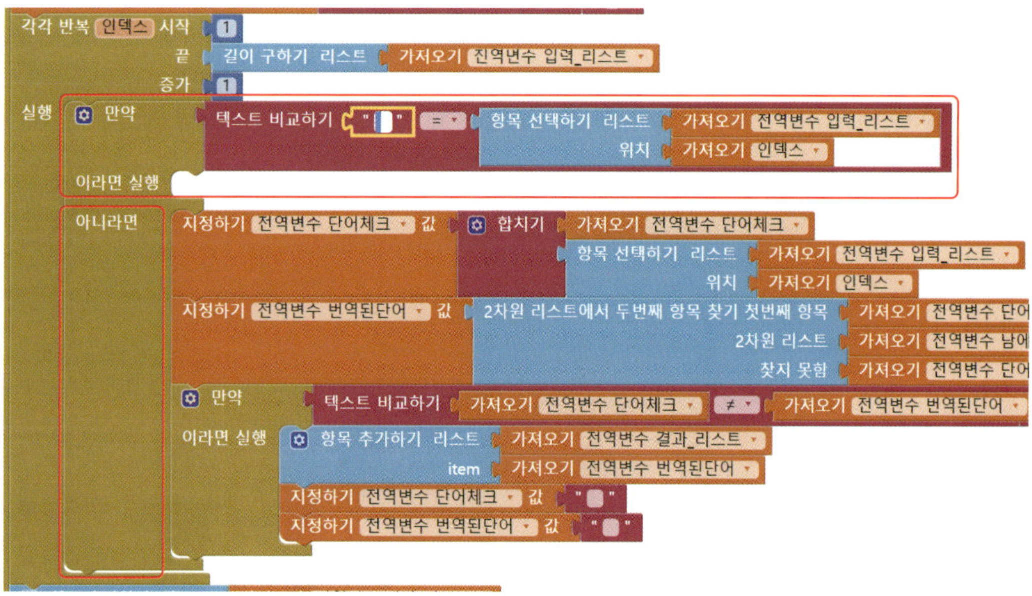

만약 아니라면 블록을 반복문에 추가하고 작성했던 번역 알고리즘을 아니라면에 전부 넣어줍니다. 그리고 만약의 조건은 공백을 확인합니다. 단어보다 공백을 우선 확인하는 것입니다.

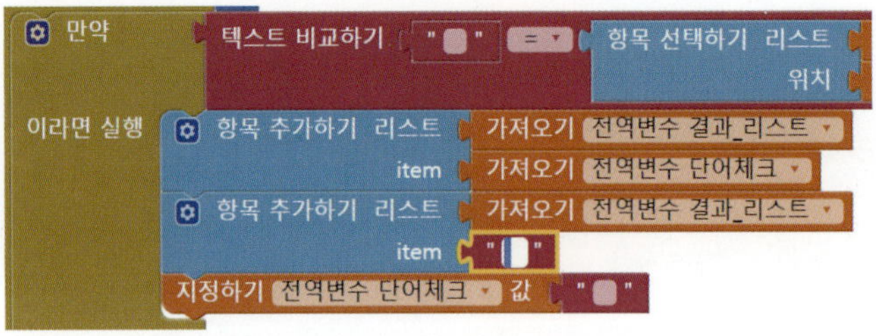

공백이 나온 순간 앞의 단어는 번역되지 않았으므로 단어체크를 저장하고 공백도 같이 저장합니다. 단어체크를 초기화하여 이어서 단어 검사를 계속합니다.

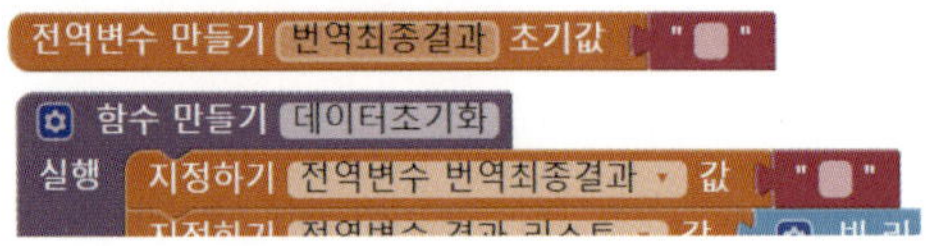

이제 번역 결과가 괄호없이 깔끔하게 나올 수 있도록 번역최종결과 변수를 하나 만들고 데이터초기화 함수에도 추가합니다.

마지막 결과 출력 부분을 수정합니다. 번역최종결과 변수에 결과_리스트를 처음부터 끝까지 반복하면서 하나씩 합쳐서 문장으로 다시 재조립해줍니다. 그 결과를 최종적으로 출력합니다.

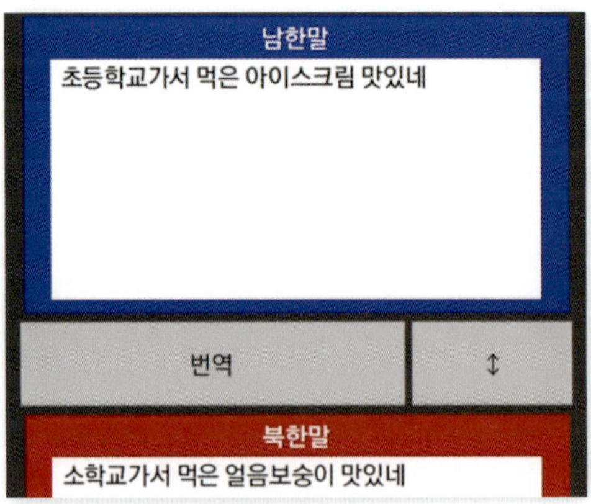

번역 결과가 아주 잘 나옵니다. "초등학교", "아이스크림"이 잘 번역되어 나옵니다.

마지막으로 사전 화면으로 이동하는 코드를 작성합니다.

번역 기능이 성공적으로 완료되었습니다!

이제 사전 기능을 구현해봅시다.

완성코드(TranslateScreen)

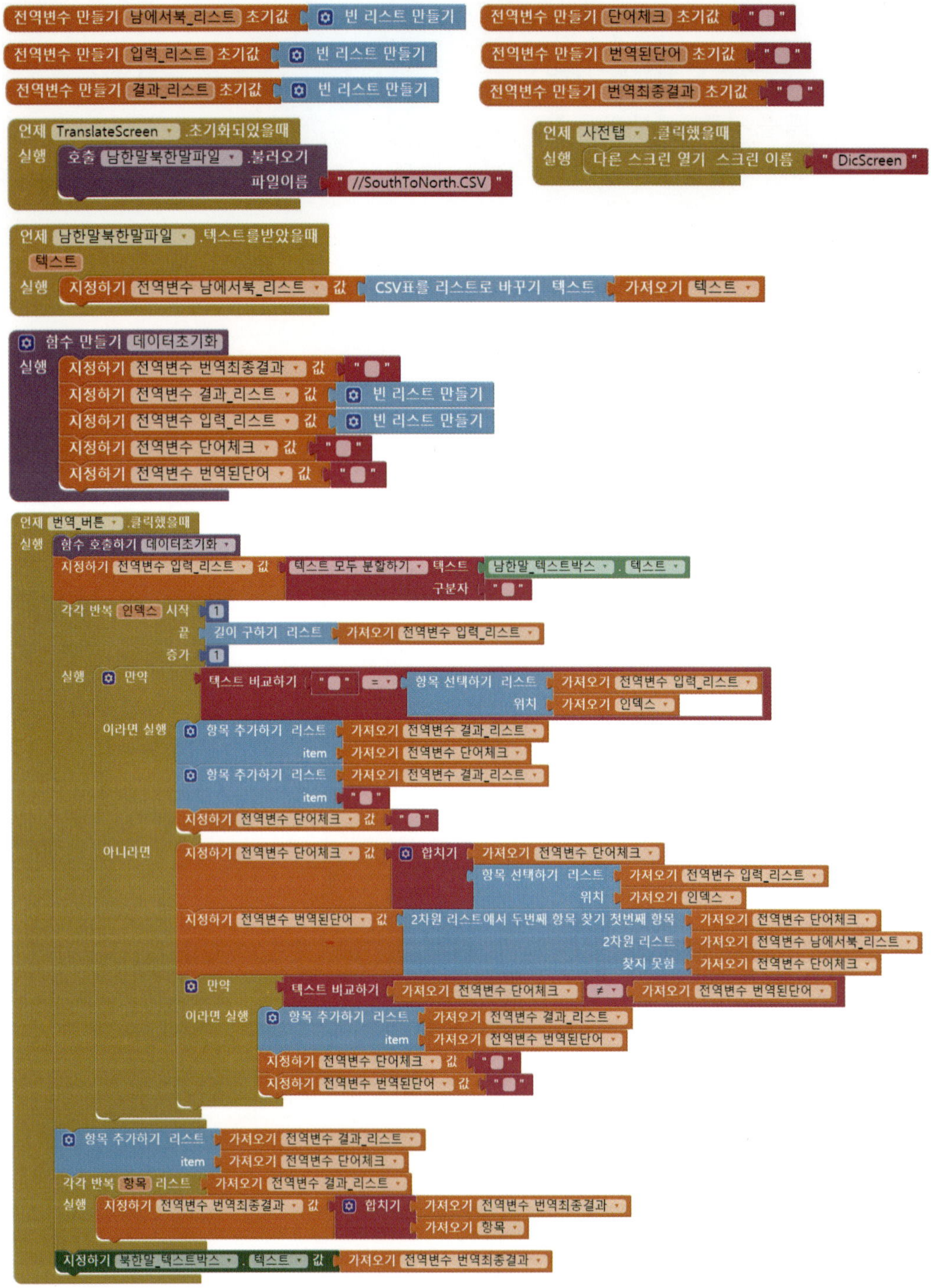

02 용어사전 만들기

컴포넌트 설계(DicScreen)

용어사전을 만들어 봅시다. 위와 같이 컴포넌트 설계를 합니다.

수평정렬	배경색	스크린닫기 애니메이션	스크린열기 애니메이션	제목
가운데	회색	줌	Fade에서 새로운...	사전

스크린의 속성을 위와 같이 변경합니다.

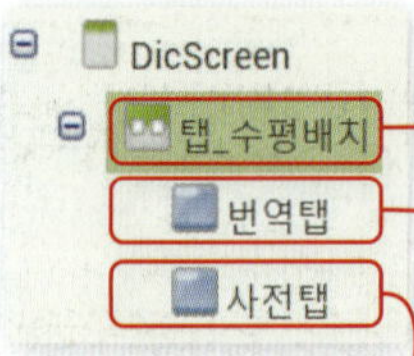

높이	너비
75픽셀	부모

글꼴크기	높이	너비	모양	텍스트
20	부모	부모	직사각형	번역

글꼴굵게	글꼴크기	높이	너비	모양	텍스트	텍스트색상
체크	20	부모	부모	직사각형	사전	흰색

상단의 탭 버튼을 위와 같이 만들어줍니다.

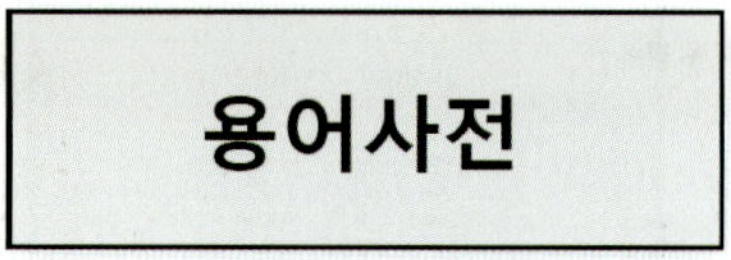

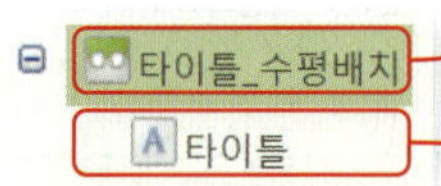

수평정렬	수직정렬	높이	너비
가운데	가운데	100픽셀	부모

글꼴굵게	글꼴크기	텍스트
체크	부모상0	용어사전

타이틀을 위와 같이 만들어줍니다.

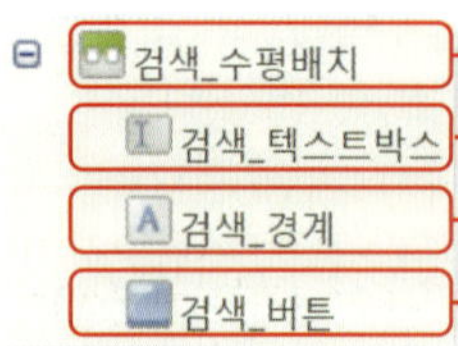

수평정렬	수직정렬	높이	너비
가운데	가운데	70픽셀	부모

글꼴크기	너비	힌트
21	200픽셀	단어를입력하세요

텍스트
(공백)

너비	모양	텍스트
70픽셀	직사각형	검색

단어 검색을 앞과 같이 만들어줍니다.

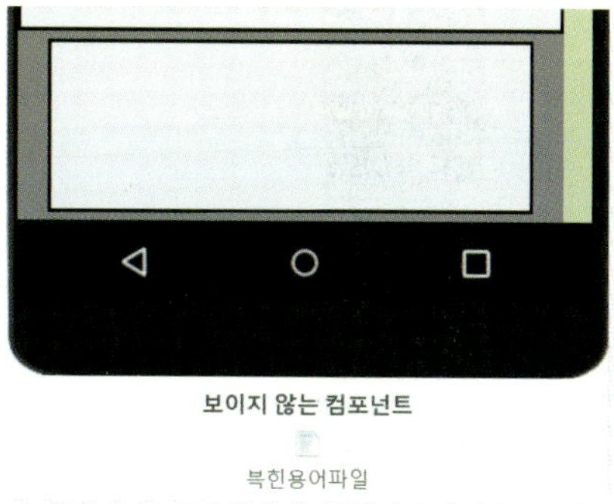

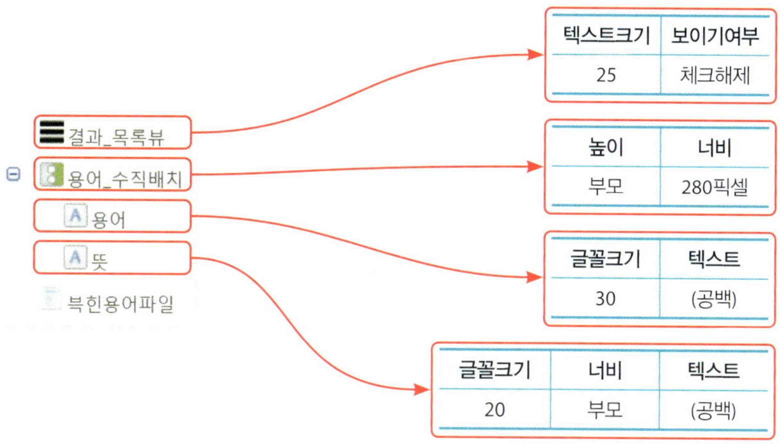

검색 결과를 보여줄 리스트와 단어와 뜻을 보여줄 부분을 만들어줍니다. 마지막으로 파일 컴포넌트도 추가하여 북한 용어 사전을 사용할 수 있도록 합니다.

자료 준비

남북한 언어 비교 자료처럼 북한정보포털에서 파일을 받아 가공합니다.

https://nkinfo.unikorea.go.kr/nkp/term/termDicaryList.do

위 사이트에 접속하여 CSV 파일을 다운로드합니다. 맨 첫 줄인 용어, 설명 부분만 지워주면 됩니다. 또는 **링크주소**(http://infinitybooks.co.kr/b/appinventor.zip)에서 받아서 사용합니다.

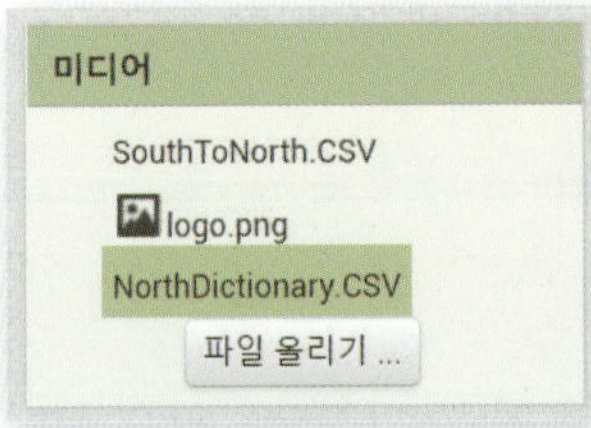

파일 이름을 NortDictionary.CSV로 하여 미디어에 추가해줍니다.

사전 기능 코딩

사전은 번역 알고리즘보다 더 간단하므로 간략히 살펴보고 바로 코딩해보겠습니다.

순서는 다음과 같습니다.

1. 검색창에 검색어를 입력하고 검색
2. 검색어가 포함된 단어들을 리스트에 모두 출력
3. 리스트에서 원하는 항목 선택
4. 해당 항목에 대한 단어와 뜻 출력

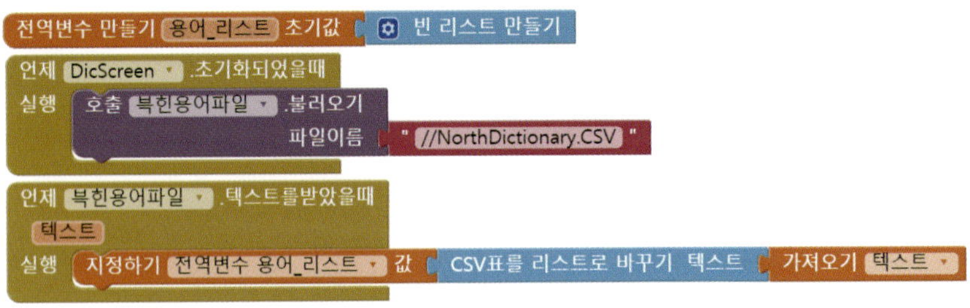

제일 먼저 용어사전 데이터를 리스트로 불러옵니다.

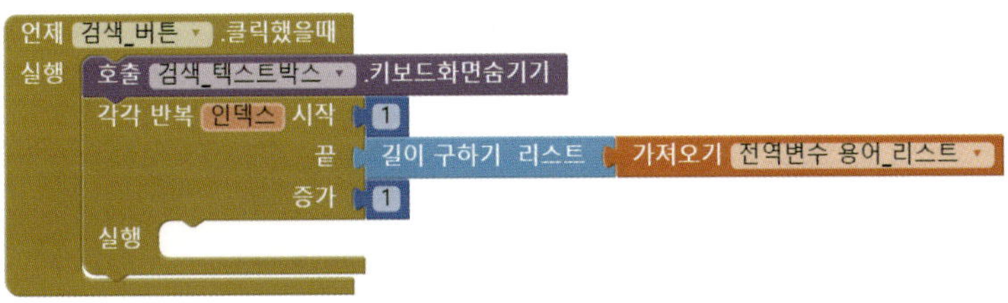

검색어 입력 후 일단 자연스럽게 키보드 화면이 사라지도록 합니다. 그리고 검색어가 포함된 단어들을 모두 찾아야 합니다. 따라서 위와 같이 용어_리스트 전체를 반복합니다.

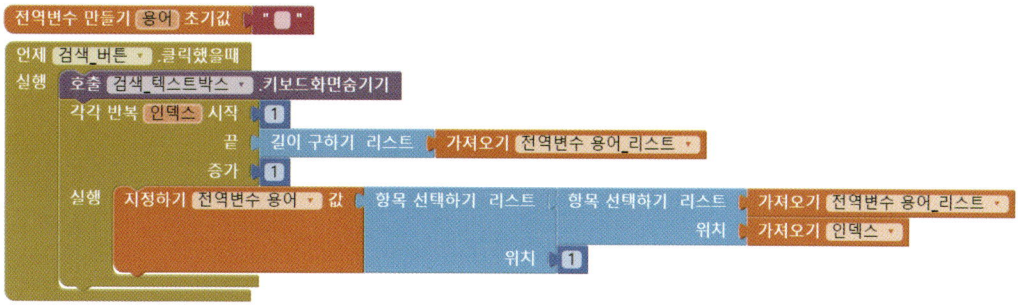

용어 변수를 만들고 위와 같이 코딩합니다. 용어_리스트 전체와 비교를 해야 하므로 모든 용어를 다 가져오도록 해야 합니다. 용어사전의 첫 번째 데이터는 ["11메터벌차기", "패널티킥"]입니다. 여기서 위치 1은 용어인 "11메타벌차기"가 됩니다.

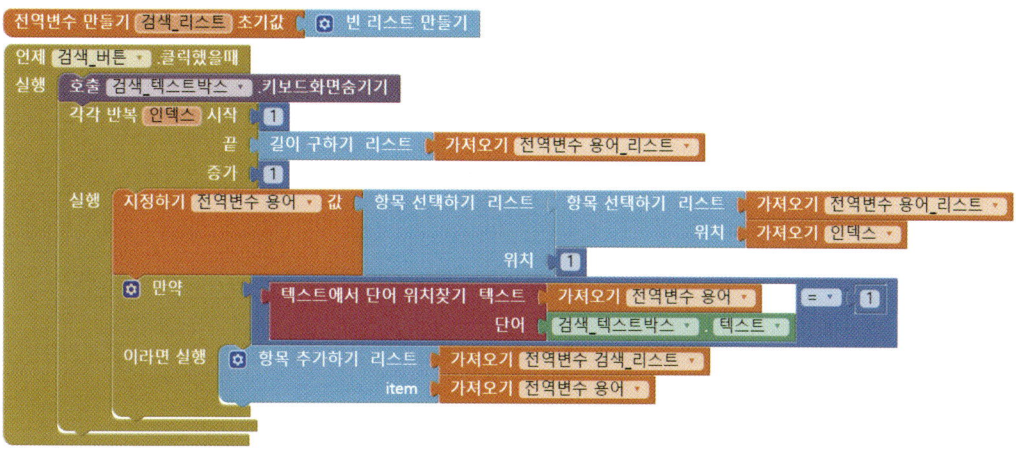

검색어를 포함하는 용어 모두를 저장할 "검색_리스트"를 만들어줍니다. 그리고 용어를 하나씩 비교합니다. 입력한 단어의 위치를 찾는 것입니다. 예를 들어, 검색어로 "11"을 입력했다면 맨 처음 데이터인 "11메터벌차기"에서 "11"의 위치는 1이 됩니다. 따라서 "검색_리스트"에 해당 용어를 추가합니다. 처음부터 끝까지 모든 데이터를 검사합니다.

모든 반복이 끝나면 리스트에 요소로 추가해 용어들을 보여줍니다.

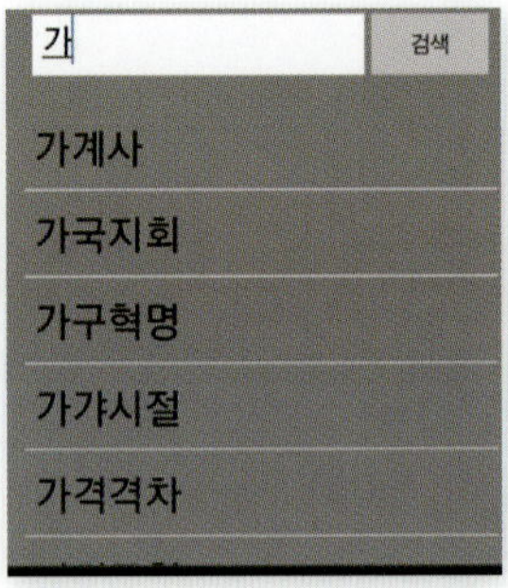

"가"를 검색했을 때 결과입니다. 앞글자가 "가"인 용어 전체가 리스트에 출력됩니다. 이제 해당 용어를 선택하면 뜻을 보여주도록 합니다.

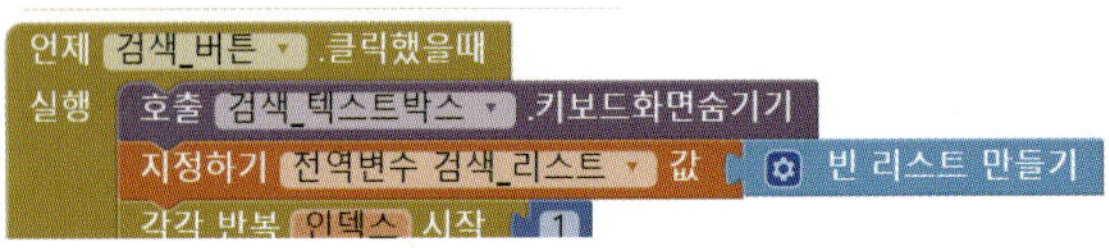

그전에 검색 버튼을 클릭했을 때 매번 "검색_리스트"를 초기화시켜 주도록 코딩합니다.

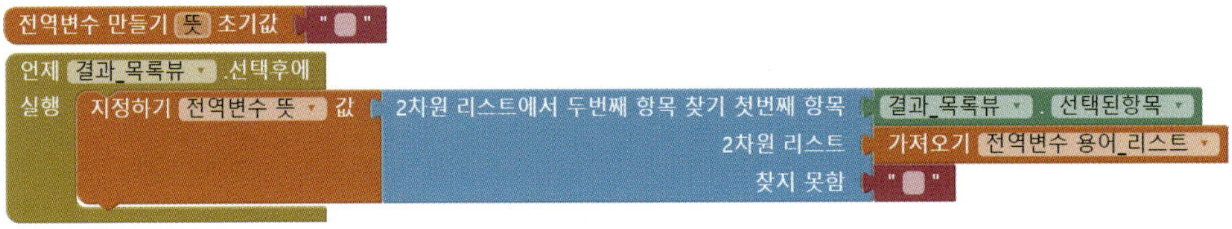

뜻을 저장할 변수를 만들어줍니다. 리스트 항목 선택 후에는 용어_리스트에서 해당 단어로 두 번째 항목인 뜻을 가져오도록 합니다.

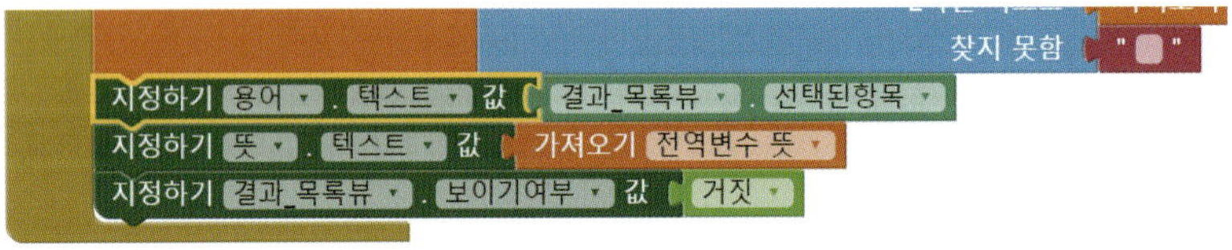

뜻 변수에 가져온 뒤 용어와 뜻 레이블에 결과를 출력하도록 하고 리스트를 가려줍니다.

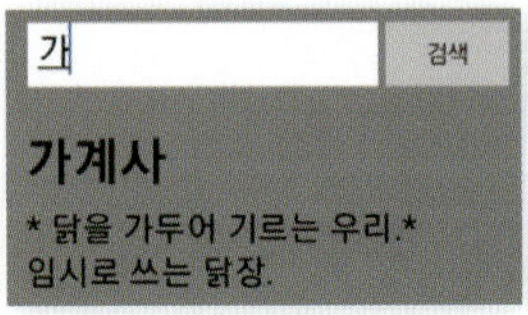

가계사를 클릭하니 위와 같이 용어와 뜻이 사전처럼 잘 나옵니다.

번역탭을 클릭하면 번역 스크린으로 이동하는 코딩을 마지막으로 사전 기능 코딩을 마무리합니다.

남북 번역기 코딩을 완료하였습니다!

완성코드(DicScreen)

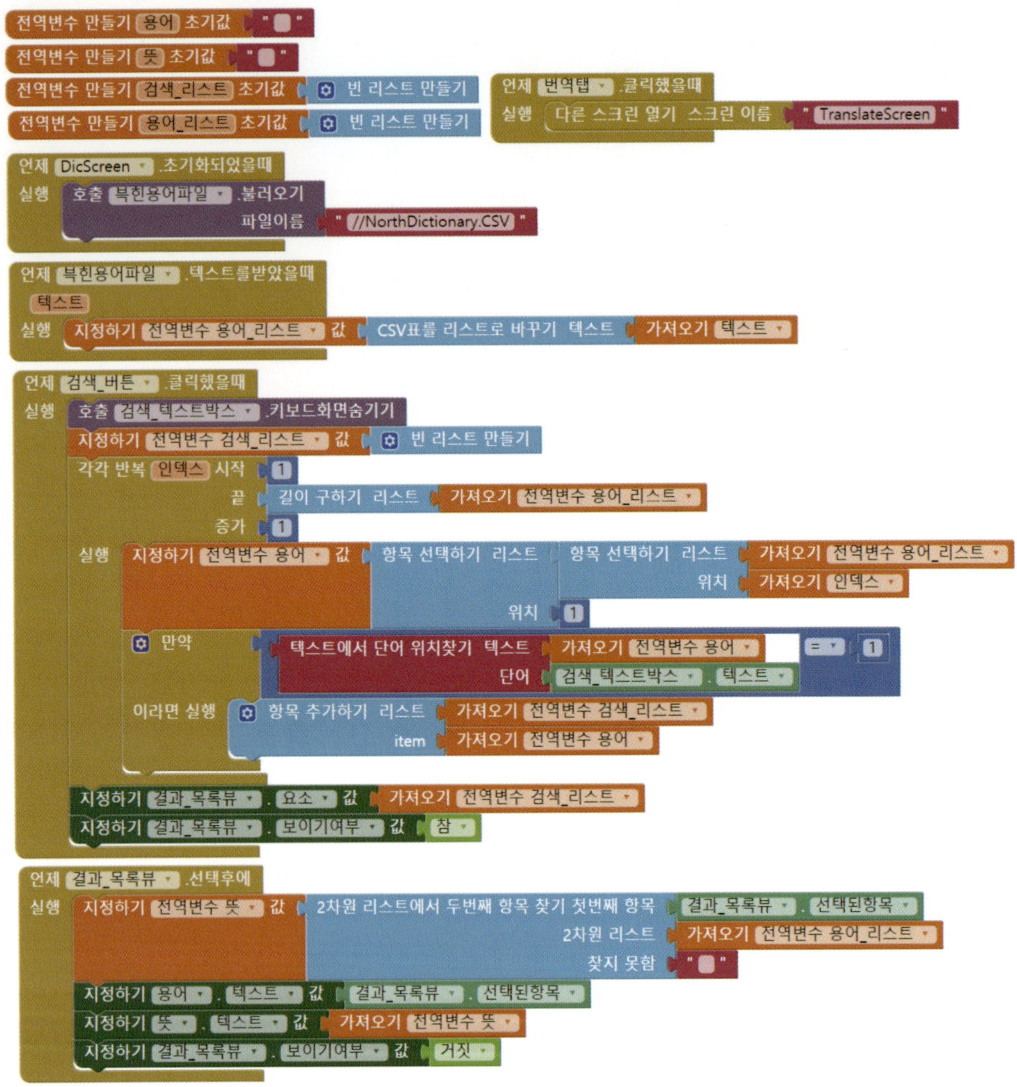

더 해보기

일상에서 얻은 아이디어를 구체적으로 개발하는 과정을 같이 해보았습니다. 잘 따라 하였다면 이 책에서 해본 예제 중에서 제일 애플리케이션스러운 결과물이 나왔을 것입니다. 하지만 몇 가지 코딩하지 않은 기능이 있습니다. 이는 여러분들의 숙제로 남겨 놓은 것이며 이 부분을 직접 코딩해 실력을 키울 수 있도록 해봅시다.

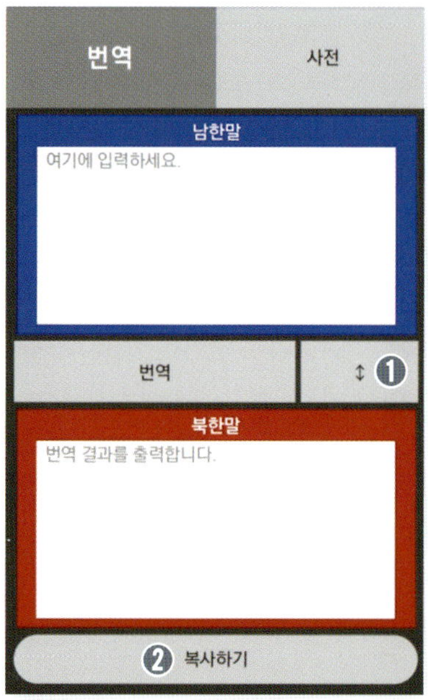

기능 구현 - 바꾸기 버튼

버튼을 클릭하면 반대로 번역될 수 있도록 코딩합니다. 위쪽이 북한말, 아래쪽이 남한말이 되도록 해야 합니다. 다시 버튼을 클릭하면 위쪽이 남한말, 아래쪽이 북한말이 되어야 합니다. 따라서 북한말 → 남한말로 번역 기능도 구현해야 합니다.

기능 구현 - 복사하기

번역된 결과를 클립보드로 복사하는 기능을 구현합니다. 이는 확장기능을 사용해야 합니다. 확장기능이 모여 있는 사이트에서 ClipBoard Extension을 찾아 사용해보도록 합니다.

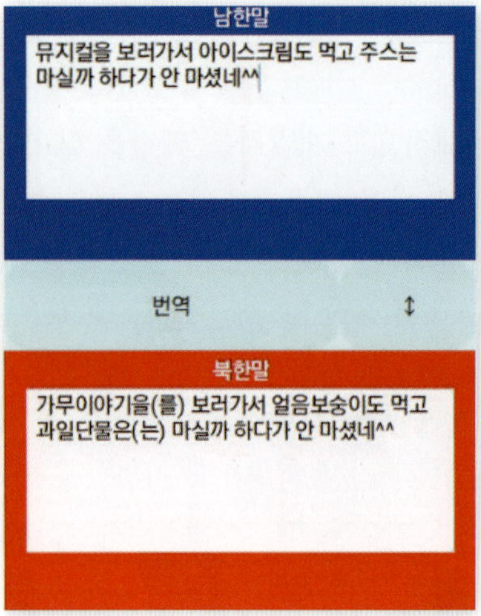

번역 코드 수정 - 조사 판단

"은", "는", "이", "가" 등 말과의 관계를 나타내거나 하는 것을 조사라 합니다. 조사가 나왔을 때 어색하지 않게 번역되도록 위와 같이 될 수 있게 코딩해봅시다.

코딩세계 초보여행자를 위한 안내서

with 앱인벤터+AI

PART 04

인공지능 기초

01 이미지 분류

프로젝트 주제

카메라 기능으로 사물을 촬영하고 어떤 이미지와 제일 유사한지 알려줍니다. AI 기술 중 비교적 가볍게 다뤄볼 수 있는 이미지 분류에 대해 알아봅니다.

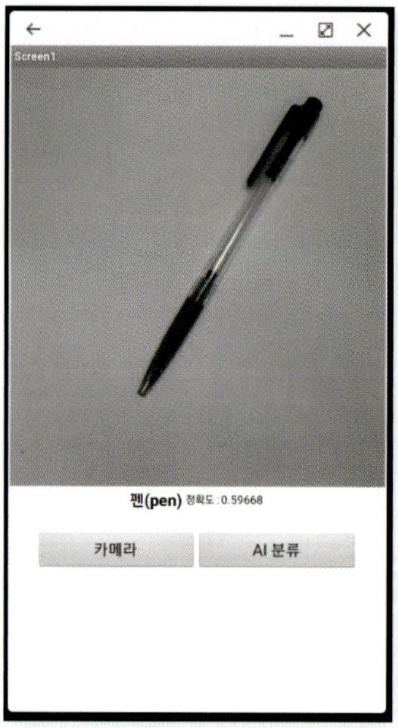

이미지 분류란

이미지 분류는 인공지능이 사물을 구분해 분류하는 것을 말합니다. AI 기술 중 가장 많이 연구된 기술 중 하나이며 앞으로 발전 방향이 다양한 기술입니다.

사람은 어떤 객체를 인식할 때 먼저 눈으로 객체를 보고 인식한 대상이 어떤 것인지 뇌를 통해 적절한 단어를 선택합니다. 사람은 이 작업을 굉장히 빠르고 정확하게 할 수 있습니다. 우리는 살아오면서 많은 것을 보고 기억하기 때문입니다. 빅데이터로 데이터가 쌓이는 것과 비슷합니다. 간략히 말하면 이미지 분류의 알고리즘도 결론은 이와 같습니다.

컴퓨터로 마치 사람이 하듯이 분류하게 하는 건 사실 굉장히 어렵습니다. 첫 번째 이유는 컴퓨터는 우리 뇌처럼 복잡한 시스템이 아니기 때문입니다. 컴퓨터는 그저 연산 속도가 빠를 뿐 시스템이 복잡한 것은 아닙니다. 단순하기 때문에 우리가 작성한 명령들의 집합인 소프트웨어를 빠르게 순서대로 잘 실행하는 것뿐입니다.

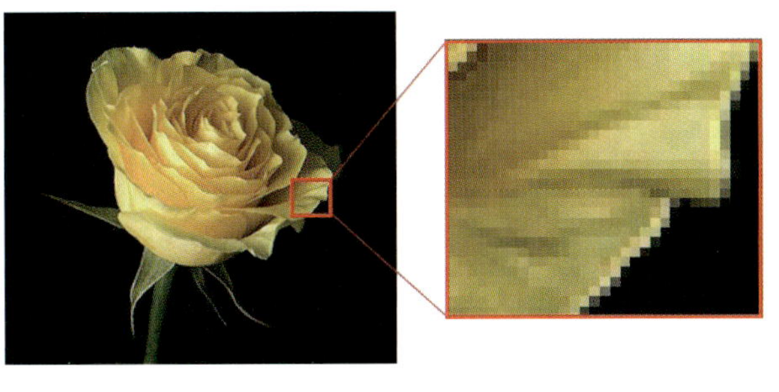

두 번째 이유는 이미지는 픽셀로 만들어진 데이터이기 때문입니다. 작은 픽셀(사각형)들의 집합인 그리드에서 그리드 위치들을 기반으로 이 이미지를 장미임을 정의할 순 있습니다.

그러나 만약 이 이미지의 거리가 멀어지거나 뒷배경이 복잡하거나 할 때 컴퓨터는 어려움을 느낍니다.

그리고 세 번째로 이런 이미지들이 어려운 이유입니다. 우리는 바로 고양이라는 걸 알 수 있지만, 컴퓨터는 이 이미지들로 고양이라는 걸 구별하는 건 어렵습니다.

머신러닝

이미지 분류 기술에 많이 쓰이는 기술이 머신러닝(Machine Learning)입니다. 수많은 데이터를 기반으로 하는 학습(traning)모델이 머신러닝입니다.

예를 들어, 위와 같은 데이터 셋이 있을 때 비행기, 자동차, 새 등은 클래스이고 각 사진이 트레이닝 셋, 즉 학습데이터입니다. 이 데이터는 단순히 몇 장이 아닌 5,000개 10,000개의

데이터로 구성됩니다. 어떤 이미지를 분석할 때 이 데이터 셋을 기반으로 어떤 클래스에 해당하는지 예측한 결과를 보여줍니다.

Supported:

Name	Description	Author	Version	Download .aix File	Source Code
BluetoothLE	Adds as Bluetooth Low Energy functionality to your applications. See BluetoothLE Documentation and Resources for more information.	MIT App Inventor	20200828	BluetoothLE.aix	Via GitHub
LookExtension	Adds object recognition using a neural network compiled into the extension.	MIT App Inventor	20181124	LookExtension.aix	Via GitHub
PersonalAudioClassifier	Use your own neural network classifier to recognize sounds with this extension.	MIT App Inventor	20200904	PersonalAudioClassifier.aix	Via GitHub
PersonalImageClassifier	Use your own neural network classifier to recognize images with this extension.	MIT App Inventor	20190123	PersonalImageClassifier.aix	Via GitHub
PosenetExtension	Estimate pose with this extension.	MIT App Inventor	20200226	Posenet.aix	Via GitHub

앱인벤터에선 미리 학습된 머신러닝 모델을 LookExtension 확장기능으로 지원하고 있습니다. 이를 사용해서 이미지 분류 앱을 개발해보겠습니다.

머신러닝 사용해보기

간단히 개념을 알아보았으며 직접 머신러닝을 사용해봅시다. https://teachablemachine.withgoogle.com/에 접속합니다.

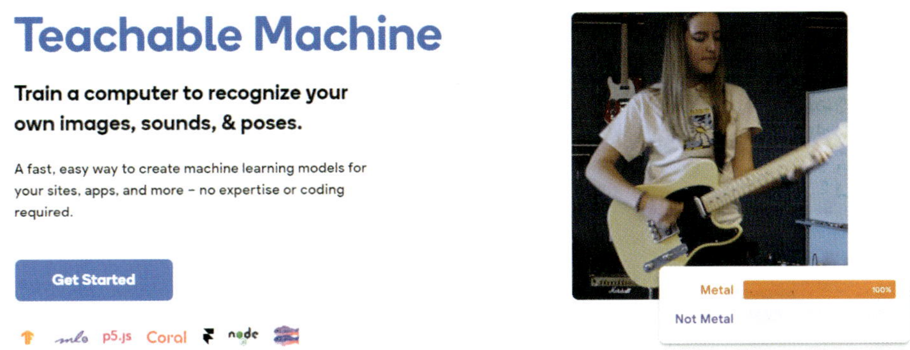

이미지 분류를 포함한 다양한 머신러닝 기술들을 사용해볼 수 있는 사이트입니다. Get Started를 클릭합니다.

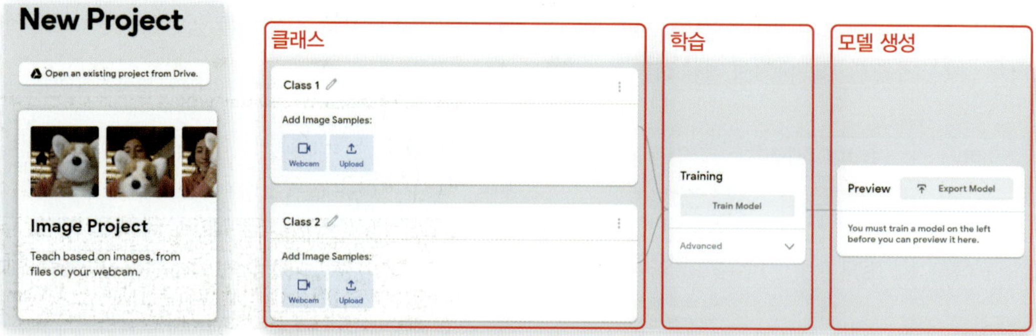

뉴 프로젝트에서 이미지 프로젝트를 생성하면 오른쪽 그림과 같은 화면이 나옵니다. 머신러닝 소개에서 설명했듯이 클래스와 클래스의 데이터 셋을 만들 수 있습니다.

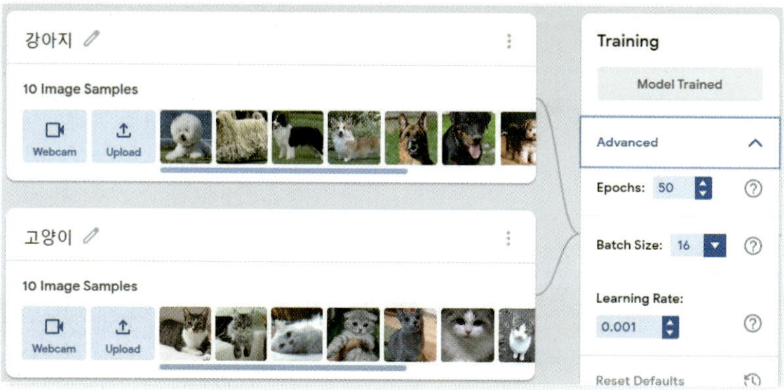

강아지와 고양이 클래스를 만듭니다. 인터넷에서 강아지와 고양이 이미지를 검색해 다운로드 받은 후 각 클래스에 업로드합니다. 다양한 고양이와 강아지 이미지를 사용하여 10개씩 저장하였습니다. 그리고 Training의 Model Trained를 클릭합니다.

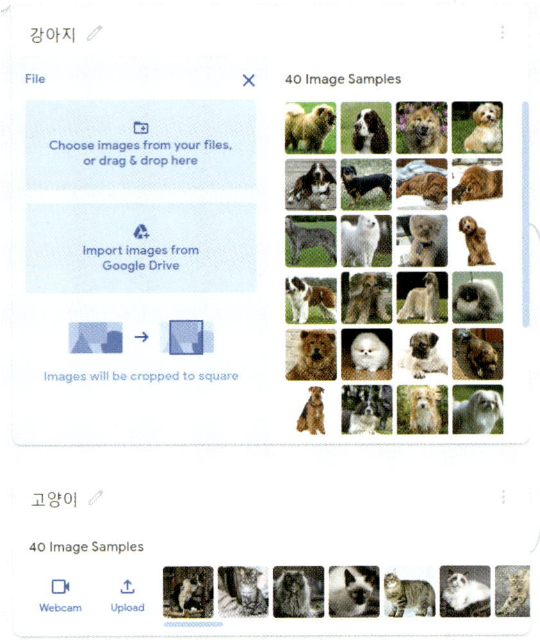

인풋을 File로 변경하고 데이터 셋에 등록하지 않은 사진으로 이미지 분류를 해봅니다. 왼쪽 그림과 같은 강아지를 입력으로 했더니 강아지 86% 고양이14%가 나왔습니다. 아무래도 데이터 셋이 많이 작은 것 같습니다.

강아지와 고양이 각각 30개의 이미지를 더 추가해 40개의 데이터 셋을 만들었습니다. 다시 학습한 뒤에 결과를 확인해봅시다.

같은 사진으로 이미지 분류를 해보니 강아지가 96% 고양이가 4%로 예측 확률이 증가하였습니다!

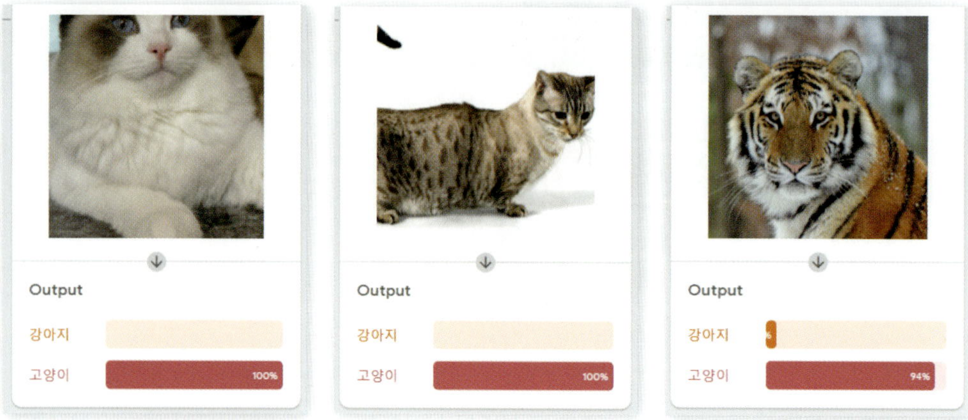

고양이들은 100%로 나옵니다. 문득 궁금하여 같은 고양이과 동물인 호랑이를 했더니 고양이가 94%로 나옵니다.

그럼 강아지는 어떨지 확인해 봅시다. 같은 개과 동물인 늑대를 해보니 확률이 아주 낮습니다. 물론 늑대니까 당연한 거지만 개과 동물이니 강아지 확률을 높여보겠습니다.

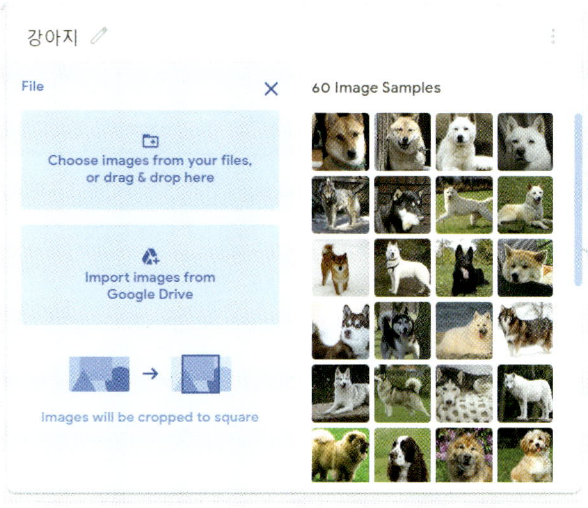

허스키, 사모예드, 진돗개, 시바견과 같이 늑대랑 비슷한 사진으로 20개를 데이터 셋에 추가했습니다.

강아지 100%로 나옵니다. 이렇게 데이터 셋이 많아질수록 예측 확률이 증가함을 볼 수 있습니다.

사람은 어떻게 분류될까?

한 방송에서 강아지와 닮은 꼴이라며 나온 화면이 있습니다. 이 연예인 3명은 어떤 결과가 나올지 궁금합니다.

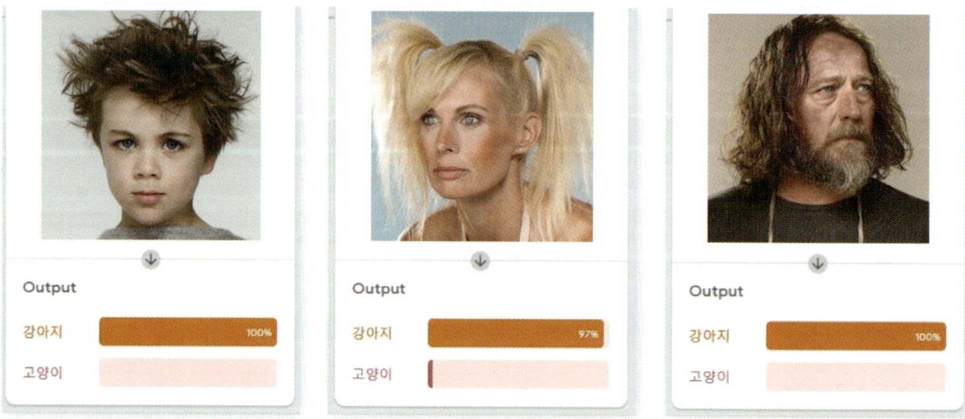

각각 강아지 100%, 97%, 100%로 나왔습니다! 강아지와 고양이 클래스만 있으니 불공평합니다. 사람 클래스를 추가합니다.

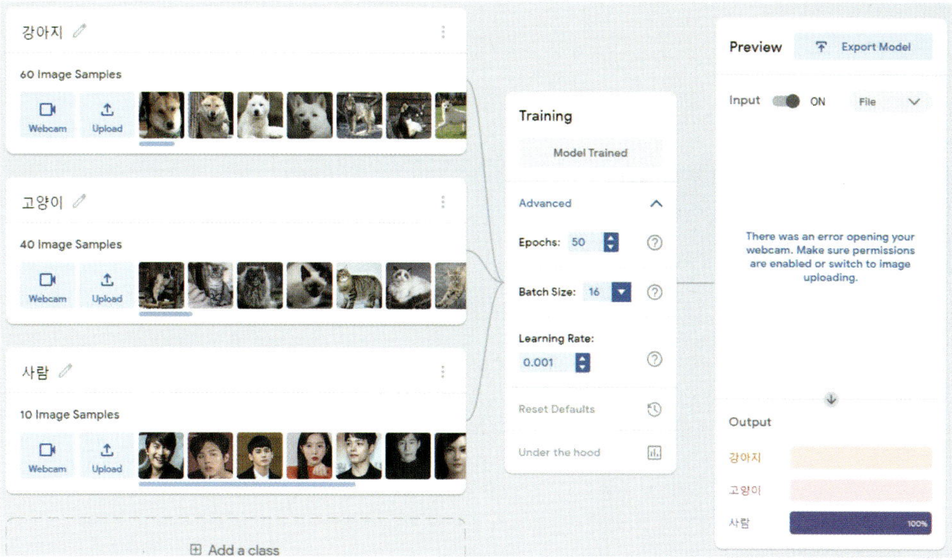

사람 클래스를 만들고 데이터 셋 10개를 준비합니다. 그리고 결과를 확인해봅시다.

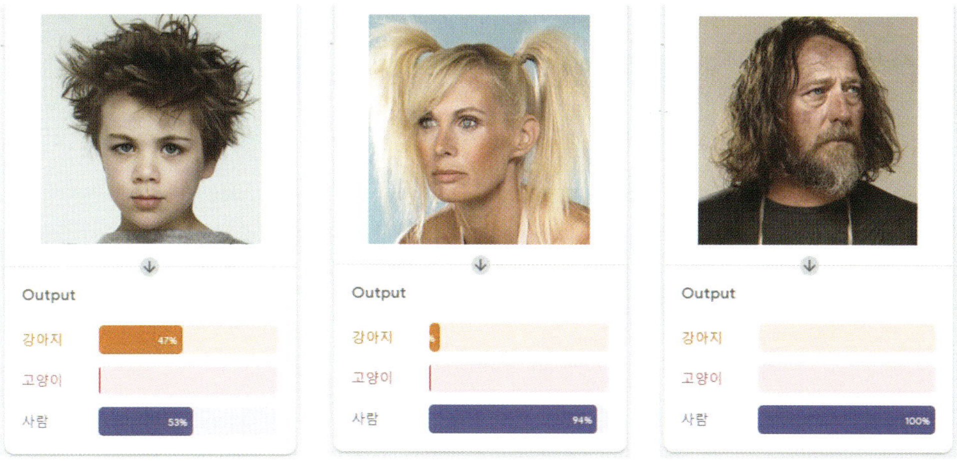

여전히 강아지 비율이 높은 사람도 있습니다만... 사람도 확실히 분류하고 있습니다. 이제 이미지 분류 머신러닝의 개념이 잘 숙지되었을 것입니다. 이미지 분류 머신러닝을 사용해 프로젝트를 개발해봅시다!

컴포넌트 설계

프로젝트명을 ImageClassification으로 하여 새 프로젝트를 생성합니다.

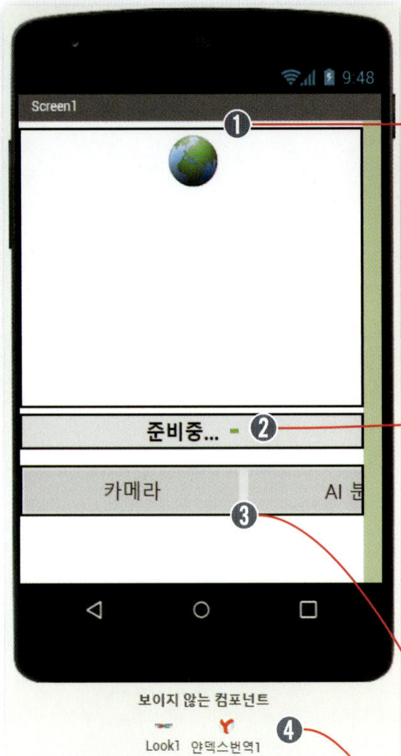

https://mit-cml.github.io/extensions/에서 LookExtension.aix를 다운받고 확장기능에 추가합니다.

순서	추가하는 컴포넌트	내용
❶	Screen1 웹뷰어1	**Screen1** 수평정렬: 가운데 **웹뷰어1** 높이: 60퍼센트
❷	수평배치1 이름 AI분류정확도 간격	**수평배치1** 수평정렬: 가운데 수직정렬: 가운데 너비: 부모 요소에 맞추기 **이름** 글꼴굵게: 체크 글꼴크기: 20 텍스트: 준비중 **AI분류정확도** 텍스트: (공백) **간격** 텍스트: (공백)
❸	수평배치2 카메라_버튼 분류_버튼	**수평배치2** 수평정렬: 가운데 너비: 부모 요소에 맞추기 **카메라_버튼** 글꼴크기: 20 너비: 20픽셀 텍스트: 카메라 **분류_버튼** 활성화: 체크해제 글꼴크기: 20 너비: 20픽셀 텍스트: AI 분류
❹	Look1 얀덱스번역1	**Look1** WebViewer: 웹뷰어1

프로젝트 개발

LookExtension 확장기능은 아주 많은 클래스와 데이터 셋을 기반으로 한 머신러닝 모델을 제공하는 공식 확장기능입니다. LookExtension의 블록을 사용해 카메라에 잡힌 개체를 분석하는 앱을 개발합니다.

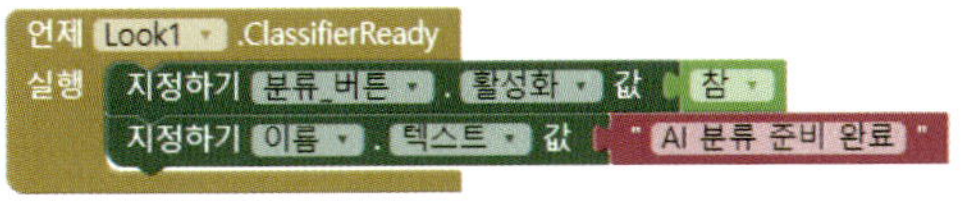

"ClassifierReady"블록은 머신러닝이 준비되었을 때 실행되는 이벤트입니다. 준비되면 분류 버튼을 활성화합니다.

카메라 버튼을 누르면 TogglecameraFacingMode를 호출하여 카메라를 실행합니다. 웹뷰어에 전면부 카메라의 화면이 나옵니다. 아쉽게도 전면부 카메라만 사용할 수있습니다.

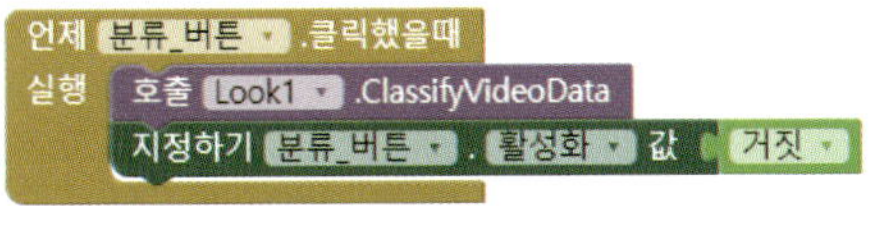

분류 버튼을 클릭하면 이미지 분류 프로세스를 시작합니다. 결과를 받을 때까지 분류 버튼을 비활성화하여 연속으로 호출하지 않게 합니다.

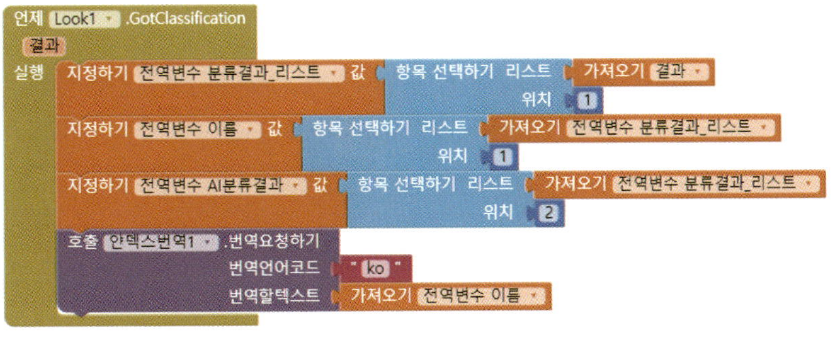

이미지 분류결과를 저장할 "분류결과_리스트", 분류결과의 객체명과 예측 확률을 출력할 "이름" 변수, "AI분류결과" 변수를 만들고 이미지 분류가 완료되었을 때 실행되는 "Got-Classification" 이벤트에 위와 같이 코딩합니다.

[["pen", "0.27979"], ["paintbrush", "0.17371"], ["hammer", "0.13013"], ["rubber eraser", "0.09229"], ["lighter", "0.04391"], ["screwdriver", "0.03613"], ["matchstick", "0.03008"], ["letter opener", "0.01694"], ["lipstick", "0.01578"], ["harp", "0.01372"]]

이미지 분류 결과는 위와 같이 머신러닝이 분류한 예측 확률이 높은 순으로 클래스명과 예측 확률을 리스트로 반환합니다. 확률이 제일 높은 맨 앞의 정보만 추출하기 위해 "결과"의 1번째 항목을 "분류결과_리스트"로 가져옵니다.

["pen", "0.27979"]만 저장되며 여기서 1번째 항목을 "이름", 2번째 항목을 "AI분류 결과"에 저장합니다. 마지막으로 한글로 나올 수 있도록 얀덱스 컴포넌트로 번역합니다.

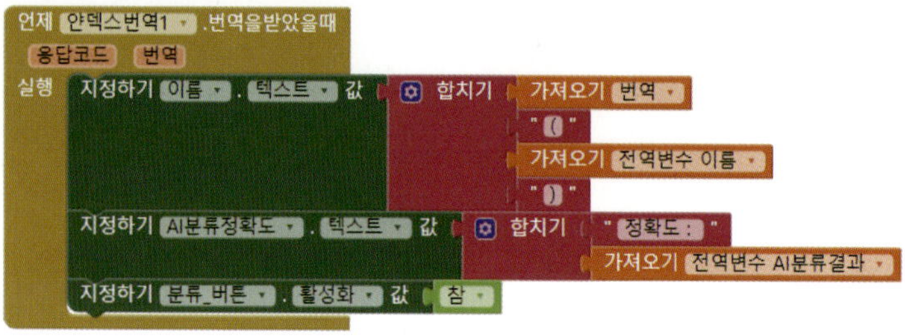

번역 결과를 받고 나면 한글(영어)로 나올 수 있도록 합니다. 정확도를 출력하고 다시 분류 버튼을 활성화합니다.

마지막으로 에러가 발생했을 때 에러코드를 확인할 수 있도록 코딩합니다. 몇 가지 상황에서 에러가 발생할 수 있으며 에러코드에 대한 정보는 아래와 같습니다.

에러코드	내용
−1	분류가 지원되지 않음
−2	분류실패
−3	이미지 모드에서 토글 카메라 불가
−4	비디오 모드에서 이미지 분류 불가
−5	이미지 모드에서 비디오 분류 불가
−6	지원하지 않는 입력 모드
−7	웹뷰어 필요

이미지 분류 결과

앱이 완성되었으니 앱을 실행하고 물건들을 분석해봅시다.

키보드 88%

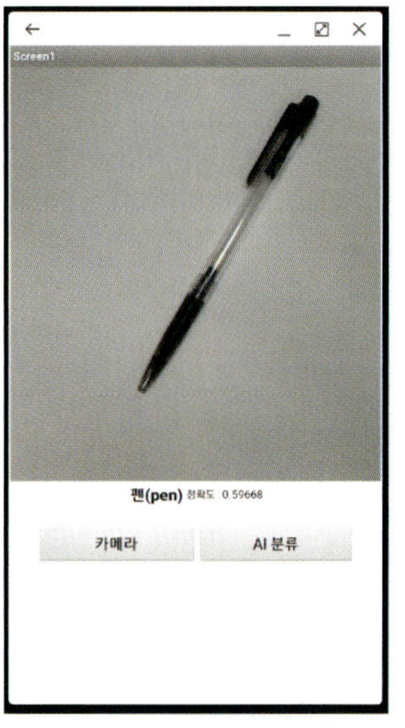

펜 59%

책 48%

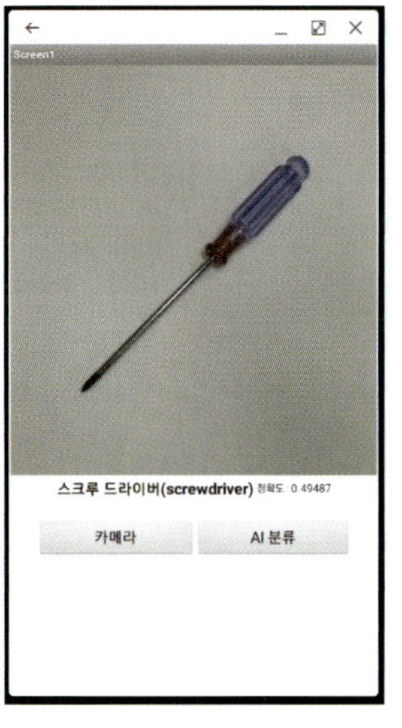

드라이버 49%

이미지 분류가 되는 것을 확인할 수 있습니다.

완성코드

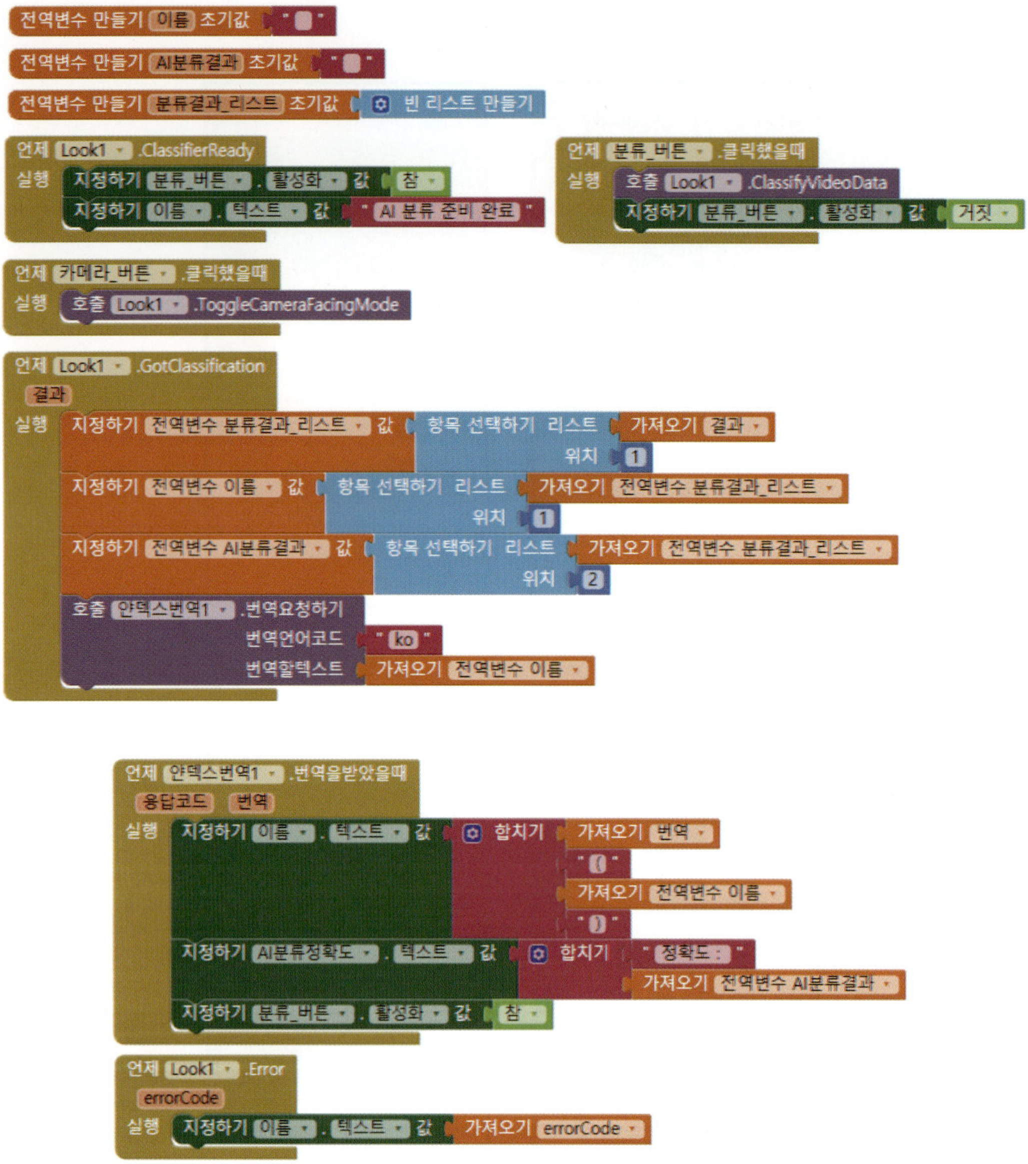

전역변수 만들기 이름 조기값 " "
전역변수 만들기 AI분류결과 조기값 " "
전역변수 만들기 분류결과_리스트 조기값 빈 리스트 만들기
언제 Look1 .ClassifierReady
실행 지정하기 분류_버튼 . 활성화 값 참
지정하기 이름 . 텍스트 값 " AI 분류 준비 완료 "
언제 분류_버튼 .클릭했을때
실행 호출 Look1 .ClassifyVideoData
지정하기 분류_버튼 . 활성화 값 거짓
언제 카메라_버튼 .클릭했을때
실행 호출 Look1 .ToggleCameraFacingMode
언제 Look1 .GotClassification
결과
실행 지정하기 전역변수 분류결과_리스트 값 항목 선택하기 리스트 가져오기 결과
위치 1
지정하기 전역변수 이름 값 항목 선택하기 리스트 가져오기 전역변수 분류결과_리스트
위치 1
지정하기 전역변수 AI분류결과 값 항목 선택하기 리스트 가져오기 전역변수 분류결과_리스트
위치 2
호출 얀덱스번역1 .번역요청하기
번역언어코드 " ko "
번역할텍스트 가져오기 전역변수 이름
언제 얀덱스번역1 .번역을받았을때
응답코드 번역
실행 지정하기 이름 . 텍스트 값 합치기 가져오기 번역
" ("
가져오기 전역변수 이름
") "
지정하기 AI분류정확도 . 텍스트 값 합치기 " 정확도 : "
가져오기 전역변수 AI분류결과
지정하기 분류_버튼 . 활성화 값 참
언제 Look1 .Error
errorCode
실행 지정하기 이름 . 텍스트 값 가져오기 errorCode

02 표정 분석

프로젝트 주제

이번 프로젝트도 머신러닝을 기반의 알고리즘을 적용한 AI 확장기능을 사용합니다. 촬영된 사진의 얼굴을 인식하고 표정을 분석해 행복, 슬픔 등의 감정을 표현합니다.

표정 분석 모델 만들기

이미지 분류에서 클래스와 데이터 셋을 만든 것처럼 표정을 만들고 해당하는 사진들을 데이터 셋으로 만들어야 합니다. https://classifier.appinventor.mit.edu/에 접속합니다. Cam 기능이 필요하므로 웹캠이 있거나, 카메라 기능이 있는 노트북, 만약 둘 다 없다면 스마트폰으로도 가능합니다.

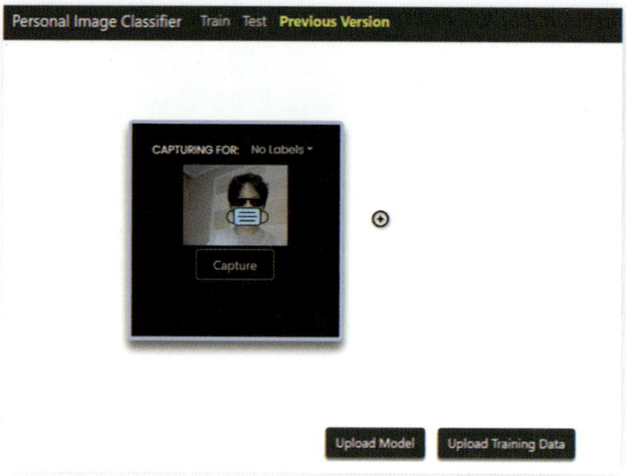

카메라가 동작하면 위와 같이 캡쳐할 수 있습니다. +를 눌러 레이블을 만들어야 합니다.

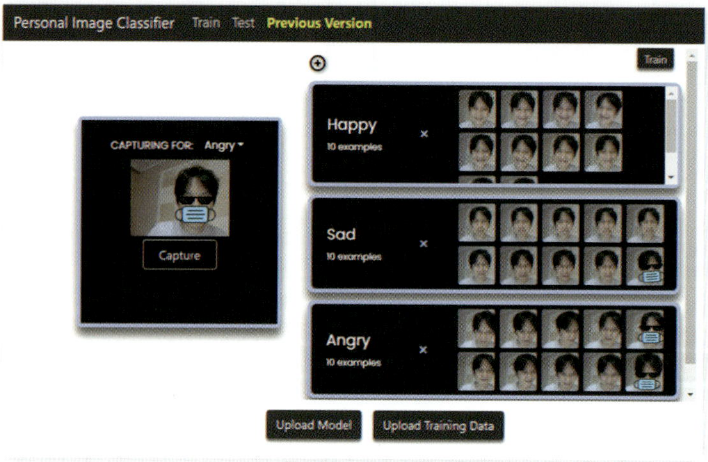

Happy, Sad, Angry 레이블을 만들고 표정을 열심히 지어가며 캡처합니다. 표정마다 10개의 샘플을 만들었습니다. 레이블을 더 만들어도 되고 사진도 많이 추가해도 됩니다. 데이터가 준비되었으니 우측 상단의 학습(Train)을 클릭합니다.

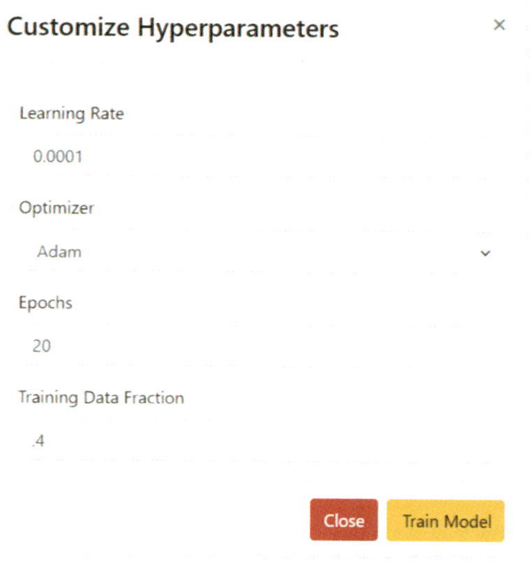

Learning Rate는 한 번 학습할 때의 학습량을 뜻하는 학습률입니다.

Optimizer는 머신러닝/딥러닝에 사용되는 학습알고리즘입니다.

Epochs는 전체 데이터에 대한 학습 알고리즘 수행 횟수입니다.

Train Model을 클릭해 학습 모델을 만들어줍니다.

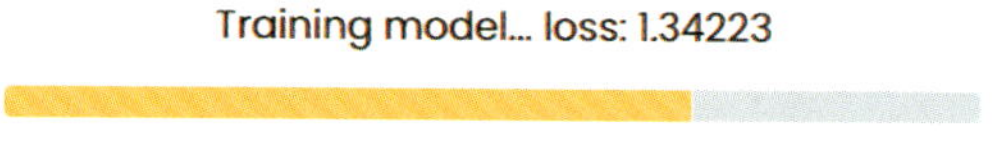

진행바와 함께 학습 모델을 생성합니다. 시간이 좀 걸릴 수도 있습니다.

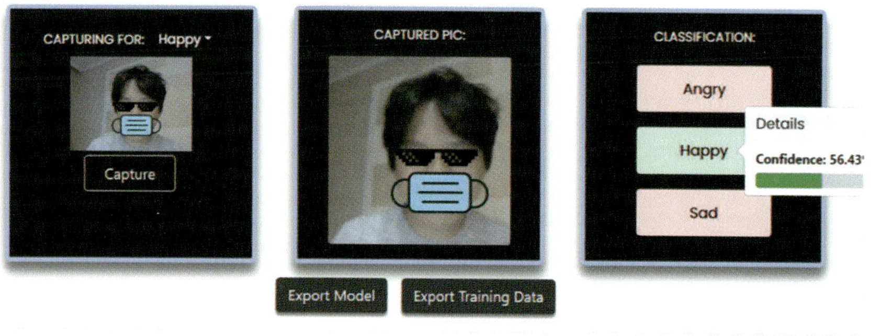

CAPTURING FOR에서 어떤 표정을 캡쳐할 것인지 레이블을 정하고 캡쳐합니다. CLASSIFICATION에서 표정 분석 결과를 확인할 수 있습니다. Happy가 56%로 제일 높게 나왔습니다.

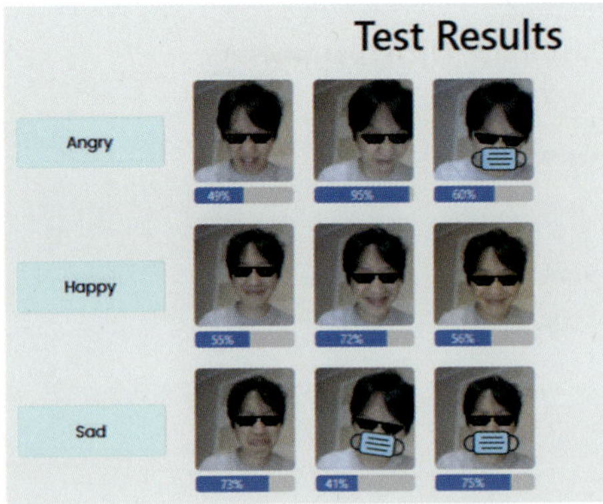

여러 번 캡쳐하고 결과를 확인해보니 표정 레이블과 비슷하게 잘 나오는 듯합니다.

이번 프로젝트는 직접 생성한 학습모델이 꼭 필요합니다. Export Model을 클릭해 학습 모델을 저장해줍니다(링크주소: http://infinitybooks.co.kr/b/appinventor.zip).

컴포넌트 설계

프로젝트명을 PersonalImageClassifier으로 하여 새 프로젝트를 생성합니다.

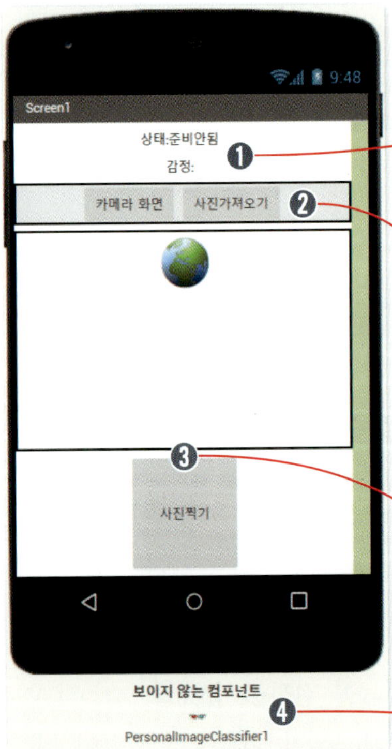

https://mit-cml.github.io/extensions/에서 PersonalImageClassifier.aix를 다운 받고 확장기능에 추가합니다.

순서	추가하는 컴포넌트	내용
❶	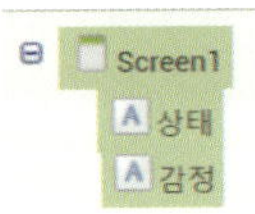	**Screen1** 수평정렬: 가운데 **상태** 텍스트: 상태:준비안됨 **상태** 텍스트: 감정:
❷		**수평배치1** 수평정렬: 가운데 너비: 부모 요소에 맞추기 **카메라_버튼** 활성화: 체크해제 텍스트: 카메라 화면 **이미지선택버튼1** 텍스트: 사진가져오기
❸		**이미지1** 보이기여부: 체크해제 **사진찍기_버튼** 활성화: 체크해제 높이: 100픽셀 너비: 100픽셀 텍스트: 사진찍기
❹		**사진찍기_버튼** Model: model.mdl (미디어에 파일 추가해야 함) WebViewer: 웹뷰어1

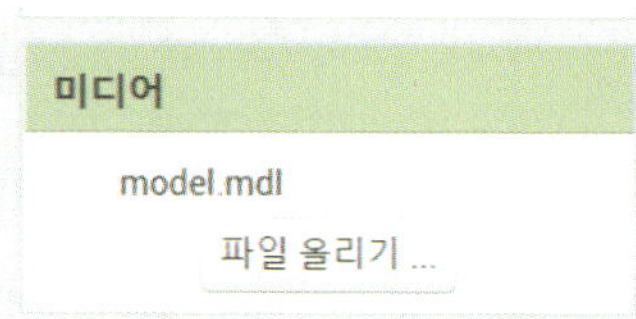

다운로드 받은 model.mdl 파일을 미디어에 추가해야 표정 분석 확장기능에 사용 가능합니다.

프로젝트 개발

PersonalImageClassifier 확장기능은 지정된 학습 모델을 기반으로 이미지를 분석해 결과를 반환해줍니다. 블록의 사용법은 LookExtension과 거의 같습니다. 이번 프로젝트는 비디오 상태에서 사진을 찍어 표정을 분석하고 또는 갤러리에서 선택한 사진의 표정을 분석해줍니다.

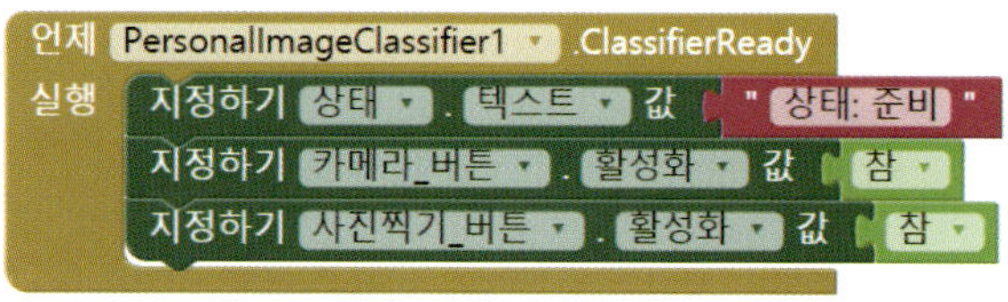

표정 분석 확장기능이 사용 가능할 때 상태 레이블을 "준비"로 변경해 알리고 카메라 기능을 사용할 수 있도록 버튼을 활성화합니다.

카메라 버튼을 클릭하면 확장기능의 InputMode를 Video로 하여 이미지 분류처럼 토글 카메라 기능을 사용합니다. 웹뷰어에 표현되므로 웹뷰어를 스크린에 보이도록 하고 이미지는 보이지 않도록 해야 합니다.

사진찍기 버튼을 클릭하면 표정 분석을 합니다.

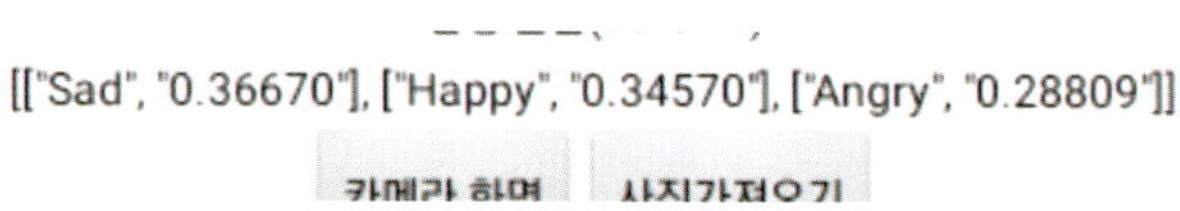

표정 분석 결과도 위와 같은 형식으로 가져옵니다. 이 결과에서 맨 처음 데이터만 사용하고 감정을 한글로 표현될 수 있게 리스트를 하나 만들도록 하겠습니다.

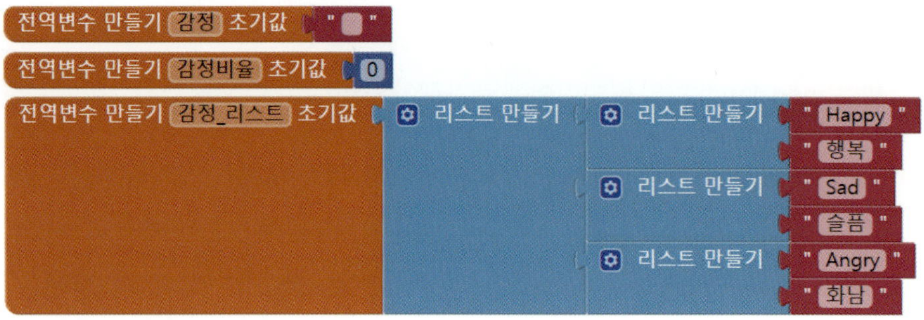

"감정_리스트"를 만들고 각 레이블에 해당하는 한글을 2차원 리스트 형태로 만들어줍니다. 그리고 "감정"과 "감정비율" 변수도 미리 만들어줍니다.

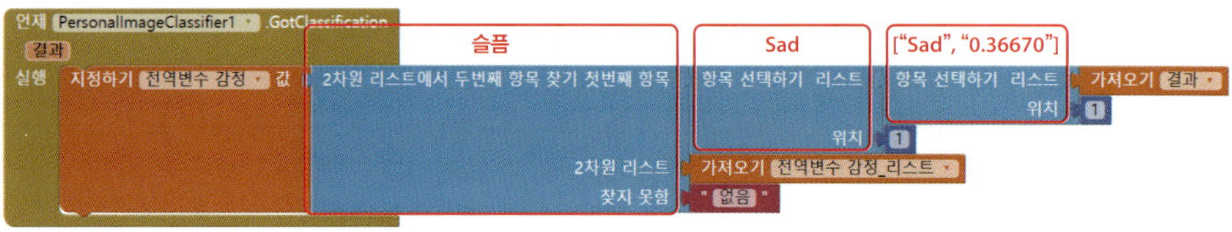

분석 결과를 받았을 때 위와 같이 코딩합니다. 앞의 예시 데이터를 예로 들면, 결과의 첫 번째 데이터를 먼저 가져오므로 ["Sad", "0.36670"] 데이터를 가져옵니다. 감정_리스트에서 "Sad"에 해당하는 두 번째 항목을 가져오므로 한글 데이터인 "슬픔"을 감정 변수에 저장합니다.

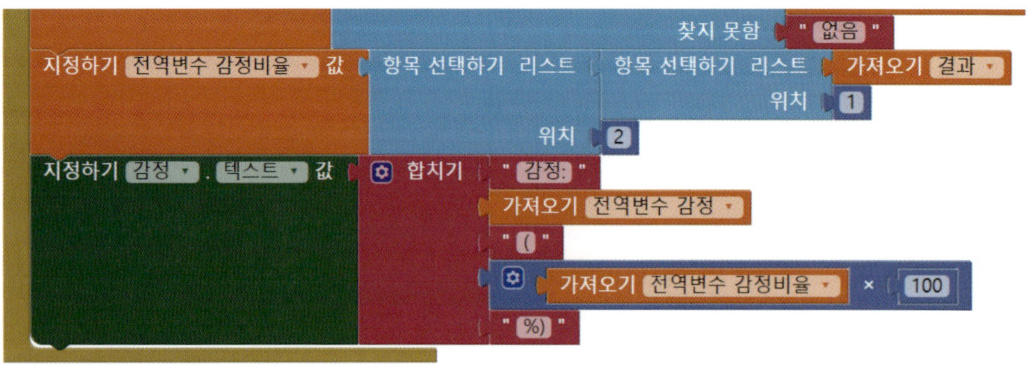

이어서 "감정비율"을 ["Sad", "0.36670"] 데이터에서 두 번째 항목이므로 "감정비율"에 저장합니다. 그리고 감정 레이블에 텍스트 합치기로 모두 표현합니다. "감정비율"에 100을 곱하여 %로 나타냅니다.

라이브 테스팅으로 연결 후 테스트해봅시다. 표정을 짓고 사진을 찍어보면 결과가 잘 나오는 것을 확인할 수있습니다.

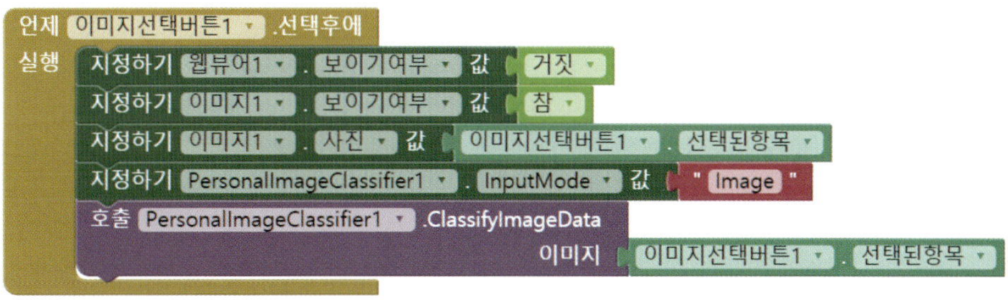

마지막으로 갤러리에서 사진을 불러와 표정분석을 합니다. 갤러리에서 불러오는 것이므로 웹뷰어를 보이지 않도록 하고, 선택된 사진을 이미지 컴포넌트에 표시합니다. 확장기능의 InputMode를 Image로 변경해 이미지 분석을 호출합니다.

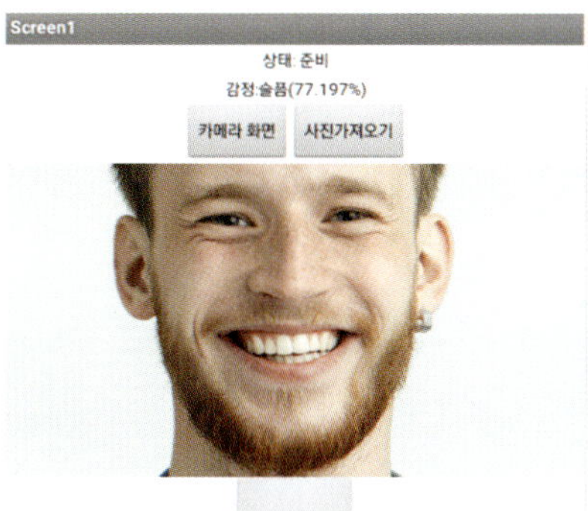

갤러리에서 표정이 풍부한 사진을 선택했습니다. 무려 슬픔이 77%가 나왔습니다. 표정 분석의 모든 기능이 잘 작동합니다. 인공지능: 표정 분석 코딩을 완료하였습니다.

완성코드

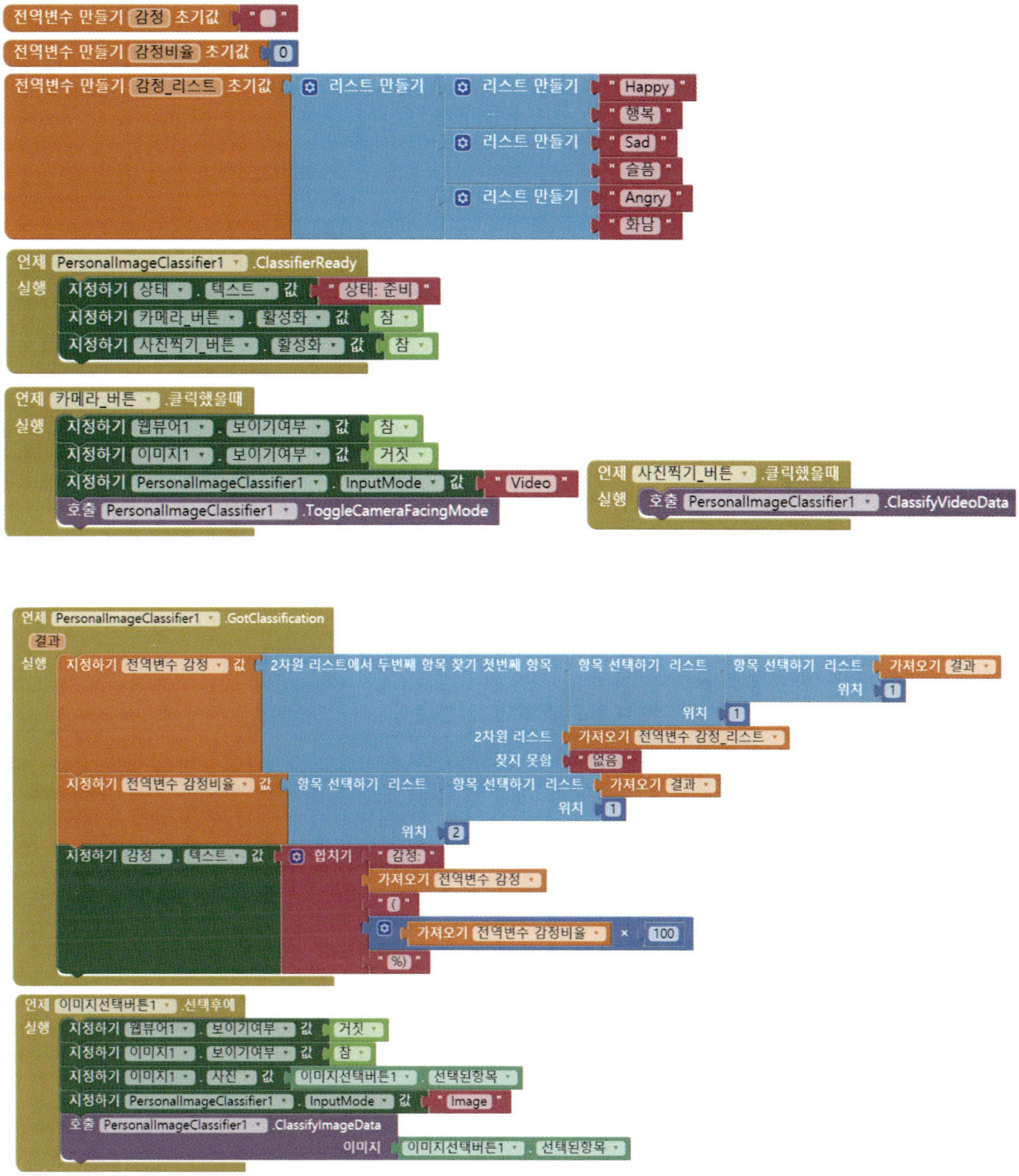

전역변수 만들기 감정 초기값 " "
전역변수 만들기 감정비율 초기값 0
전역변수 만들기 감정_리스트 초기값 리스트 만들기 리스트 만들기 " Happy " " 행복 "
리스트 만들기 " Sad " " 슬픔 "
리스트 만들기 " Angry " " 화남 "
언제 PersonalImageClassifier1 .ClassifierReady
실행 지정하기 상태 . 텍스트 값 " 상태: 준비 "
지정하기 카메라_버튼 . 활성화 값 참
지정하기 사진찍기_버튼 . 활성화 값 참
언제 카메라_버튼 .클릭했을때
실행 지정하기 웹뷰어1 . 보이기여부 값 참
지정하기 이미지1 . 보이기여부 값 거짓
지정하기 PersonalImageClassifier1 . InputMode 값 " Video "
호출 PersonalImageClassifier1 .ToggleCameraFacingMode
언제 사진찍기_버튼 .클릭했을때
실행 호출 PersonalImageClassifier1 .ClassifyVideoData
언제 PersonalImageClassifier1 .GotClassification
결과
실행 지정하기 전역변수 감정 값 2차원 리스트에서 두번째 항목 찾기 첫번째 항목 항목 선택하기 리스트 항목 선택하기 리스트 가져오기 결과
위치 1
위치 1
2차원 리스트 가져오기 전역변수 감정_리스트
찾지 못함 " 없음 "
지정하기 전역변수 감정비율 값 항목 선택하기 리스트 항목 선택하기 리스트 가져오기 결과
위치 1
위치 2
지정하기 감정 . 텍스트 값 합치기 " 감정: "
가져오기 전역변수 감정
" ("
가져오기 전역변수 감정비율 × 100
" %) "
언제 이미지선택버튼1 .선택후에
실행 지정하기 웹뷰어1 . 보이기여부 값 거짓
지정하기 이미지1 . 보이기여부 값 참
지정하기 이미지1 . 사진 값 이미지선택버튼1 . 선택된항목
지정하기 PersonalImageClassifier1 . InputMode 값 " Image "
호출 PersonalImageClassifier1 .ClassifyImageData
이미지 이미지선택버튼1 . 선택된항목

저자소개

문미경 교수

동서대학교 컴퓨터공학부 소프트웨어학과 교수로 재직 중이며 소프트웨어와 관련된 많은 강의를 진행하고 있다. 대표적인 경력으로는 지방특성화사업단(CK-1)의 부단장을 역임하였으며, 현재는 소프트웨어교육센터 센터장, 그리고 SW중심대학사업단의 총괄책임자로서 SW교육을 선도하기 위해 사업단을 운영하고 있다.

장문수 연구원

부산대학교 대학원에서 소프트웨어공학 석사 학위를 취득하였고, 이후 1인 회사를 설립하여 모바일 게임을 개발하여 출시하였다. 또한, 교육 사업도 시작해 초등학생부터 성인까지 대상으로 코딩 교육을 다년간 진행하였다. 현재는 동서대학교 SW중심대학사업단에서 전임연구원으로 재직 중이다.

코딩세계 초보여행자를 위한 안내서 with 앱인벤터+AI

인 쇄	2020년 12월 04일
발 행	2020년 12월 09일
저 자	문미경, 장문수
발 행 인	채희만
출판기획	안성일
영 업	한석범, 임민정
관 리	이승희
편 집	한혜인, 최은지
발 행 처	INFINITYBOOKS
주 소	경기도 고양시 일산동구 하늘마을로 158 대방트리플라온 C동 209호
대표전화	02)302-8441
팩 스	02)6085-0777

도서 문의 및 A/S 지원

홈페이지	www.infinitybooks.co.kr
이 메 일	helloworld@infinitybooks.co.kr
I S B N	979-11-85578-76-7
등록번호	제 25100-2013-152호
판매정가	**23,000원**